Beck-Rechtsberater

Immobilienkauf vom Bauträger



dtv

Beck-Rechtsberater

# Immobilienkauf vom Bauträger

Risiken erkennen und vermeiden

Von Prof. Dr. Dr. Herbert Grziwotz,
Notar in Regen, Honorarprofessor an der
Universität Regensburg, Lehrbeauftragter an
der Fachhochschule Deggendorf und
Gastdozent an der Bundesfinanzakademie

Deutscher Taschenbuch Verlag

Im Internet:

**dtv.de**

**beck.de**

**Originalausgabe**
Deutscher Taschenbuch Verlag GmbH & Co. KG,
Friedrichstraße 1 a, 80801 München

Druck und Bindung: Druckerei C. H. Beck, Nördlingen
(Adresse der Druckerei: Wilhelmstraße 9, 80801 München)
Satz: Fotosatz Otto Gutfreund GmbH, Darmstadt
Umschlaggestaltung: Agentur 42 (Fuhr & Partner), Mainz,
unter Verwendung eines Fotos von Getty Images

ISBN (10) 3-423-50645-8 (dtv)
ISBN (10) 3-406-54528-9 (C. H. Beck)
ISBN (13) 978-3-423-50645-8 (dtv)
ISBN (13) 978-3-406-54528-3 (C. H. Beck)

## Geleitwort

Mit dem Erwerb einer Immobilie erfüllt sich für viele Bauherren und Käufer der Traum vom eigenen Heim. Doch zuvor heißt es, viele Hürden zu nehmen, viele Fallstricke zu vermeiden. Viele dieser Hürden werden dem zukünftigen Immobilieneigentümer genommen, wenn er sich für einen Kauf beim Bauträger entscheidet. Eine vergleichsweise einfache Lösung, die der Gesetzgeber bereits mit verschiedenen Schutzmechanismen versehen hat. Und dennoch muss der Erwerber mit Risiken und Gefahren auch bei einem Immobilienkauf vom Bauträger rechnen, wie insbesondere mit dem Fertigstellungsrisiko.

Hier setzt dieser Ratgeber an. Er führt den Immobilienkäufer durch den Bauträgervertrag und grenzt diesen Vertragstyp gegen andere Immobilienkaufmodelle ab. Er diskutiert Begriffe, mit denen sich der Erwerber konfrontiert sieht, sowie Inhalt und Bedeutung der verschiedenen Klauseln. Doch der Ratgeber geht noch darüber hinaus und demonstriert dem Käufer die Abwicklung des Vertrages, erläutert Haftung und Haftungsbeschränkungen des Bauträgers und vieles mehr. Immer wieder begleiten hervorgehobene Tipps und Warnungen den Erwerber sicher durch die Unwägbarkeiten, die auch mit Bauträgerverträgen einhergehen.

Doch auch noch so gute und umfassende Informationen können im Einzelfall die eigenen Fragen nicht immer vollständig beantworten, die individuellen Probleme nicht immer lösen. Dann stehen Ihnen professionelle Verbände zur Seite, die die Lösung von Problemen und die Antwort auf Fragen rund um die Immobilie zu ihrem Markenzeichen gemacht haben. Diese professionelle Hilfe finden Eigentümer und Vermieter bei uns – bei Haus & Grund. Wir beraten unsere Mitglieder bei allen immobilienrechtlichen Fragen, z. B. zum Neubau oder Erwerb von Immobilien, zu geltenden Bauvorschriften, aber auch zur Gewährleistung, wenn an Ihrem Neubau Mängel auftreten. Egal, ob Sie sich selbst in das Abenteuer Hausbau stürzen oder ob Sie Ihr neues Heim vom Bauträger erwerben. Und wenn Sie die Immobilie vermieten, um über die Mieteinnahmen Ihr Alterseinkommen zu sichern, helfen wir Ihnen auch dabei: egal, ob Sie Mietverträge benötigen, Nebenkosten abrechnen müssen oder Fragen zur Hausordnung oder zu den Schönheitsreparaturen haben.

Sie finden uns ganz in Ihrer Nähe. Haus & Grund Bayern ist der größte Landesverband der insgesamt 22 Landesverbände umfassenden Haus & Grund-Organisation. Mit 110 Ortsvereinen sind wir bayernweit zu finden und vertreten die Interessen der rund 110.000 bei uns organisierten privaten Haus-, Wohnungs- und Grundeigentümer. Wir beraten Sie nicht nur bei Ihren Fragen rund um die Immobilie. Mindestens genauso wichtig ist die Vertretung Ihrer Interessen, also der Interessen der privaten Haus-, Wohnungs- und Grundeigentümer in Politik, Wirtschaft und Gesellschaft. Und das schaffen wir durch unsere dreigliedrige Organisation: die Ortsvereine in den Kommunen, die Landesverbände in den Bundesländern und der Bundesverband auf der Bundesebene. Haus & Grund Bayern ist dazu gut aufgestellt. Wir vertreten schlagkräftig Ihre Interessen im Freistaat Bayern. Und wenn Sie Probleme vor Ort haben – z. B. mit einem Bauträger oder mit einem Mieter –, finden Sie die notwendige Hilfe in einem unserer Ortsvereine auch in Ihrer Nähe.

*Dr. Ulrike Kirchhoff*
Haus & Grund Bayern
Landesverband Bayerischer
Haus-, Wohnungs- und Grundbesitzer e. V.

# Vorwort

Der Kauf vom Bauträger wird auch in Zukunft für große Teile der Bevölkerung der Weg zum preisgünstigen Eigenheim bleiben. Dies gilt vor allem, aber nicht nur für den Erwerb einer Eigentumswohnung. Und entgegen vielen Unkenrufen: Der Kauf vom Bauträger ist praxiserprobt und aufgrund des Sicherungssystems auch nicht mit großen Risiken verbunden. Bauherrenmodelle sind wesentlich teurer und weniger sicher.

Allerdings gilt auch beim Bauträgervertrag und seiner Abwicklung: Billig und gleichzeitig hundertprozentig sicher geht nicht. Der Gesetzgeber schützt den Erwerber weitgehend vor einem Verlust seines Geldes. Er belässt ihm aber das Fertigstellungsrisiko. Dies wird sich auch durch ein neues Bauträgervertragsgesetz, sollte es erlassen werden, was derzeit offen ist, nicht ändern. Welche Gefahren beim Kauf vom Bauträger bestehen und wie man Risiken vermeiden kann, will der vorliegende Ratgeber aufzeigen. Er orientiert sich vorwiegend an der Rechtsprechung des Bundesgerichtshofs, behandelt aber auch bisher nicht entschiedene juristische Streitfragen.

Die Beschränkung auf das Wesentliche soll Käufern, Bauträgern, Banken, Rechtsanwälten und Notaren eine rasche Information ermöglichen. Hinweise auf weiterführende Literatur ermöglichen eine Vertiefung bei praxisrelevanten Problemen. Lediglich akademische Streitfragen wird der Leser vergeblich suchen. Dagegen soll bei Rechtsfragen stets auch der wirtschaftliche Hintergrund deutlich werden.

Regen, im Oktober 2006 *Herbert Grziwotz*

# Inhaltsübersicht

# Inhaltsverzeichnis

**Anhang – Gesetzestexte**

# Abkürzungsverzeichnis

| | |
|---|---|
| a. A. | anderer Ansicht |
| Abs. | Absatz |
| a. F. | alte Fassung (eines Gesetzes) |
| AG | Amtsgericht |
| AGB | Allgemeine Geschäftsbedingungen |
| allg. | allgemein |
| Art. | Artikel |
| Aufl. | Auflage |
| AVBEltV | Verordnung über Allgemeine Bedingungen für die Elektrizitätsversorgung von Tarifkunden |
| AVBFernwärmeV | Verordnung über Allgemeine Bedingungen für die Versorgung mit Fernwärme |
| AVBGasV | Verordnung über Allgemeine Bedingungen für die Gasversorgung von Tarifkunden |
| AVBWasserV | Verordnung über Allgemeine Bedingungen für die Versorgung mit Wasser |
| BauGB | Baugesetzbuch |
| BauR | Baurecht (Zeitschrift) |
| BauRB | Bau-Rechts-Berater (Zeitschrift) |
| BayKAG | Bayerisches Kommunalabgabengesetz |
| BayObLG | Bayerisches Oberstes Landesgericht |
| BBodSchG | Bundes-Bodenschutzgesetz |
| BeckRS | Beck-Rechtsprechung (beck-online) |
| Beschl. v. | Beschluss vom |
| BeurkG | Beurkundungsgesetz |
| BFH | Bundesfinanzhof |
| BFHE | Sammlung der Entscheidungen des Bundesfinanzhofs |
| BGB | Bürgerliches Gesetzbuch |
| BGB-InfoV | Verordnung über Informations- und Nachweispflichten nach bürgerlichem Recht |
| BGH | Bundesgerichtshof |
| BGHZ | Sammlung der Entscheidungen des Bundesgerichtshofs in Zivilsachen |
| BTR | Der Bauträger (Zeitschrift) |
| bzw. | beziehungsweise |

| | |
|---|---|
| DB | Der Betrieb (Zeitschrift) |
| DIN | Deutsche Industrie-Norm |
| DNotI-Report | Informationsdienst des Deutschen Notarinstituts |
| DNotZ | Deutsche Notar-Zeitschrift |
| DStR | Deutsches Steuerrecht (Zeitschrift) |
| EGBGB | Einführungsgesetz zum Bürgerlichen Gesetzbuch |
| ErbbauVO | Verordnung über das Erbbaurecht |
| Erg.Bd. | Ergänzungsband |
| EstG | Einkommensteuergesetz |
| etc. | et cetera |
| EuGH | Europäischer Gerichtshof |
| EWiR | Entscheidungen zum Wirtschaftsrecht (Zeitschrift) |
| f./ff. | folgende |
| FWW | Die Freie Wohnungswirtschaft (Zeitschrift) |
| G | Gesetz |
| GBO | Grundbuchordnung |
| GewO | Gewerbeordnung |
| GmbH | Gesellschaft mit beschränkter Haftung |
| GrEStG | Grunderwerbsteuergesetz |
| GSB | Gesetz der Sicherung von Bauforderungen |
| GVO | Grundstücksverkehrsordnung |
| HKAG | Hessisches Kommunalabgabengesetz |
| h. M. | herrschende Meinung |
| IBR | Immobilien- und Baurecht (Zeitschrift) |
| i. d. F. | in der Fassung |
| IHK | Industrie- und Handelskammer |
| InsO | Insolvenzordnung |
| i. V. m. | in Verbindung mit |
| KAGBbg | Kommunalabgabengesetz Brandenburg |
| KAGBW | Kommunalabgabengesetz Baden-Württemberg |
| KAGLSA | Kommunalabgabengesetz Sachsen-Anhalt |
| KAGMV | Kommunalabgabengesetz Mecklenburg-Vorpommern |
| KAGNRW | Kommunalabgabengesetz Nordrhein-Westfalen |
| KAGRhPf | Kommunalabgabengesetz Rheinland-Pfalz |
| KAGSH | Kommunalabgabengesetz Schleswig-Holstein |
| KG | Kommanditgesellschaft |
| krit. | kritisch |

| | |
|---|---|
| LG | Landgericht |
| LPartG | Lebenspartnerschaftsgesetz |
| m | Meter |
| MaBV | Makler- und Bauträgerverordnung |
| MBO | Musterbauordnung |
| MDR | Monatsschrift für Deutsches Recht (Zeitschrift) |
| MittBayNot | Mitteilungen des Bayerischen Notarvereins, der Notarkasse und der Landesnotarkammer Bayern |
| NJ | Neue Justiz (Zeitschrift) |
| NJOZ | Neue Juristische Online-Zeitschrift |
| NJW | Neue Juristische Wochenschrift (Zeitschrift) |
| NJW-RR | Neue Juristische Wochenschrift – Rechtsprechungsreport |
| NKG | Niedersächsisches Kommunalabgabengesetz |
| NotBZ | Zeitschrift für die notarielle Beratungs- und Beurkundungspraxis |
| Nr. | Nummer |
| NVwZ | Neue Zeitschrift für Verwaltungsrecht |
| NZBau | Neue Zeitschrift für Baurecht und Vergaberecht |
| NZI | Neue Zeitschrift für das Recht der Insolvenz und Sanierung |
| NZM | Neue Zeitschrift für Miet- und Wohnungsrecht |
| oHG | offene Handelsgesellschaft |
| OLG | Oberlandesgericht |
| Rn. | Randnummer |
| RNotZ | Rheinische Notar-Zeitschrift |
| s. | siehe |
| S. | Seite/Satz |
| SächsKAG | Sächsisches Kommunalabgabengesetz |
| SKAG | Kommunalabgabengesetz des Saarlandes |
| ThürKAG | Thüringisches Kommunalabgabengesetz |
| u. | und |
| Urt. v. | Urteil vom |
| UStG | Umsatzsteuergesetz |
| vgl. | vergleiche |
| VOB/B | Vergabe- und Vertragsordnung für Bauleistungen Teil B: Allgemeine Vertragsbedingungen für die Ausführung von Bauleistungen |

| | |
|---|---|
| VwGO | Verwaltungsgerichtsordnung |
| WE | Wohnungseigentum (Zeitschrift) |
| WEG | Gesetz über das Wohnungseigentum und das Dauerwohnrecht |
| WM | Wohnungswirtschaft und Mietrecht (Zeitschrift) |
| z. B. | zum Beispiel |
| ZfIR | Zeitschrift für Immobilienrecht |
| ZIP | Zeitschrift für Wirtschaftsrecht |
| ZNotP | Zeitschrift für die Notarpraxis |
| ZPO | Zivilprozessordnung |
| ZWE | Zeitschrift für Wohnungseigentumsrecht |

# Literaturverzeichnis

Amann/Brambring/Hertel, Vertragspraxis nach neuem Schuldrecht, 2. Aufl., 2003
Basty, Die Abnahme beim Bauträgervertrag, BTR 2002, 12
Basty, „Vollständige Fertigstellung" im Bauträgervertrag, BTR 2004, 213
Basty, Der Bauträgervertrag, 5. Aufl., 2005
Blank, Das „Aus" für den Bauträgervertrag?, ZfIR 2001, 85
Blank, Bauträgervertrag, 2. Aufl., 2002
Blank, Das Freigabeversprechen gemäß § 3 MaBV und die Löschung der Auflassungsvormerkung, ZfIR 2005, 678
Brych, VOB-Gewährleistung im Bauträgervertrag, NJW 1986, 302
Drasdo, Zwangsvollstreckungsunterwerfung im Bauträgervertrag mit Nachweisverzicht, NZM 1999, 1
Drasdo, Mit Bauträgern vereinbarte Sonderwünsche bei Wohnungseigentum, NJW-Spezial 2005, 241
Gottwald/Steer, Teilweise Rückerstattung der Grunderwerbsteuer bei Insolvenz des Bauträgers?, MittBayNot 2005, 278;
Greiner, Mängelansprüche gegen den Bauträger, BTR 2004, 242
Grziwotz, Vertragliche Gewährleistungsregelungen im Bauträgervertrag, NJW 1989, 193
Grziwotz, MaBV-Bürgschaft und Vorausleistungspflicht im Bauträgervertrag, NJW 1994, 2745
Grziwotz, Sicherungsprobleme beim Verkauf erschlossener Grundstücke, MDR 1996, 978
Grziwotz, Freistellungsverpflichtung und Wahlrecht der Bank beim Bauträgervertrag, ZIP 2002, 825
Grziwotz, Das Freigabeversprechen – Sicherheitsrisiko im Bauträgervertrag?, BauRB 2004, 246
Grziwotz, Hinweisbrief und Bauträgervertrag, MDR 2005, 1270
Grziwotz (Hrsg.), MaBV, 2006
Grziwotz, Neuregelung des Bauträgervertrages im BGB, ZfIR 2006, 353
Grziwotz/Koeble (Hrsg.), Handbuch Bauträgerrecht, 2004
Heinemann, „Betreutes Wohnen" und notarieller Gestaltungsbedarf, MittBayNot 2002, 69
Hertel, Zwangsvollstreckungsunterwerfung im Bauträgervertrag, ZNotP 1999, 3

Hertel, Werkvertrag und Bauträgervertrag nach der Schuldrechtsreform, DNotZ 2002, 6
Kanzleiter, Die Sachmängelgewährleistung beim Kauf von Häusern und Eigentumswohnungen, DNotZ 1987, 651
Kanzleiter, Keine Vorauszahlung gegen Bürgschaft nach § 7 MaBV?, DNotZ 2005, 191
Kanzleiter, Vertragsfreiheit und Bauträgervertrag nach der Schuldrechtsreform, DNotZ 2006, 246
Karczewski/Vogel, Abschlagszahlungspläne im Generalübernehmer- und Bauträgervertrag, BauR 2001, 859
Kaufmann, Die Verpflichtung aus Bürgschaften nach § 7 der Makler- und Bauträgerverordnung (MaBV) – Rechtsfragen zu Begründung, Umfang und Erlöschen unter Berücksichtigung der Schuldrechtsreform, BauR 2002, 997
Kesseler, Die Insolvenz des Bauträgers, RNotZ 2004, 176
Kniffka, Das Gesetz zur Beschleunigung fälliger Zahlungen – Neuregelung des Bauvertragsrechts und seine Folgen, ZfBR 2000, 227
Kniffka, Verbotswidriger Einzug von Raten durch Bauträger, NZBau 2000, 552
Kniffka/Koeble, Kompendium des Baurechts, 2. Aufl., 2004
Koeble/Kniffka, Münchener Prozessformularbuch, 2. Aufl., 2003
Köhler, Bauträgervertrag – Rechte des einzelnen Erwerbers wegen Mängeln am Gemeinschaftseigentum, MDR 2005, 1148
Kutter, Bauträgervertrag, in: Beck'sches Notar-Handbuch, 4. Aufl. 2005, A II
Locher/Locher, Das private Baurecht, 7. Aufl. 2005
Marcks, Makler- und Bauträgerverordnung, 7. Aufl. 2003
Meindl/Schmid/Kemmetter, Bauträgermodell und geschlossener Immobilienfonds, 2006
Ott, Die Auswirkung der Schuldrechtsreform auf Bauträgerverträge und andere aktuelle Fragen des Bauträgerrechts, NZBau 2003, 233
Pause, Auswirkungen der Schuldrechtsmodernisierung auf den Bauträgervertrag, NZBau 2002, 648,
Pause, Bauträgerkauf und Baumodelle, 4. Aufl., 2004
Reisach, Bauträgerrecht und Bauträgerfinanzierung, 2. Aufl. 2000
Reithmann, Erwerber, Bauträger, Bank – Interessenausgleich im Bauträgervertrag, NJW 1997, 1816
Schmidt, Abnahme der Werkleistung vom Bauträger und Abnahme anderer Werkleistungen, WE 1999, 49
Schmidt, Die vorrangige Grundschuld und die sich daraus ergebenden Probleme des Bauträgerkäufers, BauR 2000, 971

Schmidt-Räntsch, Rechtssicherheit für Bauträgerverträge, NZBau 2001, 356
Schmitz, Die Bauinsolvenz, 2. Aufl. 2002
Schöner/Stöber, Grundbuchrecht, 12. Aufl., 2001
Speck, Die Bürgerschaft gemäß § 7 MaBV in Bauträgerverträgen, MittRhNotK 1995, 117
Staudinger, Der Bauträgervertrag auf dem Prüfstand des Gemeinschaftsrechts, DNotZ 2002, 166
Thode, Rechtssicherheit für den Bauträgervertrag – eine Phantasmagorie, ZfIR 2001, 345
Thode, Die wichtigsten Änderungen im BGB-Werksvertragsrecht: Schuldrechtsmodernisierungsgesetz und erste Probleme – Teil 1, NZBau 2002, 297 u. Teil 2, NZBau 2002, 360
Thode, Transparenzgebot und Bauträgervertrag, ZNotP 2004, 131
Ullmann, Der Bauträgervertrag – quo vadit?, NJW 2002, 1073
Vogel, Probleme der Vollstreckungsunterwerfungserklärung beim Bauträgervertrag, BauR 1998, 925
Vogel, Das magische Dreieck – die Freigabeerklärung der Globalbank des Bauträgers und der Schutz des Erwerbers in der Bauträgerinsolvenz, BauR 1999, 992
Volmer, Die Neuordnung des verbundenen Immobiliengeschäfts, MittBayNot 2002, 336
Volmer, Zehn Thesen zur Integration des Bauträgervertrages im BGB, ZfIR 2006, 191
Wagner, Wie rechtssicher ist die nachträgliche Absenkung des Verbraucherschutzes in Bauträgerverträgen?, BauR 2001, 1313
Wagner, Vermeidung von Prospekthaftungsrisiken bei Bauträgern, BTR 2003, 79
Warda, Ausgewählte Probleme der Makler- und Bauträgerverordnung, MittBayNot 1988, 1
Weis/Rösler, Das Wahlrecht der finanzierenden Banken im Rahmen einer Freistellungsverpflichtung nach § 3 MaBV, ZIP 2002, 1520
Wenzel, Rechte der Erwerber bei Mängeln am Gemeinschaftseigentum – eine systematische Betrachtung, ZWE 2006, 109
Wolfsteiner, Zwangsvollstreckungsunterwerfung mit Nachweisverzicht im Bauträgervertrag?, DNotZ 1999, 99
Wudy, Die Insolvenz des Bauträgers aus bevorzugt notarieller Sicht, MittBayNot 2000, 489
Wudy, Abwicklungsvereinbarung infolge eines wegen Insolvenz des Bauträgers steckengebliebenen Bauvorhabens, ZNotP 2001, 142

# A. Kauf vom Bauträger und Baumodelle

## I. Die Immobilie als Ware – Vom Standes- zum Gewerberecht

Das moderne Bauträgergeschäft hat sich erst nach dem 2. Weltkrieg entwickelt. In der Nachkriegszeit erfolgte eine Spezialisierung bei Bauunternehmen, die gleichsam serienmäßig Wohn- und Geschäftsräume erstellten und zu einem (teilweise durch Gleitklauseln eingeschränkten) Festpreis veräußerten. Dazu gab der Interessent auf einem vom Unternehmen vorgefertigten Formular ein privatschriftliches Angebot auf Abschluss eines **Bauträger-Bewerber-Vertrages** ab. Dieses nahm der Bauträger später an. Der Verkauf erfolgte häufig „ab Plan“. Insbesondere Eigentumswohnungen wurden gleichsam standardisiert auf Vorrat erstellt und mittels vorformulierter Vertragstexte veräußert. Der Inhalt des Vertrages wurde vom Unternehmen vorgegeben. Auf Grund der starken Nachfrage setzten die Unternehmer einseitig ihre Forderungen durch. Die volle Kaufpreiszahlung vor dem ersten Spatenstich und ohne Sicherung der Lastenfreistellung war üblich.

Im März 1971 gab daraufhin die **Landesnotarkammer Bayern** ein **Merkblatt** zur „Gestaltung von Verträgen über den Erwerb neuer Wohngebäude und Eigentumswohnungen“ heraus. Es schrieb auf der Ebene des notariellen Standesrechts Standards fest, um bei einer „Bauträger-Pleite“ Erwerber vor dem Verlust ihrer Anzahlungen zu schützen. Auf Initiative Bayerns wurde zudem die Beurkundungspflicht von Grundstücksgeschäften (§ 313 a. F. BGB) entgegen dem ursprünglichen Gesetzeszweck auch auf den Schutz des Erwerbers ausgedehnt. Zudem wurde die öffentliche Förderung des Baus von Kaufeigenheimen und Kaufeigentumswohnungen von bestimmten Mindestanforderungen hinsichtlich der Sicherung des Erwerbers im Kaufvertrag abhängig gemacht. Diese Anforderungen entsprachen im Wesentlichen dem Bauträgermerkblatt der Landesnotarkammer Bayern von 1971.

Außerdem wurde durch Gesetz vom 16. 8. 1972 die gewerbsmäßige Bauträgertätigkeit von einer Erlaubnispflicht abhängig gemacht (§ 34c Gewerbeordnung). Hiermit verbunden war eine Verordnungsermächtigung zum Erlass von Vorschriften über die Ausübung der Bauträgertätigkeit. Es sollten vor allem die Voraussetzungen geregelt werden, unter denen der Bauträger Zahlungen der Erwerber entgegen nehmen und verwenden durfte. Die daraufhin erlassene Verordnung trat in ihrer ursprünglichen Fassung am 9. 9. 1974 in Kraft. Erst die Änderungsverordnung vom 13. 5. 1975, die am 18. 5. 1975 in Kraft trat, enthielt das nunmehr bekannte doppelte **Sicherungssystem der MaBV**, nämlich die Vormerkungs- und die Bürgschaftslösung. Die bei der Zahlung nach Baufortschritt vorgesehenen Raten enthielten Höchstbeträge. Wegen der Marktlage wirkten sie sich jedoch als Standardraten aus. Ähnlich war dies hinsichtlich der in der Verordnung vorgesehenen frühesten Zahlungstermine. Im Hinblick auf die Zweckbestimmung der Verordnung war das Fertigstellungsrisiko ausdrücklich nicht abgesichert worden.

## II. Richterrecht und Reaktionen des Gesetzgebers

Die Weiterentwicklung ist durch ein „**Ping-Pong-Spiel**“ zwischen höchstrichterlicher Rechtsprechung und Gesetzgeber gekennzeichnet:

### 1. Fünfjährige Gewährleistungsfrist

Sachmängelansprüche des Erwerbers eines Grundstücks mit einem vom Veräußerer darauf zu errichtenden Bauwerk sollen sich entsprechend der in den 70er Jahren beginnenden Rechtsprechung nicht nach Kauf-, sondern nach **Werkvertragsrecht** richten (BGH, Urt. v. 10. 10. 1974 – VII ZR 28/73, NJW 1975, 47). Unerheblich ist, inwieweit das Gebäude bei Abschluss des „Kaufvertrags“ bereits (teilweise) fertiggestellt ist. Offen bleibt nach dieser Rechtsprechung jedoch zunächst noch, ob dies auch gilt, wenn das Bauwerk schon vollständig fertig ist oder lediglich unbedeutende Kleinigkeiten fehlen. Wesentliche Folge dieser Rechtsprechung ist, dass sich die

Sachmängelansprüche nach den §§ 633 ff. BGB a. F. richten und innerhalb von fünf Jahren seit der Abnahme des Bauwerks verjähren (§ 638 BGB a. F.); es gilt somit nicht die wesentlich kürzere Verjährungsfrist des § 477 BGB a. F.

Später hat der BGH (Urt. v. 5. 5. 1977 – VII ZR 36/76, NJW 1977, 1336) die zunächst offen gelassene Frage dahingehend entschieden, dass sich auch bei einer **bereits fertiggestellten Eigentumswohnung** die Sachmängelansprüche des Erwerbers nach Werkvertragsrecht richten. Grundlage hierfür sei die zum Vertragsinhalt gemachte Verpflichtung des Veräußerers zur Erstellung des Bauwerks. Wie weit im Einzelfall die Arbeiten bei der Beurkundung schon fortgeschritten seien, sei demgegenüber unerheblich. Dies gelte auch, wenn das Bauwerk bei Vertragsschluss schon vollständig fertig sei oder nur noch unbedeutende Kleinigkeiten fehlten. Davon werde die vertraglich übernommene Herstellungsverpflichtung nicht berührt. Die vollständige Vertragserfüllung umfasse auch die Abnahme des Werks und die Beseitigung etwaiger Mängel. Entscheidend hierfür sei die Interessenlage. Die fünfjährige Verjährungsfrist bei der Herstellung eines Gebäudes (§ 638 Abs. 1 BGB a. F.) sei im Gegensatz zu der Jahresfrist des Kaufrechts (§ 477 Abs. 1 BGB a. F.) angemessen. Zudem entspreche das Sachmängelrecht des Werkvertrags auch den Interessen des Unternehmers, da ihm, anders als beim Kaufvertrag, die Möglichkeit zur Nachbesserung eingeräumt werde.

## 2. Einheitlicher Vertrag

Der BGH (Urt. v. 12. 10. 1978 – VII ZR 288/77, NJW 1979, 156) geht außerdem von einem **Werklieferungsvertrag** über eine unvertretbare Sache aus. Auf diesen Vertrag soll nach der Rechtslage vor der Schuldrechtsmodernisierung (1. 1. 2002) zum Teil Kaufrecht und zum Teil Werkvertragsrecht anzuwenden sein. Der Vergütungsanspruch des Bauträgers richte sich nach §§ 631, 632 BGB a. F. Das Gesetz behandle ihn wie eine gewöhnliche Werklohnforderung. Für seine Verjährung gelte deshalb einheitlich § 196 Abs. 1 BGB a. F. Eine Aufspaltung des Vergütungsanspruchs in einen kaufrechtlichen und in einen werkvertragsrechtlichen Teil verbiete sich.

Die weitgehend übliche Vereinbarung der **Gewährleistung nach**

**§ 13 Nr. 4 VOB/B**, die für Bauwerke und für Holzerkrankungen zwei Jahre, für Arbeiten an einem Grundstück und für die vom Feuer berührten Teile der Feuerungsanlage ein Jahr betrug, lehnt der BGH (Urt. v. 10. 10. 1985 – VII ZR 325/84, NJW 1986, 315 und Urt. v. 24. 10. 1985 – VII ZR 31/85, NJW 1986, 713) als unwirksam ab.

Beim Bauträgervertrag handelt es sich um einen **einheitlichen Vertrag** über den Erwerb des Gebäudes oder der Eigentumswohnung zu einem einheitlichen Preis. Der Erwerber will und soll den vom Veräußerer insgesamt zu errichtenden Neubau in einem Zug erhalten und nicht aufgespalten in einen bereits fertiggestellten und einen erst noch fertigzustellenden Teil (ebenso BGH, Urt. v. 5. 4. 1979 – VII ZR 308/77, BGHZ 74, 204/207) oder einen Grundstücks- und einen Bauvertragsteil (vgl. OLG Hamm, Urt. v. 21. 2. 2006 – 24 U 112/05, NJW-RR 2006, 1164). Der Bauträgervertrag richtet sich vielmehr auf eine Gesamtleistung.

## 3. Kein Schutz im Konkurs des Bauträgers?

Im **Konkurs des Bauträgers** billigte der BGH (Urt. v. 29. 10. 1976 – V ZR 4/75, NJW 1977, 146) dem Konkursverwalter ein Ablehnungsrecht hinsichtlich der restlichen Bauerrichtung zu. Damit ging der Schutz der Vormerkung ins Leere. Dem Sicherungssystem des Bauträgervertrages ist damit die Grundlage entzogen worden. Der Gesetzgeber ergänzte daraufhin das Konkursrecht (nunmehr § 106 Abs. 1 Satz 2 InsO) und gab dem Vormerkungsberechtigten die Möglichkeit, die Übereignung zu verlangen, wenn der Bauträger die Baupflicht nicht vollständig erfüllt und der Konkurs-/Insolvenzverwalter deshalb die weitere Erfüllung des Vertrages ablehnt.

## 4. Bauträgervertrag ohne Gerichtsvollzieher

Aus notariellen Urkunden findet die Zwangsvollstreckung statt, wenn die Urkunde über einen Anspruch errichtet ist, der einer vergleichsweisen Regelung zugänglich ist, nicht auf Abgabe einer Willenserklärung gerichtet ist und nicht den Bestand eines Mietverhältnisses über Wohnraum betrifft (§ 794 a Abs. 1 Nr. 5 ZPO). Mit dieser erweiterten Möglichkeit der **notariellen Zwangsvollstreckungsunterwerfung** hat der Gesetzgeber ab dem 1. 1. 1999 nicht nur

Geldzahlungsansprüche als Gegenstand einer notariellen Zwangsvollstreckungsunterwerfung zugelassen (vgl. dazu Hertel, DNotZ 1999, 1 ff.; Münch, ZNotP 1998, 474 ff. und Wolfsteiner, DNotZ 1999, 306 ff.). Damit konnte sowohl hinsichtlich der Verpflichtung des Bauträgers zur Herstellung des Bauwerks als auch hinsichtlich der Verpflichtung des Erwerbers zur Entrichtung des Kaufpreises ein vollstreckbarer Titel in der notariellen Urkunde geschaffen werden. Der BGH (Urt. v. 22. 10. 1998 – VII ZR 99/97, NJW 1999, 51; vgl. dazu nur Drasdo, NZM 1999, 1 ff. und Wolfsteiner, DNotZ 1999, 99 ff.) hat eine notarielle Zwangsvollstreckungsunterwerfung ohne Nachweisverzicht im Bauträgervertrag als Verstoß gegen das Sicherungssystem der MaBV für unwirksam erklärt. Später hat er (BGH, Urt. v. 27. 9. 2001 – VII ZR 388/00, NJW 2002, 138) die Unzulässigkeit der Zwangsvollstreckungsunterwerfung im Verbrauchervertrag mit Nachweisverzicht mit der Unangemessenheit dieser Vereinbarung begründet.

### 5. Raten, Abschläge und Vorauszahlungen

Nachdem der Gesetzgeber mit der Einführung des § 632 a BGB zum 1. Mai 2000 die Vorleistungspflicht des Werkunternehmers auf eine Pflicht zur abschnittsweisen Vorleistung begrenzt hatte (vgl. Hertel, ZNotP 2001, 5/8), entschied der BGH (Urt. v. 22. 12. 2000 – VII ZR 310/99, NJW 2001, 818 = NZBau 2001, 132), dass eine der MaBV widersprechende Fälligkeitsvereinbarung nach § 134 BGB nichtig sei. An die Stelle der unwirksamen Vereinbarung trete jedoch nicht der Ratenkatalog des § 3 Abs. 2 MaBV. Diese Vorschrift gehöre dem Gewerberecht an und habe deshalb **keine zivilrechtliche Leitbildfunktion**. Der Gesetzgeber transformierte hierauf durch die Verordnung über Abschlagszahlungen bei Bauverträgen (Hausbauverordnung) den Katalog der Abschlagszahlungen in das Zivilrecht. Diese Verordnung gilt rückwirkend ab 1. Mai 2000. Um europarechtliche Bedenken auszuräumen (vgl. Vogel, BauR 2006, 744/754), hat die Bundesnotarkammer einen Diskussionsentwurf eines Bauträgervertragsgesetzes vorgelegt (s. BauR 2005, 1708 ff = BTR 2006, 45 ff, sowie dazu Volmer, ZfIR 2006, 191 ff. und Grziwotz, ZfIR 2006, 352 ff.). Er wurde am 1. Deutschen Baugerichtstag diskutiert; eine gesetzliche Regelung wurde nicht empfohlen. Das „Vormerkungsmodell“ wurde dabei nicht als ausreichende Sicherheit angesehen, obwohl tausende von Bauträgerimmobilien auf diese Weise abgewickelt wurden und ausländische Modelle weitaus weniger sicher sind.

# B. Baumodelle

## I. Das Bauherrenmodell

Anders als beim Bauträgervertrag tritt der Erwerber beim Bauherrenmodell selbst als **Bauherr** auf. Beispiel ist ein stecken gebliebenes Bauträgermodell, bei dem die Bauträgerbank die Immobilie versteigert und selbst eingesteigert hat. Soll das Objekt an Erwerber veräußert werden, die es gemeinsam unter Koordination durch einen Baubetreuer fertig stellen, liegt ein Bauherrenmodell vor.

Bauherrenmodelle waren meist nicht wie im vorstehenden Beispiel aus der Not geboren, sondern steuerlich veranlasst. Mehrere Erwerber schlossen sich zu einer Gemeinschaft zusammen und erteilten einem **Betreuer** Vollmacht, für sie die notwendigen Verträge abzuschließen und das Objekt abzuwickeln. Zentrale Bedeutung kommt diesem Betreuer, meist Treuhänder genannt, zu.

Die **Unterschiede** zwischen dem Bauträger- und dem Bauherrenmodell verdeutlicht die nachfolgende Übersicht:

| | Bauträgermodell | Bauherrenmodell |
|---|---|---|
| Bauherr | Bauträger | Erwerber |
| Herstellungsrisiko | Bauträger und Erwerber | Erwerber |
| Baukosten-steigerungen | Bauträger, aber teilweise Gleitklauseln | Erwerber, aber gegen Aufpreis Preisgarantie |
| Fertigstellungstermin | Risiko des Bauträgers | Risiko des Erwerbers, ggf. Ansprüche gegen den Bauunternehmer |
| Sachmängel | 5-jährige Haftung für Bauleistungen durch den Bauträger | Häufig Vereinbarung der VOB/B mit den Handwerkern |

Beim Bauherrenmodell besteht eine **Vielzahl von Vertragsbeziehungen**:

- Der Gesellschaftsvertrag der Bauherrengemeinschaft,
- der Vertrag mit dem Baubetreuer, der die Bauherren gegenüber den Handwerkern vertritt,
- der Treuhandvertrag mit dem Treuhänder, der insbesondere die Gelder der Bauherrengemeinschaft verwaltet.

Die Funktion des Treuhänders wird vielfach erweitert und zur Stellung eines „Basis-Treuhänders" ausgebaut. Der **Basis-Treuhänder** schließt sämtliche für das Bauvorhaben erforderlichen Verträge und stellt deren Durchführung sicher. Hierzu gehören u. a. der Erwerb des Grundstücks, der Abschluss der Bauverträge, der Versicherungen sowie die Garantie-, Steuerberatungs- und Mietverträge. Zusätzlich sind die Begründung von Wohnungs- und Teileigentum, der Abschluss des Gesellschaftsvertrages der Bauherrengemeinschaft, die Unterzeichnung der Darlehensverträge einschließlich einer etwaigen Zwischenfinanzierung und der späteren Endfinanzierung, die Beauftragung des Baubetreuers, Steuerberatungs- und Rechtsberatungsverträge sowie Mietverträge einschließlich etwaiger Mietgarantien erforderlich. Als Konto-Treuhänder obliegt dem Beauftragten ferner die Mittelverwendungskontrolle. Eine derartige Tätigkeit stellt nach derzeitiger Rechtslage eine Rechtsberatung dar, die nur einem Rechtsanwalt gestattet ist. Dagegen verstoßende Treuhandverträge sind nichtig (BGH, Urt. v. 29. 10. 2003 – IV ZR 122/02, NJW 2004, 841; BGH, Urt. v. 15. 2. 2005 – XI ZR 396/03, ZIP 2005, 1361 und BGH, Urt. v. 27. 9. 2005 – XI ZR 116/04, NJOZ 2005, 4598). Die Nichtigkeit erfasst auch die dem Treuhänder erteilte Vollmacht (BGH, Urt. v. 16. 12. 2002 – II ZR 109/01, NJW 2003, 1252; BGH, Urt. v. 16. 9. 2003 – VI ZR 74/02, NJOZ 2003, 3231). Die vom Treuhänder vermittelten Verträge sind aber meist nicht nichtig, wenn dieser eine Ausfertigung der notariellen Vollmachtsurkunde bei Vertragsabschluss vorweisen konnte und deshalb zumindest eine Anscheinsvollmacht vorlag, da auch der Vertragspartner zum Abschlusszeitpunkt den Mangel der Vollmacht nicht erkennen konnte (BGH, Urt. v. 14. 5. 2002 – XI ZR 155/01, NJW 2002, 2325; BGH, Urt. v. 22. 10. 2003 – IV

ZR 398/02, NJW 2004, 59; BGH, Urt. v. 22. 10. 2003 – IV ZR 33/03, NJW 2004, 62; BGH, Urt. v. 14. 6. 2004 – II ZR 393/02, NJW 2004, 2736; BGH, Urt. v. 11. 1. 2005 – XI ZR 272/03, NJW 2005, 1190 und BGH, Urt. v. 15. 3. 2005 – XI ZR 135/04, NJW 2005, 1576). Eine Ausnahme von der Zurechnung des Handelns des Treuhänders bei Nichtigkeit der Vollmacht wurde aber wiederum gemacht, wenn der Anleger keine Kenntnis, aber fahrlässige Unkenntnis von der Nichtigkeit der Vollmacht hatte (BGH, Urt. v. 21. 6. 2005 – XI ZR 88/04, NJW 2005, 2985).

Bei Bauherrenmodellen ist meist der **Prospekt des Initiators** maßgeblich für die Anlageentscheidung. Richtigkeit und Vollständigkeit des Prospekts kommen deshalb maßgebliche Bedeutung zu. Die Prospektherausgeber haften aus diesem Grund bei falschen Angaben zum Gesamtaufwand, zur Bauqualität und zu den Belastungen des Grundbesitzes. Gleiches gilt für unzutreffende Angaben über die Wohnflächen, zugesicherte Steuervorteile und über Verflechtungen der Beteiligten. Auch an Vermittler gezahlte Innenprovisionen müssen jedenfalls ab einer bestimmten Größenordnung (über 15 %) angegeben werden (BGH, Urt. v. 12. 2. 2004 – III ZR 359/02, NJW 2004, 1732; BGH, Urt. v. 12. 2. 2004 – III ZR 355/02, BeckRs 2004, 2511 und BGH, Urt. v. 28. 7. 2005 – III ZR 290/04, ZfIR 2005, 722).

## II. Das Erwerbermodell

Beim Erwerbermodell handelt es sich um eine Modifizierung des Bauträgerkaufs. Der Erwerber erwirbt hier zwar vom Bauträger. Flankierend werden jedoch **weitere Verträge**, wie z. B. ein Betreibervertrag, Mietverträge und ein Steuerberatungsvertrag, abgeschlossen. Zum Abschluss dieser Verträge wird ein Treuhänder beauftragt, dem auch die Mittelverwendungskontrolle obliegt (zum Verstoß gegen das RBerG s. BGH, Urt. v. 28. 9. 2000 – IX ZR 279/99, NJW 2001). Teilweise wird der Begriff des Erwerbermodells auch auf bereits fertiggestellte Objekte beschränkt (so Pause, Bauträgerkauf, Rn. 1443 ff.). Demgegenüber wird ein Kauf einer noch nicht fertiggestellten Wohnung vom Bauträger unter Einschaltung eines

Treuhänders als Bauträgermodell bezeichnet. In der Praxis betrafen derartige Modelle vor allem Aparthotels und Seniorenresidenzen mit „betreutem Wohnen“ (vgl. Heinemann, MittBayNot 2002, 69).

## III. Das Generalübernehmermodell

Das Generalübernehmermodell ist durch die **Aufspaltung des Vertragswerks** in einen Grundstückskauf und einen Bauvertrag gekennzeichnet. Der Erwerber kauft das Grundstück und schließt gleichzeitig mit dem Initiator, der „das Grundstück an der Hand hat“, den Generalübernehmervertrag. Dieser Vertrag hat die schlüsselfertige Errichtung des Gebäudes zum Inhalt. Ist der Vertragspartner des Erwerbers nicht selbst Bauunternehmer, sondern vergibt er sämtliche Bauverträge an Subunternehmen, handelt es sich um ein Generalunternehmermodell. Der Erwerber ist in beiden Gestaltungen Bauherr. Auf Grund der Aufspaltung in zwei unterschiedliche Verträge wirken sich Leistungsstörungen in einem Bereich nicht auf beide Bereiche aus. Demgegenüber dürften beide Verträge insgesamt beurkundungsbedürftig sein. Ob der Generalübernehmer- bzw. Generalunternehmervertrag unter der Bedingung des Abschlusses des Grundstückskaufs geschlossen werden kann, ist zweifelhaft (BGH, Urt. v. 26.11. 1999 – V ZR 251/98, NJW 2000, 951 und BGH, Urt. v. 13.6. 2002 – VII ZR 321/00, NJW 2002, 2559). Ebenso ist fraglich, ob durch die Abspaltung des einheitlichen Rechtsgeschäfts in einen Grundstückskauf einerseits und in einen Generalübernehmervertrag andererseits eine Grunderwerbsteuerersparnis eintritt (BFH, Urt. v. 27.12. 1999 – II R 17/99, BGHE 189, 550, ZfIR 2000, 58 und BFH, Urt. v. 16.1. 2002 – II R 16/00, BFHE 197, 308 = DStR 2002, 495).

## IV. Der geschlossene Immobilienfonds

Geschlossene Immobilienfonds werden ähnlich wie Bauherrenmodelle gestaltet. Die Gemeinschaft der Bauherren wird als **Gesellschaft** bürgerlichen Rechts oder als Kommanditgesellschaft abgeschlossen, wobei zunächst auch die Initiatoren Mitgesellschafter sind. Beim Immobilienfonds erwirbt jeder Beteiligte in der Regel einen Gesellschaftsanteil, also nicht unmittelbar eine Immobilie. Geschlossene Fonds sind im Unterschied zu den offenen Immobilienfonds auf eine bestimmte Zahl von Anlegern begrenzt. Ferner ist das Anlagevolumen regelmäßig genau festgelegt (zu den steuerlichen Auswirkungen Führlein, ZfIR 2005, 370 ff.).

**Hinweis:** Beim Immobilienfonds wird der Anleger nicht Alleineigentümer einer Immobilie; es besteht lediglich gesamthänderisch gebundenes Miteigentum. Das Innenverhältnis der Beteiligten richtet sich nach dem Gesellschaftsvertrag und nicht nach dem WEG. Für Anteile an geschlossenen Immobilienfonds gibt es kaum einen Markt.

Auch bei einem Immobilienfonds wird regelmäßig ein **Treuhänder** eingeschaltet, der auf Grund der erteilten Vollmacht den Gesellschaftsvertrag abschließt oder die Beteiligung an der Gesellschaft erwirbt. Die Gesellschaft, wiederum vertreten durch den Treuhänder, erwirbt sodann das Grundstück. Der Treuhänder schließt ferner regelmäßig Finanzierungsvermittlungs-, Darlehens-, Zinsgarantie-, Konditionengarantie-, Ausbietungsgarantie-, Baubetreuungs-, Steuerberatungs-, Miet- und Mietgarantieverträge ab. Für die Prospekthaftung und die Prospektangaben beim Immobilienfonds gilt nichts anderes als bei Bauherrenmodellen. Ansprüche gegen Gründungsgesellschafter, Fondsinitiatoren, maßgebliche Betreiber, Manager und Prospektherausgeber können dem Darlehensrückzahlungsverlangen der den Käufer finanzierenden Bank bei einem Widerruf nicht entgegengesetzt werden (BGH, Urt. v. 25. 4. 2006 – XI ZR 193/04, ZIP 2006, 940 und BGH, Urt. v. 25. 4. 2006 – XI ZR 29/05, ZIP 2006, 987.

# C. Der Bauträgervertrag und seine rechtlichen Grundlagen

## I. Rechtsnatur

### 1. Typenkombination

Beim Bauträgervertrag wird auf einem Grundstück gebaut, das dem Erwerber nicht gehört. Vertragsgegenstand ist dementsprechend die **Errichtung** des Bauwerks **und** die **Übereignung** des anschließend bebauten Grundstücks bzw. eines Miteigentumsanteils an dem Grundstück verbunden mit dem Sondereigentum an einer bestimmten Wohnung oder Gewerbeeinheit. Hinsichtlich der Gebäudeerrichtung liegt ein Geschäftsbesorgungsvertrag mit Werkvertragscharakter vor. Demgegenüber richtet sich die Grundstücksübereignung nach Kaufrecht. Es handelt sich um einen zusammengesetzten Vertrag (Typenkombination). Sämtliche betroffenen Vertragstypen können nur insoweit berücksichtigt werden, wie sie mit dem wirtschaftlichen Ziel des Bauträgervertrags vereinbar sind (BGH, Urt. v. 21.11. 1985 – VII ZR366/83, NJW1986, 925; vgl. auch Oechsler, Schuldrecht, Bd. I, 2003 Rn. 683).

Kein **Charakteristikum** für den Bauträgervertrag ist, dass der Bauträger sämtliche oder auch nur einzelne Bauleistungen selbst erbringt. Er kann und wird in der Regel auch Subunternehmer beauftragen. Der Bauträgervertrag bezieht sich meist auf die schlüsselfertige Herstellung; auch dies ist jedoch nicht begriffsnotwendig. Beispiel ist der Bauträger-Ausbauvertrag. Ein Pauschalfestpreis wird zwar regelmäßig vereinbart; im Einzelfall können jedoch auch hiervon Ausnahmen geregelt werden. Schließlich wird der Bauträgervertrag einen Fertigstellungszeitpunkt enthalten; selbst dieser ist allerdings nicht begriffsnotwendig.

Nach der **Definition** des BGH (Urt. v. 21.11. 1985 – VII ZR366/83, NJW1986, 925) handelt es sich beim Bauträgervertrag um einen Vertrag eigener Art, der die Bestandteile verschiedener Vertragstypen zu einem „einheitlichen Vertrag kombiniert, der neben werk-

und werklieferungsvertraglichen auch (soweit der Grundstückserwerb in Rede steht) kaufvertragliche Elemente sowie – je nach den Umständen des Einzelfalls – Bestandteile aus dem Auftrags- und Geschäftsbesorgungsrecht enthält ... “.

## 2. Rückkehr zum Kaufvertrag?

Das Schuldrechtsmodernisierungsgesetz hat das Kauf- und Werkvertragsrecht weitgehend vereinheitlicht. War Ausgangspunkt der werkvertraglichen Einordnung des Bauträgervertrages vor allem die kurze Gewährleistungsfrist des Kaufrechts, so gibt es nunmehr keinen Grund mehr, den Bauträgervertrag werkvertraglich zu qualifizieren. Zudem sieht das Kaufvertragsrecht nach der Novelle auch einen Nacherfüllungsanspruch vor (vgl. BGH, Urt. v. 23. 2. 2005 – VIII ZR 100/04, NJW 2005, 1348 und dazu Lorenz, NJW 2005, 1321). **Kauf- und Werkvertragsrecht** unterscheiden sich allerdings noch in zwei wesentlichen Punkten: Die werkvertragliche Verjährungsfrist beginnt erst ab Abnahme. Zudem kann der Besteller eines Werks Mängel im Wege der Selbstvornahme beseitigen und hierzu einen Kostenvorschuss fordern.

Aus diesem Grund wird der **Bauträgervertrag** wohl **weiterhin** hinsichtlich seiner Bauleistung als **Werkvertrag** eingestuft (so Thode, NZBau 2002, 297/298 u. Pause, NZBau 2002, 648/649; a. A. Brambring, DNotZ 2001, 904/906; Hertel, DNotZ 2002, 6/18 und Kanzleiter, DNotZ 2006, 246/247). Dies soll sogar dann gelten, wenn Gegenstand der Veräußerung ein neues, bereits vollständig fertiggestelltes Objekt ist und der Vertrag keinerlei Verpflichtung zur Herstellung enthält (so insbesondere Thode, NZBau 2002, 297/298 f. und Locher/Locher, Baurecht, Rn. 637). Die Ansicht, die Parteien würden auch bei einem bereits fertiggestellten Objekt stillschweigend die Anwendung des Werkvertragsrechts vereinbaren, ist allerdings fiktiv. Während das Werkvertragsrecht von einem Einfluss des Bestellers auf die Herstellung ausgeht, ist für den Bauträgervertrag insbesondere beim Geschosswohnungsbau typisch, dass der Erwerber dem Bauträger keine Weisungen erteilen kann.

Auch bei Verträgen über **Erbbaurechte** sowie Wohnungs- und Teilerbbaurechte ist umstritten, ob Werkvertragsrecht (so Pause, NZ-

Bau 2002, 648/649) oder Kaufrecht (so wohl Sienz, BauR 2002, 181/190) Anwendung findet.

## II. Rechtsgrundlagen

### 1. Die Makler- und Bauträgerverordnung

#### a) Anwendungsbereich

Die auf § 34 c GewO basierende Makler- und Bauträgerverordnung enthält **Schutzvorschriften für Erwerber**, die vom Bauträger kaufen. Die Erlaubnispflicht für die Bauträgertätigkeit soll zunächst allgemein die gewerberechtliche Überwachung der Zuverlässigkeit sicherstellen. Zusätzlich sieht die MaBV spezielle Schutzvorschriften für Erwerber und ihre Überwachung durch die Aufsichtsbehörde vor. Allerdings gilt dies nur für gewerblich tätige Bauträger, nicht jedoch für „Hobby-Bauträger". Umstritten ist zudem, inwieweit die Schutzvorschriften der MaBV auch auf „verdeckte Bauträgerverträge" anwendbar sind.

Die MaBV gehört nach der Rechtsprechung (BGH, Urt. v. 22. 12. 2000 – VII ZR 310/99, NJW 2001, 818) dem **Gewerberecht** an. Sie enthält damit kein zivilrechtliches Leitbild. Allerdings sind Vereinbarungen im Bauträgervertrag, die gegen die Vorschriften der MaBV verstoßen, nichtig (§ 12 MaBV i. V. m. § 134 BGB). Außerdem wurde den Abschlagszahlungen nach § 3 Abs. 2 MaBV durch die Hausbauverordnung, die Ratenzahlungen entsprechend den Bestimmungen der MaBV zulässt, eine zivilrechtliche Bedeutung beigelegt.

Die MaBV ist nur anwendbar, wenn der Bauträger dem Erwerber auch Eigentum oder zumindest Miteigentum am Grundstück verschafft. Fraglich ist die **Anwendbarkeit der MaBV** dann, wenn der Erwerber das Grundstück oder einen Miteigentumsanteil hieran von einem Dritten erwirbt (vgl. Warda, MittBayNot 1988, 1/4). Auf diese teilweise als verdecktes Bauträgermodell bezeichnete Gestaltung ist die MaBV anwendbar, wenn die Vereinbarungen nur gewählt werden, um die Schutzvorschriften der MaBV zu umgehen (a. A. Pause, Bauträgerkauf, Rn. 46). Auch wenn in diesen Fällen die Bauherreneigenschaft des Unternehmers fehlt, sind die gewerberechtlichen Standards entsprechend anwendbar. Gleiches gilt, wenn „Einmal- oder Hobby-Bauträger" nicht mit der gewerberechtlich geforderten Intensität tätig werden, sondern sich auf ein Objekt beschränken. Für die Analogie spricht auch, dass die frühere Privilegierung insbesondere gemeinnütziger Wohnungsunternehmen, die teilweise von den Vorschriften der MaBV befreit waren, seit 1. 1. 1994 entfallen ist. Außerdem sind die Vorschriften der MaBV auch anwendbar, wenn der Bauträger über keine Erlaubnis nach § 34 c GewO verfügt, obwohl eine erlaubnispflichtige Tätigkeit vorliegt.

Umstritten ist, ob die MaBV auch auf **unwesentliche Renovierungsarbeiten und Schönheitsreparaturen** Anwendung findet. Dies wird überwiegend verneint (BayObLG, Beschl. v. 1. 10. 2004 – 3 Z BR 129/04, NZM 2005, 264 u. OLG Düsseldorf, Urt. v. 21. 2. 2005 – I 9 U 97/04, RNotZ 2005, 431). Zutreffend ist, dass nicht jede auch noch so geringfügige Werkleistung einen Vertrag zu einem Bauträgervertrag macht, wenn das Kaufrecht eindeutig überwiegt. Andererseits existieren gegenwärtig keine allgemein anerkannten Abgrenzungskriterien. Insbesondere kann nicht darauf abgestellt werden, ob für die Arbeit eine Baugenehmigung erforderlich ist oder nicht. Am einleuchtendsten ist die Unterscheidung danach, ob Arbeiten geschuldet werden, die zumindest einem Gewerk der MaBV entsprechen (s. Brambring, FWW 1991, 9/12). Im Zweifel empfiehlt es sich für die Vertragsgestaltung, von der Anwendbarkeit des Ratenzahlungsplans der MaBV auszugehen.

Umstritten ist ferner die Frage, ob bei Arbeiten auf fremden Grundstücken, an denen kein Eigentum verschafft werden soll, die MaBV einschlägig ist. Dieser Streit betrifft vor allem **Aufschließungsunternehmen**, die mit der Gemeinde einen Erschließungsvertrag abschließen und Grundstücke im erschlossenen Zustand verkaufen. Sie hat große praktische Bedeutung. Gegen die Annahme eines Bauträgervertrages und damit die Anwendung der MaBV spricht, dass gegenüber dem Privaten regelmäßig keinerlei Herstellungspflicht seitens des Erschließungsunternehmens eingegangen wird und zudem die „doppelte" Abnahme auf unüberwindliche Probleme stößt (vgl. deshalb Grziwotz, MDR 1996, 978; a. A. Basty, Bauträgervertrag, Rn. 90 f.).

Schließlich findet die MaBV keine Anwendung, wenn das Objekt bereits **vollständig fertiggestellt** ist (Kanzleiter, DNotZ 1974, 542/

552). Ob dies auch bereits dann gilt, wenn das Objekt lediglich bezugsfertig ist (so Marcks, § 3 Rn. 4), ist fraglich. Die Restarbeiten der Fertigstellungsrate sind jedenfalls nicht so unwesentlich, dass von einer Bauträgertätigkeit nicht mehr die Rede sein könnte.

Von den besonderen Sicherungspflichten der § 2 bis 6 MaBV **freigestellt** sind Verträge des Bauträgers mit juristischen Personen des öffentlichen Rechts, öffentlich-rechtlichen Sondervermögen und in das Handels- oder Genossenschaftsregister eingetragenen Kaufleuten. Voraussetzung ist, dass der Erwerber in gesonderter Urkunde auf die Anwendung der vorstehend genannten Bestimmungen verzichtet und bei Kaufleuten die Kaufmannseigenschaft durch einen Registerauszug nachgewiesen wird.

**Hinweis:** Die Freistellung von den Vorschriften der MaBV bedeutet nicht, dass auch AGB-Recht vollständig ausgeschlossen wäre, da nach § 310 Abs. 1 BGB auch bei Unternehmerverträgen eine eingeschränkte Klauselkontrolle stattfindet.

### b) Bedeutung für die Bauträgertätigkeit

Bedeutung hinsichtlich der Tätigkeit von Bauträgern haben insbesondere folgende **Vorschriften** der MaBV:

Die **Sicherungspflichten** nach **§ 3 MaBV**, wonach der Bauträger Zahlungen erst entgegen nehmen darf, wenn die Vollzugsvoraussetzungen hinsichtlich des vereinbarten Erwerbs vorliegen, schützt den Erwerber vor einem Verlust seines Geldes (vgl. OLG Frankfurt, Urt. v. 23. 12. 2004–24 U 85/03, BauR 2005). Ferner ist die Entgegennahme von Abschlagszahlungen jeweils hinsichtlich der Höhe beschränkt und auf maximal sieben Raten entsprechend den geregelten Gewerken begrenzt. Ergänzend gilt die Verordnung über Abschlagszahlungen bei Bauträgerverträgen.

**§ 4 MaBV** enthält die Verpflichtung zur **objektbezogenen Verwendung** der Vermögenswerte. Zahlungen des Erwerbers sind deshalb nur zur Vorbereitung und Durchführung des konkreten Bauvorhabens zu verwenden. Die Mittel sollen nicht im Schneeballsystem zum Stopfen anderer Löcher verwendet werden. Im Zusammenhang mit dem konkreten Objekt stehen die Zahlung des Grundstückspreises einschließlich der Erschließungskosten und etwaiger öffentlich-rechtlicher Folgelasten, Architektenkosten sowie die Baukosten. Bei Einfamilienreihenhäusern soll die gesamte Reihe als ein Bauvorhaben anzusehen sein (vgl. Marcks, MaBV, § 4 Rn. 5). Getrennte Bauvorhaben sind dagegen mehrere freistehende Gebäude sowie Zwei- und Mehrfamilienreihenhäuser.

**Hinweis:** Der Bauträger darf einen etwaigen Gewinn erst nach vollständiger Fertigstellung des Bauvorhabens und Begleichung sämtlicher Handwerkerrechnungen entnehmen.

Die vorstehenden Verpflichtungen gelten auch für eingeschaltetes **Hilfspersonal (§ 5 MaBV)**. Der Bauträger muss Hilfspersonal deshalb entsprechend anweisen und die Einhaltung kontrollieren.

Gemäß **§ 7 MaBV** ist der Bauträger von der „Vormerkungs- und Abschlagszahlungssicherung" nach § 3 MaBV entbunden, wenn er Sicherheit für alle etwaigen Ansprüche des Erwerbers auf Rückgewähr der Anzahlungen aus seinen Vermögenswerten durch Stellung einer **Bürgschaft** leistet.

**§ 11 MaBV** enthält Informationspflichten des Bauträgers gestaffelt nach dem Stand der Vertragsverhandlungen. Die Information hat in deutscher Sprache und schriftlich zu erfolgen. Die volle Information über den Kaufpreis, die Zahlungsabwicklung, die Art der Sicherung und den Zeitraum der Durchführung des Bauvorhabens, das Bauvorhaben einschließlich Baugrundstück und genehmigten Plänen samt Baubeschreibung, den Zeitpunkt der Fertigstellung sowie bestehende Belastungen ist spätestens mit „Annahme des Auftrags", also kurz vor Abschluss des notariellen Vertrages zu erteilen. Inwieweit bereits früher Informationen abzugeben sind, beurteilt sich nach dem jeweiligen Verhandlungsstand. Dem künftigen Erwerber sollen die für seine Kaufentscheidung maßgeblichen Daten rechtzeitig mitgeteilt werden.

**§ 12 MaBV** erklärt Vereinbarungen, die von den §§ 2–10 MaBV abweichen, für **unwirksam**. Entsprechende Bestimmungen im Bauträgervertrag sind auch zivilrechtlich nichtig (§ 134 BGB; vgl. Basty, BTR 2005, 149 ff.).

Zur Kontrolle durch die Gewerbeaufsicht hat der Bauträger sein **Werbematerial**, insbesondere Inserate und Prospekte, auf die Dauer von fünf Jahren **aufzubewahren** (§§ 13, 14 MaBV). Bei der Archivierung muss die Übereinstimmung der Wiedergabe mit dem Original sichergestellt sein.

**§§ 16, 17 MaBV** regeln die turnusmäßige und die außerordentliche **Pflichtprüfung**. Bauträger sind danach jährlich von Wirtschaftsprüfern, vereinigten Buchprüfern, Wirtschaftsprüfungs- und Buchprüfungsgesellschaften sowie gegebenenfalls Prüfungsverbänden zu prüfen. Bei der Prüfung sind Verstöße gegen dic Vorschriften der MaBV im Einzelnen aufzulisten, um der Behörde die notwendigen Informationen zur Entscheidung über gewerberechtliche Maßnahmen zu geben. Die Kosten der Prüfung hat der Bauträger zu tragen. Eine Ausnahme von der Prüfungspflicht besteht nur, wenn im Prüfungszeitraum keinerlei erlaubnispflichtige Tätigkeit ausgeübt wurde.

> **Hinweis:** Die Prüfung entfällt nicht bereits dann, wenn im entsprechenden Kalenderjahr keine Bauträgerverträge abgeschlossen wurden.

Das Gesetz regelt ferner den Ausschluss von Prüfern wegen Besorgnis der Befangenheit (§ 16 Abs. 3 Satz 3 MaBV) sowie die **Rechte und Pflichten des Bauträgers und des Prüfers** entsprechend den Bestimmungen über andere Prüfungen (§§ 320 ff. HGB). Die Mitwirkungspflicht des Bauträgers betrifft die Einsicht in Bücher, Aufzeichnungen und Unterlagen sowie die Beantwortung von Fragen. Umgekehrt ist der Prüfer zur gewissenhaften und unparteiischen Prüfung verpflichtet. Sofern er unbefugt Geschäfts- und Betriebsgeheimnisse verwertet, um daraus möglicherweise finanzielle Vorteile zu ziehen, kann er sich schadensersatzpflichtig machen.

**§ 18 MaBV** regelt eine Reihe von **Ordnungswidrigkeiten**, insbesondere hinsichtlich der Entgegennahme von Vermögenswerten des Erwerbers ohne ausreichende Sicherheit und bei einem Verstoß gegen die objektbezogene Mittelverwendung.

## 2. Der Bauträgervertrag als Formularvertrag

Bauträgerverträge werden regelmäßig nicht individuell ausgehandelt, sondern für den mehrmaligen Gebrauch vorformuliert. Es handelt sich deshalb um **Allgemeine Geschäftsbedingungen**. Ausreichend ist, wenn eine mindestens dreimalige Verwendung geplant ist (BGH, Urt. v. 13. 9. 2001 – VII ZR 487/99, NJW-RR 2002, 13 u. BGH, Urt. v. 27. 9. 2001 – VII ZR 388/00, NJW 2002, 138). Es ist nicht erforderlich, dass der Musterbauträgervertrag mehrfach gegenüber derselben Vertragspartei verwendet werden soll (BGH, Urt. v. 11. 12. 2003 – VII ZR 31/03, NJW 2004, 1454). Beauftragt der Bauträger den Notar mit der Erstellung eines Entwurfes, so können auch Vertragsklauseln, die auf Standardformulierungen des Notars beruhen, Allgemeine Geschäftsbedingungen sein (BGH, Urteil v. 13. 9. 2001 – VII ZR 487/99, NJW-RR 2002, 13). Der Umstand, dass der Bauträgervertrag vom Notar vorgelesen und erläutert wird, ändert nichts an der Tatsache des Vorliegens von Allgemeinen Geschäftsbedingungen. Eine Ausnahme gilt nur für Individualvereinbarungen (§ 305 Abs. 1 Satz 3 BGB). Ein Aushandeln im Einzelnen liegt jedoch nur dann vor, wenn die Vertragsklausel zur Disposition gestellt wird, also eine Abänderungsbereitschaft besteht. Der gesetzesfremde Kerngehalt der Regelung muss ernsthaft zur Disposition gestellt werden (BGH, Urt. v. 6. 12. 2002 – V ZR 220/02, NJW 2003, 1313).

Die AGB-Kontrolle gilt auch bei Bauträgerverträgen, bei denen der Erwerber ein Unternehmer, eine juristische Person des öffentlichen Rechts oder ein öffentlich-rechtliches Sondervermögen ist (§ 310 Abs. 1 Satz 1 BGB). Besonderheiten gelten bei **Bauträger-Verbraucherverträgen**, bei denen ein unternehmerisch tätiger Bauträger an einen Verbraucher veräußert (§ 310 Abs. 3 BGB). Dies wird bei den meisten Bauträgerverträgen der Fall sein. Bei ihnen wird das Stellen der Vertragsklauseln durch den Unternehmer vermutet, so dass auch die vom Notar vorgeschlagenen Klauseln unter den Begriff der Allgemeinen Geschäftsbedingungen fallen. Nur wenn der Bauträger nachweist, dass der Verbraucher eine Klausel gewünscht hat, scheidet die Vermutung aus. Ausreichend ist es beim Verbrauchervertrag ferner, wenn eine Vertragsbedingung lediglich zur einmaligen Verwendung vorgesehen ist und der Verbraucher auf ihren Inhalt keinen Einfluss nehmen konnte. Schließlich sind bei der Beurteilung der Unangemessenheit einer Klausel auch die dem Vertragsschluss begleitenden Umstände zu berücksichtigen. Beispiele sind die geschäftliche Erfahrenheit eines Verbrauchers (z. B. Jurist), die Initiative zum Vertragsschluss sowie sonstige Umstände, die die strukturelle Ungleichgewichtslage verstärken oder relativieren können.

**Verbraucher** ist nach der gesetzlichen Definition (§ 13 BGB) jede natürliche Person, die ein Rechtsgeschäft zu einem Zweck abschließt, der weder ihrer gewerblichen noch ihrer selbständigen beruflichen Tätigkeit zugerechnet werden kann. Es muss sich somit um ein zu privaten Zwecken vorgenommenes Rechtsgeschäft handeln. Zur privaten Sphäre gehört auch die Verwaltung und Anlage von Vermögen. Deshalb kann auch eine BGB-Gesellschaft, die eine Immobilie vom Bauträger als Kapitalanlage kauft, Verbraucher sein (OLG Koblenz, Urt. v. 17.10. 2002–5 U 263/02, BauR 2003, 546 und zusätzlich BGH, Urt. v. 23.10. 2001 – XI ZR 63/01, NJW 2002, 368).

Demgegenüber fallen juristische Personen und rechtsfähige Personengesellschaften, insbesondere die oHG und die KG, nicht unter den Verbraucherbegriff. Auch Freiberufler und Handwerker sind Unternehmer, ebenso Kleingewerbetreibende, die nicht im Handelsregister eingetragen sind. Auch eine nebenberufliche Tätigkeit kann unternehmerisch sein (OLG Bremen, Urt. v. 11.3. 2004 – 2 U 99/03, NJOZ 2004, 2059). Da es auf die Absicht einer Gewinnerzielung nicht ankommt, können auch gemeinnützige Vereine und Einrichtungen des öffentlichen Rechts Unternehmer sein (vgl. BGH, Urt. v. 9.7. 2002 – KZR 30/00, NJW 2002, 3779 und BGH, Urt. v. 24.6. 2003 – XI ZR 100/02, NJW 2003, 2742). Auch der **Existenzgründer** ist bereits Unternehmer (BGH, Beschl. v. 24.2. 2005 – III ZB 36/04, NJW 2005, 1273).

Für den Bauträgervertrag haben vor allem das Transparenzgebot (§ 307 Abs. 1 Satz 2 BGB), das Verbot einer unangemessen langen Annahmefrist bei einem Angebot des Erwerbers (§ 308 Nr. 1 BGB), die Unzulässigkeit eines sachlich nicht gerechtfertigten Rücktrittsrecht des Bauträgers (§ 308 Nr. 3 BGB), unzumutbare Änderungsvorbehalte (§ 308 Nr. 4 BGB), unzulässige Abnahmefiktionen (§ 308 Nr. 5 BGB), pauschale Preisgleitklauseln (§ 309 Nr. 1 BGB), Aufrechnungsverbote (§ 309 Nr. 3 BGB), Haftungsausschlüsse (§ 309 Nr. 7 u. 8 BGB) sowie teilweise noch Fälligkeitszinsregelungen (§ 309 Nr. 4 BGB) **Bedeutung**. Dies wird beim jeweiligen Regelungszusammenhang dargestellt.

**Hinweis:** Da die Klauselverbote in den §§ 308 und 309 BGB wesentliche Vertragspflichten beim Bauträgervertrag betreffen, werden auch unternehmerisch tätige Erwerber weitgehend geschützt.

## 3. Altes und neues Recht

Nach § 229 EGBGB findet auf Verträge, die vor dem **1. 1. 2002**, dem Zeitpunkt des **Inkrafttretens der Schuldrechtsmodernisierung**, abgeschlossen wurden, das BGB samt AGB-Gesetz in der alten Fassung Anwendung. Das gilt auch für Verträge, die unter Geltung des alten Rechts abgeschlossen, aber erst nach dem 1. 1. 2002 endgültig abgewickelt werden. Für ab dem 1. 1. 2002 abgeschlossene Verträge gilt das neue Recht. Bei größeren Objekten, bei denen Verträge teils vor dem 1. 1. 2002 und teils danach abgeschlossen wurden, kann nicht insgesamt das alte Recht gewählt werden. Wurde vor dem 1. 1. 2002 ein Angebot zum Abschluss eines Bauträgervertrages beurkundet, das nach dem 1. 1. 2002 angenommen wurde, gilt für den gesamten Vertrag bereits das neue Recht. Werden zu einem vor dem 1. 1. 2002 abgeschlossenen Vertrag später Nachträge vereinbart, gilt für sie bereits das neue Recht.

**Hinweis:** Eine wichtige Ausnahme von dem Grundsatz der Maßgeblichkeit des zum Abschlusszeitpunkt geltenden Rechts betrifft das Verjährungsrecht. Die Verjährung bestimmt sich grundsätzlich nach neuem Recht (Art. 229 § 6 Abs. 1 EGBGB). Eine Ausnahme gilt nur dann, wenn die Verjährung nach altem Recht früher abläuft als die neuen Verjährungsfristen, die allerdings erst ab 1. 1. 2002 zu berechnen sind.

# D. Vertragsschluss und Beurkundungsumfang

## I. Beurkundungsumfang und -zweck (§ 311 b Abs. 1 BGB)

Die Beurkundungspflicht von Grundstücksgeschäften hat den Zweck, beide Vertragspartner vor übereilten und unüberlegten Verträgen mit meist wirtschaftlich nicht unerheblichen Verpflichtungen zu schützen. Sie soll ferner eine sachgemäße Beratung gewährleisten und Streitigkeiten vorbeugen. § 311 b Abs. 1 BGB gilt auch dann, wenn diese Formzwecke bereits auf andere Weise erreicht worden sind; es handelt sich um eine formalisierte **Ordnungsvorschrift**. Dem Formzwang unterliegt der schuldrechtliche Teil des Bauträgervertrags; für die Auflassung ordnet § 925 BGB die Erklärung bei gleichzeitiger Anwesenheit beider Vertragsteile vor einem deutschen Notar an. Das Beurkundungserfordernis gilt für Grundstücke, für Miteigentumsanteile hieran, für Wohnungs- und Teileigentum (§ 4 Abs. 3 WEG) und für Erbbaurechte einschließlich Wohnungs- und Teilerbbaurechten (§ 11 Abs. 2 ErbbauVO).

Formbedürftig ist nicht nur die Verpflichtung zum Erwerb oder zur Veräußerung des Grundstücks bzw. grundstücksgleichen Rechts. Formbedürftig ist vielmehr der **gesamte Vertrag**, das heißt alle Vereinbarungen, aus denen sich nach dem Willen der Parteien das gesamte schuldrechtliche Rechtsgeschäft zusammensetzt. Zu beurkunden sind alle Haupt- und Nebenabreden, soweit sie auch nur von einer Partei für die andere erkennbar für wesentlich gehalten werden. Eine Aufspaltung des Bauträgervertrags in eine formbedürftige Grundstücksveräußerung und einen nicht formbedürftigen Bauvertrag ist somit nicht möglich, wenn auch nur von einem Beteiligten ein einheitliches Rechtsgeschäft gewünscht wird. Nach ständiger Rechtsprechung liegt ein formbedürftiger einheitlicher Gesamtvertrag vor, wenn die verschiedenen Vereinbarungen nach dem Parteienwillen derart voneinander abhängen, dass sie miteinander „stehen und fallen" sollen. Demgegenüber sollen einseitig von der Veräußerung eines Grundstücks abhängige nicht formbedürftige Abreden nicht beurkundungsbedürftig sein (BGH, Urt. v.

26. 11. 1999 – V ZR 251/98, NJW 2000, 951 und BGH, Urt. v. 13. 6. 2002 – VII ZR 321/00, NJW 2002, 2559; vgl. BGH, Urt. v. 11. 10. 2000 – VIII ZR 321/99, NJW 2001, 226).

Ein Beurkundungszusammenhang besteht auch dann, wenn es sich beim Verkäufer des Grundstücks und bei dem Bauunternehmen um unterschiedliche Personen handelt, insbesondere der Alleingesellschafter das Grundstück veräußert und „seine" GmbH die Bauleistungen ausführen soll. Der Bauträgervertrag ist deshalb insgesamt zu beurkunden (s. nur BGH, Urt. v. 16. 12. 1993 – VII ZR 25/93, NJW 1994, 721). Dies gilt auch für Vorverträge sowie Angebote. Auch eine einen indirekten Erwerbszwang begründende Reservierungsvereinbarung kann zur **Formbedürftigkeit dieses Vertrages** führen. Die Rechtsprechung nimmt dies dann an, wenn die Reservierungsgebühr die übliche Maklerprovision um 10 % übersteigt (BGH, Urt. v. 10. 2. 1988 – IV a ZR 268/86, BGHZ 103, 235, 239).

**Hinweis:** Nicht beurkundete Nebenabreden sind nichtig. Sie führen regelmäßig dazu, dass der gesamte Vertrag unwirksam wird. Auch die im Grundbuch eingetragene Auflassungsvormerkung schützt in diesem Fall den Erwerber nicht!

Auch eine spätere **Vertragsänderung** ist grundsätzlich beurkundungspflichtig (vgl. OLG Hamm, Urt. v 16. 5. 1994–17 U 36/93, NJW-RR 1994, 1296). Eine Ausnahme gilt nur dann, wenn sie lediglich der Vertragsabwicklung und -durchführung dient und den wesentlichen Vertragsinhalt nicht ändert (BGH, Urt. v. 11. 12. 1998 – V ZR 377/97, BGHZ 140, 218, 221 und BGH, Urt. v. 5. 4. 2001 – VII ZR 119/89, NJW 2001, 1932). Ist die Auflassung bereits beurkundet, sind nach der Rechtsprechung Änderungen formfrei möglich (BGH, Urt. v. 6. 5. 1988 – V ZR 50/87, NJW 1988, 2237).

**Hinweis:** Die Mitbeurkundung der Auflassung kann zwar zur geringfügigen Ersparnis von Notarkosten beitragen, sie birgt jedoch die Gefahr in sich, dass durch spätere mündliche Abreden das Sicherungssystem des notariell beurkundeten Vertrages „ausgehebelt" wird.

Soll der Bauträgervertrag aufgehoben werden, ist die **Aufhebung** grundsätzlich formlos möglich, solange im Grundbuch das Eigentum auf den Erwerber noch nicht umgeschrieben wurde. Soll nach Eigentumsumschreibung eine Rückabwicklung erfolgen, so muss diese notariell beurkundet werden (BGH, Urt. v. 6. 5. 1988 – V ZR 50/87, NJW 1988, 2237; vgl. BGH, Urt. v. 7. 10. 1994 – V ZR 102/93, BGHZ 127, 168, 173). Wurde die Auflassung im Bauträgervertrag bereits erklärt und ist für den Erwerber im Grundbuch eine Auflassungsvormerkung eingetragen, ist sie zumindest im Namen des Erwerbers beantragt oder ist die Eigentumsumschreibung im Namen des Erwerbers beantragt, so besteht ein Anwartschaftsrecht des Erwerbers. Da dieses Anwartschaftsrecht dem Eigentum nahezu gleichgestellt ist, fordert die Rechtsprechung bei Bestehen eines Anwartschaftsrechtes die notarielle Beurkundung der Vertragsaufhebung (s. nur BGH, Urt. v. 13. 11. 1998 – V ZR 386/97, NJW 1999, 352).

Nicht beurkundete Nebenabreden werden erst mit dem Grundbuchvollzug geheilt (§ 311 b Abs. 1 Satz 2 BGB). Die **Heilung** betrifft nur Verstöße gegen die Formvorschriften, nicht jedoch sonstige Rechtsverstöße. Deshalb wird eine Nichtigkeit wegen einer fehlenden Genehmigung nicht geheilt.

## II. Gestaltung des Beurkundungsverfahrens (§ 17 BeurkG)

### 1. Sicherung der Belehrung

Der Zweck der Formvorschrift soll sich in den Verfahrensregelungen wiederfinden; ansonsten bliebe das Beurkundungserfordernis sinnlos. Außerdem legitimiert erst die sachgerechte Ausgestaltung des Beurkundungsverfahrens die besonderen Beweiswirkungen der notariellen Urkunde. Der Notar soll deshalb bei der schriftlichen Abfassung der vor ihm abgegebenen Willenserklärungen Zweifel und Irrtümer vermeiden. Hierzu hat er den tatsächlichen Willen zu erforschen. Er muss deshalb alle Punkte, die üblicherweise geregelt werden, ansprechen. Dabei sind die Regelwerke der Praxis und Formularbücher Hilfsmittel. Ziel der notariellen Beurkundung ist die Errichtung einer Urkunde, die dem wahren

Willen der Beteiligten entspricht, der Sachlage gerecht wird, rechtlich einwandfrei und klar abgefasst ist und eine Benachteiligung unerfahrener und ungewandter Beteiligter vermeidet. Hierzu formuliert das Gesetz (§ 17 BeurkG) vier „**Kardinalpflichten**": Der Notar muss den Sachverhalt klären, den Willen der Beteiligten erforschen, die Beteiligten über die rechtliche Tragweite des Geschäfts belehren und die Erklärungen klar und unzweideutig in einer Niederschrift wiedergeben.

Im Rahmen der Sachverhaltsklärung kann der Notar sich auf die Richtigkeit der tatsächlichen Angaben der Beteiligten verlassen. Hat er Anhaltspunkte für die Fehlerhaftigkeit tatsächlicher Angaben, dann muss er sich um weitere Aufklärung in der Weise bemühen, dass er die Beteiligten darüber belehrt, warum es gerade auf die Richtigkeit der Angaben ankommt. Die **Erforschung des Willens der Beteiligten** bedeutet, dass sich der Notar spätestens bei der Beurkundung davon überzeugen muss, dass das Niedergeschriebene den Willen der Beteiligten wiedergibt. Dies gilt auch, wenn die Beteiligten dem Notar einen Urkundsentwurf, insbesondere des so genannten Zentralnotars, vorlegen, den er nur „beurkunden" soll. Der Notar darf die Beurkundung von Fremdentwürfen zwar nur dann ablehnen, wenn diese Gesetzesverstöße enthalten. Dem Notar muss allerdings angemessene Zeit zur Überprüfung des Fremdentwurfs gelassen werden. Ist die vorgeschlagene Gestaltung zwar nicht unzulässig, würde der Notar jedoch eine andere Gestaltung für zweckmäßiger halten, so kann er in die Urkunde einen Distanzierungsvermerk aufnehmen.

Der Notar muss die Beteiligten über die rechtliche Bedeutung ihrer Erklärungen und die unmittelbaren rechtlichen Bedingungen für den Eintritt des beabsichtigten Rechtserfolges aufklären. Die Beurkundung umfasst alle Momente, die nach den Verhandlungen der Beteiligten für das Zustandekommen eines formgültigen Bauträgervertrages erforderlich sind. Der **Umfang der Belehrungspflicht** ist von den beteiligten Personen abhängig. So ist eine Belehrung jedenfalls bei einem Fachanwalt für Bau- und Architektenrecht nicht mit gleicher Intensität geboten wie bei einem Erwerber, der einer ungelernten Arbeit nachgeht und nur einmal in seinem Leben eine Eigentumswohnung erwirbt. Das Gesetz geht ausdrücklich von der besonderen Belehrungsbedürftigkeit unerfahrener und ungewandter Beteiligter aus, deren Fürsorge dem Notar besonders aufgegeben wird (§ 17 Abs. 1 Satz 2 BeurkG). Beim Bauträgervertrag ist in der Regel der Erwerber die belehrungsbedürftige Person. Demgegenüber handelt es sich beim Bauträger meist um einen erfahrenen Immobilienkaufmann. Bei der besonderen Belehrung des Erwerbers verstößt der Notar auch nicht gegen seine Pflicht zur Unparteilichkeit. Dagegen ist der Notar nicht Wirtschaftsberater der Beteiligten. Er schuldet keine wirtschaftliche Beratung oder Belehrung. Insbesondere darf er den wirtschaftlichen Nutzen des in Aussicht genommenen Bauträgergeschäfts nicht thematisieren. Es ist auch nicht seine Aufgabe, die wirtschaftlichen Motive der Beteiligten zu erforschen. Auch über steuerliche Folgen eines Rechtsgeschäfts hat er die Beteiligten grundsätzlich nicht zu belehren. Wenn die Beteiligten nicht ausdrücklich nach den Notarkosten fragen, muss er auch hierüber nicht gesondert informieren. Sie sind ohnehin gesetzlich vorgeschrieben.

Besondere Bedeutung hat die Belehrungspflicht über die rechtliche Tragweite des Bauträgervertrags bei **ungesicherten Vorausleistungen**, die als solche nicht zu erkennen sind. Hier trifft den Notar eine doppelte Belehrungspflicht. Er muss erstens über die Folgen belehren, die bei Leistungsunfähigkeit des durch die Vorleistung Begünstigten eintreten, und zweitens Wege aufzeigen, wie dieses Risiko vermieden werden kann. Der Notar hat hierzu grundsätzlich den sichersten Weg vorzuschlagen, auch wenn dieser größere Kosten auslöst. Entscheiden sich die Beteiligten aus Kostengründen für einen wenig sicheren Weg, muss sie der Notar nicht davon abhalten, wenn mit dieser „Lösung“ nicht ein Gesetzesverstoß verbunden ist. Der Notar muss auch nicht sämtliche denkbaren Gestaltungen zur Vermeidung eines Risikos aufzeigen (BGH, Urt. v. 10. 3. 2005 – IX ZR 73/01, BauRB 2005, 157). Gegebenenfalls kann der Notar empfehlen, die Beurkundung so lang aufzuschieben, bis er sich über ausreichende Sicherungsmechanismen kundig gemacht hat. Bestehen die Beteiligten auf sofortiger Beurkundung, so nehmen sie das Vorleistungsrisiko in Kauf (BGH, Urt. v. 15. 1. 1998 – IX ZR 4/97, DNotZ 1998, 637/639).

**Hinweis:** Ein Verzicht auf die Belehrung durch die Beteiligten ist nicht möglich, da es sich um hoheitliche Amtspflichten des Notars handelt. Geben die Beteiligten allerdings zu erkennen, dass sie die Risiken der von ihnen gewählten Gestaltung bereits kennen, so kann sich der Notar auf kurze Hinweise beschränken, wenn er sich von der entsprechenden Kenntnis der Parteien vergewissert hat.

## 2. Anwesenheit und Wartefrist

Insbesondere für den „**Verbraucherbauträgervertrag**" versucht der Gesetzgeber, durch verfahrensrechtliche Anforderungen die notwendige Belehrung sicherzustellen. Dies soll die planmäßige, missbräuchliche Gestaltung des Urkundsverfahrens ausschließen, die so genannte „Mitternachtsnotare" im Zusammenwirken mit Strukturvertrieben teilweise zum Schaden der Erwerber praktiziert haben.

Bei einem Bauträgervertrag ist ein höchstpersönliches Handeln nicht gesetzlich gefordert. Jedoch soll der besonders belehrungsbedürftige Verbraucher die Möglichkeit haben, durch Nachfragen an den Notar über die Tragweite des Bauträgergeschäfts aufgeklärt zu werden. Deshalb soll der Notar bei Verbraucherbauträgerverträgen darauf hinwirken, dass die rechtsgeschäftlichen Erklärungen des Verbrauchers von diesem persönlich abgegeben werden (§ 17 Abs. 2 a Satz 2 Nr. 1 BeurkG). Statt seiner **persönlichen Anwesenheit** kann auch ein von ihm bevollmächtigter Vertreter handeln, sofern es sich um eine Vertrauensperson des Verbrauchers handelt. Hierzu zählen insbesondere Angehörige, aber selbstverständlich auch ein vom Erwerber beauftragter Rechtsanwalt. Kein geeigneter Vertreter ist hingegen der den Vertrag vermittelnde Makler, der Bauträger, ein Mitarbeiter des Bauträgers sowie auch Mitarbeiter oder Kollegen des Urkundsnotars.

**Hinweis:** Während die Vertretung des Verbrauchers durch eine andere als eine Vertrauensperson unzulässig ist, kann der Bauträger auch von anderen Personen vertreten werden. Allerdings sollte es sich beim Vertreter um eine Person handeln, die auch zu Abweichungen im vorformulierten Vertragstext befugt ist. Andernfalls dürfte beim nicht ausgehandelten Vertrag eine besondere richterliche Inhaltskontrolle greifen.

Grundsätzlich kann ein Bauträgervertrag auch sukzessiv, das heißt durch **Angebot und** spätere **Annahme** beurkundet werden (§ 128 BGB). Allerdings bestehen insoweit mehrere Defizite: Zum einen ist ein Verhandeln über den Vertragstext in dieser Situation kaum möglich; soll der Erwerber ein vom Bauträger beurkundetes Angebot annehmen, so wird er bei der Annahme nur über deren Inhalt belehrt, nicht jedoch über den Inhalt des Angebots. Soll der Bauträgervertrag aus einsichtigen Gründen, z. B. wegen Krankheit des Erwerbers, Auslandsaufenthalt des Erwerbers, großer Entfernung und Unzumutbarkeit des Aufsuchens des „Zentralnotars", in Angebot und Annahme aufgespalten werden, muss das Angebot zur Sicherung der sinnvollen Belehrung jedenfalls vom Erwerber abgegeben werden. Ein umgekehrtes Beurkundungsersuchen muss der Annahmenotar regelmäßig ablehnen, wenn er nicht bereit ist, im Rahmen der Annahme auch über den gesamten Vertragsinhalt zu belehren. Gibt der Erwerber das Angebot ab, so ist eine unangemessen lange Bindungsfrist zu vermeiden. Unangemessen lang kann bereits eine Bindungsfrist sein, nach der der Erwerber zehn Wochen an sein Angebot gebunden ist (OLG Dresden, Urt. v. 26. 6. 2003–19 U 512/03, BeckRs 2004, 09957 = NotBZ 2004, 356).

Der Notar kann über technische, wirtschaftliche und steuerliche Fragen bei Bauträgerverträgen regelmäßig nicht belehren. Deshalb soll dem Erwerber die Möglichkeit gegeben werden, sich mit diesen Fragen, aber auch mit dem übrigen Beurkundungsgegenstand ausreichend auseinander zu setzen und gegebenenfalls fachlich beraten zu lassen. Deshalb fordert das Gesetz (§ 17 Abs. 2 a Satz 2 Nr. 2 BeurkG) die Einhaltung einer **Zweiwochenfrist** zwischen Zurverfügungstellung des beabsichtigten Textes des Vertrages und der Beurkundung. Umstritten ist, ob der Notar selbst einen Entwurf an den Erwerber versenden muss (so Rieger, MittBayNot 2002, 325, 333) oder ob auch die Vermittlung durch den Bauträger genügt (so wohl Hertel, ZNotP 2002, 286, 289). Unstrittig ist, dass zum auszuhändigenden Entwurf auch alle Urkunden gehören, die durch Verweisung Vertragsbestandteil werden, also insbesondere die Baubeschreibung, Baupläne und eine Teilungserklärung bei Wohnungs- und Teileigentum. Eine Abkürzung der Frist kommt nur aus Gründen in Betracht, die auf Seiten des Verbrauchers bestehen. Ein einseitiger

Verzicht durch ihn dürfte, da es sich um eine Amtspflicht handelt, nicht möglich sein. Triftige Gründe können die Einhaltung einer steuerlichen Frist, eine berufliche Abwesenheit oder ein Krankenhausaufenthalt sein. Wurde der Vertragstext vom Rechtsanwalt des Verbrauchers entworfen, kann dies ebenfalls für eine Abkürzung der Frist sprechen. In sämtlichen Fällen muss sich der Notar aber davon überzeugen, dass hinreichend Gelegenheit zur Auseinandersetzung mit dem Vertragstext bestand.

> **Hinweis:** Nach überwiegender Ansicht genügt es nicht, wenn dem Erwerber lediglich ein Leerformular des Bauträgervertrages ausgehändigt wird. Um die Überprüfung zu ermöglichen, müssen insbesondere auch die Person des Bauträgers, ein etwaiger Vertreter des Bauträgers, das Vertragsobjekt und der Kaufpreis angegeben werden. Andernfalls wäre der Zweck der Zweiwochenfrist, die Auseinandersetzung mit dem Vertragstext, nicht erfüllt.

Die **Überlegungsfrist** soll dem Verbraucher Gelegenheit geben, seinen Vertragsschluss nochmals zu überprüfen; er soll vor übereilten und unbedachten Immobilienerwerben geschützt werden. Der Notar muss die Einhaltung der Zweiwochenfrist in der Urkunde nicht dokumentieren, kann dies aber selbstverständlich. Wird der ausgehändigte Text später auf Betreiben des Erwerbers zu seinen Gunsten geändert, so löst dies keine neue „Wartefrist“ aus. Anders ist dies, wenn der Bauträger einseitig den Text in nicht unerheblichen Punkten ändert.

### 3. Sammelbeurkundung

Sollen gleichzeitig **mehrere Bauträgerverträge** von unterschiedlichen Erwerbern beurkundet werden, so könnte eine Ausübung der Amtspflichten des Notars problematisch werden, da sich Beteiligte häufig nicht trauen, Fragen zu stellen. Deshalb sind Sammelbeurkundungen auf fünf Verträge bzw. im Bereich der Landesnotarkammer Bayern sogar auf drei Verträge beschränkt. Aber auch insoweit hat der Notar im Einzelfall zu prüfen, ob die Einhaltung der dem Notar gegenüber jedem Verfahrensbeteiligten obliegenden Amtspflichten noch gewährleistet ist. Dies kann insbesondere dann der

Fall sein, wenn beispielsweise verwandte oder befreundete Erwerber im selben Objekt mehrere Wohnungen erwerben.

## 4. Verweisung

In notariellen Urkunden darf auf andere Urkunden (so genannte **Bezugsurkunde**) verwiesen werden (§ 13a BeurkG). Allerdings darf auch dadurch die Belehrungsfunktion der Beurkundung nicht ins Leere gehen (Winkler, MittBayNot 1999, 1/17). Alle geschäftswesentlichen Vereinbarungen müssen deshalb in der Hauptturkunde selbst enthalten sein. Betroffen sind die rechtlich relevanten Erklärungen, über die der Notar belehren kann. Anders ist dies beispielsweise hinsichtlich der Baubeschreibung. Demgegenüber dürfen umfassende Änderungsvorbehalte des Bauträgers, Einschränkungen der Rechte wegen Sachmängel und Zahlungspläne nicht in die Verweisungsurkunde ausgelagert werden. Zulässig ist es hingegen, wenn auf die Teilungserklärung nebst Gemeinschaftsordnung, die vorab beurkundet wird, später im Bauträgervertrag verwiesen wird.

> **Hinweis:** Sämtliche Bezugsurkunden sind gemeinsam mit dem Entwurf unter Einhaltung der zweiwöchigen Wartefrist dem „Verbraucher-Erwerber" zu übersenden.

Wird im Bauträgervertrag auf eine andere notarielle Urkunde **verwiesen**, so liegt, wenn diese Niederschrift nicht verlesen worden ist, eine wirksame Beurkundung nur vor, wenn die Beteiligten erklären, dass ihnen der Inhalt der anderen Niederschrift bekannt ist und dass sie auf das Verlesen verzichten. Fehlt die Feststellung über diese Erklärungen in der Urkunde, so steht dies deren Wirksamkeit nicht entgegen (BGH, Urt. v. 18. 7. 2003 – V ZR 431/02, NJW-RR 2003, 1432). Anlagen, auf die verwiesen wird, brauchen nicht gesondert unterschrieben zu werden. Allerdings muss auf diese Anlagen im Bauträgervertrag verwiesen werden (BGH, Urt. v. 6. 4. 1979 – V ZR 72/74, BGHZ 74, 346; BGH, Urt. v 17. 5. 1994 – XI ZR 117/93, NJW 1994, 2095 und BGH, Urt. v. 18. 7. 2003 – V ZR 431/02, NJW-RR 2003, 1432). Für die Beteiligten muss der Wille erkennbar sein, dass die Erklärungen in der beigefügten Anlage, die vom Notar auch vorgelesen wird, Gegenstand der Beurkundung sein sollen (BGH, Urt. v. 17. 5. 1994 – XI ZR 117/93, NJW 1994, 2095).

# E. Vertragsinhalt

## I. Vertragsgegenstand und Herstellungspflicht des Bauträgers

Der **Bauträger** ist zur Erbringung der vereinbarten Bauleistungen sowie zur Eigentums- und Besitzverschaffung hinsichtlich der Immobilie (Grundstück mit Gebäude, Wohnungs- und Teileigentum, Erbbaurecht) verpflichtet.

### 1. Festlegung des Vertragsgegenstandes

Bei der Veräußerung eines **Grundstücks** muss dieses im Vertrag **in grundbuchmäßiger Form bestimmt** sein. Die Beifügung eines Lageplans ist nicht erforderlich. Ausreichend ist bei einem vermessenen Grundstück die Bezeichnung der Gemarkung und der Flurstücksnummer sowie gegebenenfalls der Flur. Handelt es sich um ein unvermessenes Grundstück, so muss die Teilfläche hinreichend bestimmt sein. Dies kann textlich durch eine genaue Beschreibung, aber auch zeichnerisch durch Beifügung eines Plans geschehen. Werden beide Wege gewählt, muss bei einem Widerspruch klargestellt werden, was Vorrang hat. Bei Verweisung auf einen Plan genügt auch ein nicht maßstabsgerechter Plan (BGH, Urt. v. 19.4. 2002 – V ZR 90/01, NJW 2002, 2247; anders noch BGH, Urt. v. 23.4. 1999 – V ZR 54/98, NJW 1999, 3115; vgl. hierzu v. Campe, NotBZ 2003, 41 und Kanzleiter, NJW 2000, 1919). Allerdings darf die beigefügte Skizze nicht maßstäblich völlig ungenau sein (OLG Brandenburg, Urt. v. 16.2. 1999 – 6 U 107/98, NJ 2000, 547).

Bei **Wohnungs- und Teileigentumseinheiten** genügt es, wenn auf das entsprechende Wohnungs- bzw. Teileigentumsgrundbuch Bezug genommen wird. Sind die Wohnungs- und Teileigentumseinheiten noch nicht errichtet, wird in der Regel die Aufteilung nach §§ 3, 8 WEG im Wege der **Vorratsteilung** bereits vor Beurkundung des Bauträgervertrages vorgenommen. Dieser Aufteilung sind entweder vorläufige oder amtlich bestätigte Aufteilungspläne beigefügt. Ein

Grundbuchvollzug der Teilung ist erst möglich, wenn die amtlichen Aufteilungspläne sowie die Abgeschlossenheitsbescheinigung vorliegen. Erst zu diesem Zeitpunkt kann das Wohnungs- bzw. Teileigentumsgrundbuch angelegt werden. Die Teilungserklärung enthält meist auch von §§ 10 ff. WEG abweichende Bestimmungen über das Gemeinschaftsverhältnis der Wohnungs- und Teileigentümer (so genannte Gemeinschaftsordnung), die Inhalt des Grundbuchs werden.

**Hinweis:** Auch auf eine zwar beurkundete, aber noch nicht im Grundbuch vollzogene Teilungserklärung samt Gemeinschaftsordnung kann beurkundungsrechtlich Bezug genommen werden. Demgegenüber muss eine Teilungserklärung, bei der lediglich die Unterschrift des Bauträgers beglaubigt wurde, dem Bauträgervertrag beigefügt und vom Notar vorgelesen werden. Eine Verweisung ist diesbezüglich unzulässig.

Ist die **Teilungserklärung** bei Beurkundung des Bauträgervertrages **noch nicht errichtet**, so muss das noch zu bildende Wohnungs- bzw. Teileigentum hinreichend bestimmt werden (BGH, Urt. v. 23. 11. 2001 – V ZR 282/00, NJW-RR 2002, 415). Hieran fehlt es, wenn nur Räume, aber nicht der Miteigentumsanteil und keinerlei Bestimmungen der Gemeinschaftsordnung festgelegt sind (OLG Düsseldorf, Urt. v. 21. 12. 1994–9 U 208/94, NJW-RR 1995, 718). Es können jedoch auch Regeln über die Bildung des Miteigentumsanteils sowie in einem bestimmten Umfang auch eine Ermächtigung des Bauträgers zur Änderung bzw. Erstellung einer Gemeinschaftsordnung vereinbart werden. Ist der Umfang dieser Befugnis bestimmt, bestehen keine Bedenken hinsichtlich der Wirksamkeit des Bauträgervertrages oder des diesbezüglichen Vorvertrages (vgl. BGH, Urt. v. 23. 11. 2001 – V ZR 282/00, NJW-RR 2002, 415).

## 2. Herstellungspflicht (Bauerrichtung)

Ebenso wie der Vertragsgegenstand, muss auch die vom Bauträger geschuldete Herstellungspflicht möglichst **genau beschrieben** werden. Die Baubeschreibung muss mitbeurkundeter Vertragsinhalt werden (BGH, Urt. v. 15. 12. 2000 – V ZR 241/99, NJW-RR 2001, 953). Dies gilt unabhängig davon, ob und inwieweit der Bauträger die geschuldete Werkleistung zum Zeitpunkt des Vertragsschlusses bereits ausgeführt hat (BGH, Urt. v. 16. 12. 2004 - VII ZR 257/03, BauRB 2005, 97 und BGH, Urt. v. 10. 2. 2005 - VII ZR 184/04, ZfIR 2005, 313; vgl. Schmidt, ZfIR 2005, 306; anders BGH, Urt. v. 14. 3. 2003 - V ZR 278/01, NJW-RR 2003, 1136). Auch Baupläne können die Ausführung des Bauvorhabens festlegen, wenn auf sie beurkundungsrechtlich verwiesen wird (weitergehend OLG Hamm, Urt. v. 4. 3. 2003–21 U 80/02, BauR 2003, 1398).

Insbesondere bei Gewerbeobjekten, z. B. bei großflächigen Einzelhandelsbetrieben, werden **detaillierte Leistungsverzeichnisse**, Baupläne und -zeichnungen sowie teilweise detaillierte Ausstattungsverzeichnisse als Bestandteile der Urkunde beigefügt. Weisen diese Unterlagen Lücken auf, so ist im Einzelfall zu prüfen, ob die vom Bauträger geschuldete Leistung im Umfang auf die Angaben in den Verzeichnissen beschränkt ist oder ob sämtliche Arbeiten, die zur schlüsselfertigen Herstellung erforderlich sind, erbracht werden müssen. Im Zweifel wird eine Beschränkung auf die detaillierten Leistungen gewollt sein, so dass zusätzliche Leistungen gesondert zu vergüten sind (so Pause, Bauträgerkauf, Rn. 442).

In vielen Fällen liegen keine Leistungsverzeichnisse, sondern lediglich eine **funktionale Baubeschreibung** vor. Leistungen werden hier nicht detailliert, sondern nach der Zweckbestimmung des Gebäudes und den wesentlichen Merkmalen bestimmt. Allerdings darf dadurch der Vertragsgegenstand nicht unbestimmt bleiben. So gehört beispielsweise bei einer Eigentumswohnung die Angabe der Wohnfläche samt Berechnungsart zur Festlegung der vertraglichen Leistungspflichten (BGH, Urt. v. 11. 7. 1997 - V ZR 246/96, NJW 1997, 2874; BGH, Urt. v. 22. 12. 2000 - VII ZR 310/99, NJW 2001, 818 und BGH, Urt. v. 8. 1. 2004 - VII ZR 181/02, NJW 2004, 2156; vgl. auch Pauly, MDR 2005, 1204/1206). Das Risiko der Unvollständigkeit trägt bei der funktionalen Baubeschreibung der Bauträger, den auch etwaige Mehrkosten treffen. Baubeschreibungen bei Bauträgerverträgen sind meist mit funktionalen Leistungsbeschreibungen vergleichbar, wie sie auch bei Bauverträgen zum Einsatz kommen (vgl. Kniffka/Koeble, Kompendium, 11. Teil Rn. 144). Als Minimalstandard für jede Leistungsbeschreibung beim Bauträgervertrag gelten damit die anerkannten Regeln der Technik (vgl. OLG Koblenz, Urt. v. 29.6. 2005 – 1 U 1825/00, BauR 2006, 843). Das gilt für sämtliche Gewerke.

Häufig enthält der Bauträgervertrag die Pflicht zur **schlüsselfertigen Herstellung** des Objektes. Dies ist bei einer zu errichtenden Eigentumswohnung mangels abweichender Vereinbarung regelmäßig selbst dann der Fall, wenn diese Pflicht nicht ausdrücklich im Bauträgervertrag genannt wird (ähnlich Pause, Bauträgerkauf, Rn. 444). Schlüsselfertige Herstellung bedeutet, dass sämtliche Leistungen zu erbringen sind, die zum sofortigen Bezug erforderlich sind (OLG Düsseldorf, Urt. v. 16. 8. 1995 – 22 U 256/93, NJW-RR 1996, 532 und Vogel, in: Grziwotz/Koeble, Handbuch Bauträgerrecht, 4. Teil, Rn. 2; a. A. teilweise Ott, NZBau 2003, 233/235). Die Pflicht zur schlüsselfertigen Herstellung gilt jedoch nicht, wenn nur eine Teilleistung vereinbart wird (z. B. Rohbauherstellung). Werden lediglich bestimmte Leistungen (z. B. Innenanstrich) ausgenommen, so besteht dagegen die Vermutung, dass im Übrigen eine schlüsselfertige Herstellung geschuldet ist. Ist die schlüsselfertige Erstellung geschuldet, so halten Klauseln, die für einzelne Leistungen eine zusätzliche Vergütung vorsehen, einer Inhaltskontrolle nicht stand.

**Hinweis:** Schlüsselfertig beim Bauträgervertrag beinhaltet insbesondere funktionstaugliche Ver- und Entsorgungsanlagen, die Versorgung mit Strom und gegebenenfalls Fernwärme sowie die weitere Erschließung, die Kosten der Vermessung einschließlich der Gebäudeeinmessung, Anschlussmöglichkeiten für Telefon (Leerrohre), Radio und Fernsehen, die Bodenbeläge, die Malerarbeiten, die Sanitäreinrichtung sowie die Grenzeinrichtungen. Nicht geschuldet ist dagegen eine Möblierung einschließlich der Kücheneinrichtung und eine Telefonanlage.

Für die **Festlegung des Leistungsumfangs** sind in erster Linie die Vereinbarungen im Bauträgervertrag maßgebend. Zu ihnen gehören auch in Bezug genommene weitere Urkunden. Allerdings können auch Pläne und Erklärungen in Prospekten oder Inseraten sowie sonstige vorvertraglich ausgehändigte Unterlagen zur Auslegung des Leistungsumfangs herangezogen werden (BGH, Urt. v. 7. 5. 1987 – VII ZR 366/85, NJW 1988, 490; OLG Stuttgart, Urt. v. 17. 10. 2002 – 2 U 37/02, BauR 2003, 1394 und OLG Hamm, Urt. v. 4. 3. 2003 – 21 U 80/02, BauR 2003, 1398; vgl. Karcher, BTR 2004,

155 ff.). Weicht der Bauträger bei der konkreten Ausführung wesentlich von den Prospektunterlagen ab, trifft ihn eine Hinweispflicht. Verletzt er diese, steht dem Erwerber ein Schadensersatzanspruch zu (OLG Düsseldorf, Urt. v. 29. 11. 1996 – 22 U 110/96, NJW-RR 1997, 853).

Bei Widersprüchen der einzelnen Vertragsgrundlagen kann vertraglich ausdrücklich eine Rangfolge (z. B. Baubeschreibung hat Vorrang vor Plänen) festgelegt werden. Beim Fehlen einer diesbezüglichen vertraglichen **Kollisionsregelung** ist auf das Verständnis eines vernünftigen Durchschnittserwebers abzustellen. Im Zweifel werden bei einer schlüsselfertigen Erstellung Leistungen, die für eine funktionsgerechte Nutzung erforderlich sind, geschuldet sein. Dem Bauträger obliegt es, unmissverständlich Leistungen, die üblicherweise zur funktionsgerechten Nutzung gerechnet werden, aus seinem Leistungsprogramm auszuschließen.

Die Baubeschreibung muss auch für einen bautechnisch nicht kundigen Erwerber zweifelsfrei und widerspruchslos sein. Das **Transparenzgebot** fordert allerdings nicht Leistungsverzeichnisse, sondern lediglich die Verständlichkeit der Baubeschreibung. Es soll lediglich eine Benachteiligung des Erwerbers verhindern. Bei einem Widerspruch ist zunächst die Auslegung des Vereinbarten maßgeblich. Beschreibt eine von beiden Regelungen die Bauleistung detaillierter, so soll sie maßgeblich sein (BGH, Urt. v. 5. 12. 2002 – VII ZR 342/01, NJW 2003, 743). Ist eine Baubeschreibung unklar, so gilt, sofern dieser Punkt nicht die Bestimmtheit der Leistung insgesamt in Frage stellt, bei zwei Möglichkeiten die für den Verbraucher günstigere. Es tritt also nicht der übliche Standard an die Stelle der intransparenten Regelung (so aber Kniffka/Koeble, Kompendium, 11. Teil Rn. 144), sondern die dem Verbraucher günstigere Möglichkeit. Erst wenn auch insoweit keine Klarheit besteht, ist der an das allgemeine Vertragsniveau angelehnte Standard geschuldet. Dies bedeutet bei einem generell höherwertig ausgestattetem Haus, dass auch der Wasserhahn nicht Standard sein darf, sondern der entsprechenden Preiskategorie entnommen werden muss (vgl. Pause, NZBau 2002, 648/650). Unverständliche Klauseln sind unwirksam (§ 306 Abs. 1 BGB). Die so entstandene Lücke ist durch die Vertragsauslegung zu schließen.

Es ist umstritten, ob es zulässig ist, die Bauverpflichtung für ein schlüsselfertiges Objekt mit einer lediglich funktionalen Baubeschreibung festzulegen. „**Waschzettelbaubeschreibungen**", die keinerlei Aussagen über den Qualitätsstandard eines Objektes zulassen, dürften den Anforderungen des Transparenzgebotes generell nicht genügen (so Hertel, DNotZ 2002, 6/11 und Thode, NZBau 2002, 360/366; vgl. aber Pause, ZfIR 2006, 356/357). Ist hingegen der Qualitätsstandard durch eine funktionale Baubeschreibung erkennbar, so ist kein detailliertes Leistungsverzeichnis erforderlich. Vielmehr hat der Bauträger sämtliche Arbeiten durchzuführen, die für die vertraglich vorausgesetzte Funktion als Leistungserfolg erforderlich sind; der Qualitätsstandard hat dem festgelegten Niveau zu entsprechen (vgl. Pause, NZBau 2002, 648/650).

Auch technisch richtige und zutreffende Formulierungen können den Anforderungen des Transparenzgebotes widersprechen (zum Verständlichkeitsgebot s. Armbrüster, DNotZ 2004, 437/438 und Thode, ZNotP 2004, 131 ff.). Beispiel ist der Hinweis auf bestimmte DIN-Normen, die den Beteiligten regelmäßig nicht bekannt sind. Gleiches gilt für Darstellungsformen in Plänen, die wiederum für einen Nichtfachmann nicht von vornherein das Gewollte erkennen lassen. Umstritten ist, ob eine ausführliche Baubeschreibung „systembedingt intransparent" ist (so Pause, Bauträgerkauf, Rn. 456). Die **Verwendung von Fachbegriffen** dürfte jedoch nur dann zur Unwirksamkeit führen, wenn diese Fachbegriffe einem durchschnittlichen Erwerber nicht verständlich sind.

Einem Bauträger kann die Änderung des Leistungsumfangs nur in engen Grenzen gestattet werden. Ein **vertraglicher Änderungsvorbehalt** darf nicht an versteckter Stelle stehen, insbesondere nicht in einer Verweisungsurkunde. Die Abweichung des Bauträgers von einer vereinbarten Leistung ist zudem nur wirksam, wenn die Vereinbarung der Änderung oder Abweichung unter Berücksichtigung der Interessen des Bauträgers für den Erwerber zumutbar ist (§ 308 Nr. 4 BGB). Ein Grund, der die Änderungen rechtfertigt, kann z. B. ein momentaner Engpass hinsichtlich der zu beschaffenden Materialien sein. Ein freies Abweichungsrecht, wenn nur die preisliche Gleichwertigkeit gegeben ist und die Gebrauchsfähigkeit nicht beeinträchtigt wird, geht zu weit und ist dem Bauträger nicht gestattet

(OLG Stuttgart, Urt. v. 17. 10. 2002 – 2 U 37/02, BauR 2003, 1394; OLG Hamm, Urt. v. 10. 2. 2005 – 21 U 94/04, BauRB 2005, 194 und BGH, Urt. v. 23. 6. 2005 – VII ZR 200/04, NJW 2005, 3420; vgl. auch Hildebrandt/Schäfer, ZfIR 2006, 81 ff.).

## 3. Erschließungskosten, Ausgleichsbetrag und Wertausgleich

### a) Öffentlich-rechtliche Kostenregelungen und Verträge

Die Errichtung eines Bauvorhabens setzt die **Sicherung der Erschließung** voraus (§ 30 BauGB). Unter Erschließung ist die Herstellung bzw. Unterhaltung von Anlagen zu verstehen, die für die bauliche Nutzung erforderlich sind. Neben der wegemäßigen Erschließung gehören auch die Anlagen zur Wasserversorgung und zur Abwasserbeseitigung sowie zur Versorgung mit Elektrizität, Gas und Wärme dazu (BGH, Urt. v. 22. 10. 2004 – V ZR 7/04, NVwZ 2005, 238). Die **Deckung der** hierfür anfallenden **Kosten** erfolgt teilweise über Abgaben; teilweise wird auch ein privates Entgelt erhoben. Grundlagen sind das Erschließungsbeitragsrecht (§§ 127 ff. BauGB), sofern der Landesgesetzgeber keine eigene Regelung getroffen hat, wie dies bisher nur in Bayern und Baden-Württemberg der Fall ist (Art. 5 a BayKAG und §§ 33 ff. KAGBW). Während das Erschließungsbeitragsrecht die erstmalige Herstellung vor allem einer straßenmäßigen Erschließung betrifft, regeln die Landeskommunalabgabenrechte, ausgenommen in Baden-Württemberg, den späteren Straßenausbau und die Erneuerung von Straßen. Ferner enthalten sie Bestimmungen über die Beitragspflicht für die leitungsgebundenen Einrichtungen (Wasserversorgung und Entwässerung). Für die Möglichkeit der Inanspruchnahme dieser Einrichtungen sind Herstellungsbeiträge sowie spätere Verbesserungs- und Erweiterungsbeiträge zu entrichten (§ 29 KAGBW; Art. 5 BayKAG; § 8 KAGBbg; § 11 HKAG; § 7 ff. KAGMV; §§ 6, 6 a NKAG; § 8 KAGNRW; § 7 ff. KAGRhPf; § 8 SKAG; §§ 17 ff. SächsKAG; § 6 KAGLSA; §§ 8, 9 KAGSH und § 7 ThürKAG). Bei Haus- und Grundstücksanschlüssen kann ein Kostenerstattungsanspruch bestehen (§ 42 KAGBW; Art. 9 BayKAG, § 10 KAGBbg; § 12 HKAG; § 10 KAGMV; § 8 NKAG; § 10 KAGNRW; § 13 KAGRhPf; § 10 SKAG; § 33 SächsKAG; § 8 KAGLSA; § 9 a KAGSH und § 14 ThürKAG).

Gleiches gilt für den naturschutzrechtlichen Ausgleich (§§ 135a ff. BauGB). Liegt das betreffende Grundstück im Bereich eines Vorhaben- und Erschließungsplans, so können Erschließungsbeiträge nicht erhoben und die Kostenerstattung für die naturschutzrechtlichen Ausgleichsbeiträge nicht geltend gemacht werden (§ 12 Abs. 3 Satz 2 BauGB).

Hinsichtlich des naturschutzrechtlichen Ausgleichs können die Kommunen auch im Geltungsbereich „normaler" Bebauungspläne **vertragliche Vereinbarungen** mit dem Bauträger treffen (§ 1a Abs. 3 BauGB). Ob auch hinsichtlich der Erschließungsbeiträge statt einer bescheidsmäßigen Beitragssicherung städtebauliche Verträge nach § 11 Abs. 1 Satz 2 Nr. 3 BauGB geschlossen werden können, ist umstritten (vgl. dazu nur Löhr, in: Battis/Krautzberger/Löhr, BauGB, 9. Aufl. 2005, § 11 Rn. 20). Städtebauliche Verträge über die Tragung von Folgekosten für Einrichtungen der Infrastruktur, die durch das Bauvorhaben des Bauträgers ausgelöst sind, kann die Gemeinde im Rahmen der Angemessenheit und unter Einhaltung des Koppelungsverbots (§ 11 Abs. 2 BauGB) treffen. Folgeeinrichtungen sind beispielsweise Sporteinrichtungen, Jugendfreizeitheime, Kindergärten und Schulen, sofern diesbezüglich keine spezialgesetzliche Vorschrift besteht. Die jeweiligen Kostenerstattungsvereinbarungen können sich auch auf die Aufwendungen für städtebauliche Planungen einschließlich der erforderlichen Gutachten und des Umweltberichts beziehen. Während die mittels Bescheids erhobenen Beiträge als öffentliche Last auf den betreffenden Grundstücken, Erbbaurechten sowie Wohnungs- und Teileigentumseinheiten ruhen, haftet für vertraglich vereinbarte Zahlungen nur der Bauträger selbst, nicht aber der Erwerber als Rechtsnachfolger. Gleiches gilt für Ausgleichsbeträge im Sanierungs- und Entwicklungsgebiet, in denen grundsätzlich die Bodenwertsteigerung zur Finanzierung derartiger Kosten verwendet werden soll (§§ 154, 169 Abs. 1 Nr. 7 BauGB). Hat der Bauträger mit der Gemeinde einen Erschließungsvertrag abgeschlossen (§ 124 BauGB), so entstehen der Gemeinde hinsichtlich der vom Erschließungsunternehmer hergestellten Erschließungsanlagen im Sinne des § 127 BauGB keine Aufwendungen; eine Beitragserhebung unterbleibt insoweit. Falls der Bauträger (= Erschließungsunternehmer) die Anlagen nicht ordnungsgemäß herstellt und die Herstellungspflicht nicht beispielsweise durch eine Erfüllungsbürgschaft abgesichert ist, muss die Gemeinde die Anlagen selbst herstellen und nach den gesetzlichen Vorschriften Beiträge erheben. Auch bei Vorhandensein eines Erschließungsvertrags besteht die Beitragspflicht für leitungsgebundene Einrichtungen. Allerdings sind die Aufwendungen des Erschließungsunternehmers mit den Beiträgen zu verrechnen, um eine Doppelbelastung auszuschließen.

Sind **schädliche Bodenveränderungen oder Altlasten** (§ 2 BBodSchG) vorhanden und werden diese durch Einsatz öffentlicher Mittel beseitigt, so hat der Eigentümer für die sich daraus ergebende Werterhöhung des Grundstücks einen Ausgleich in Höhe der maßnahmebedingten Wertsteigerung an den öffentlichen Kostenträger bis zur Höhe der eingesetzten öffentlichen Mittel zu leisten. Dieser Ausgleichsbetrag ruht als öffentliche Last auf dem Grundstück (§ 25 BBodSchG).

### b) Zivilrechtliche Kostenverteilung und Bauträgervertrag

Enthält der Bauträgervertrag hinsichtlich der vorbezeichneten Kosten keine Regelung, so hat der Bauträger Erschließungsbeiträge und sonstige Anliegerbeiträge für die Maßnahmen zu tragen, die bis zum Tage des Vertragsschlusses bautechnisch begonnen sind, und zwar unabhängig vom Zeitpunkt des Entstehens der Beitragsschuld (§ 436 Abs. 1 BGB; vgl. Brambring, DNotZ 2001, 590/615; a. A. Vogel, in: Grziwotz/Koeble, Handbuch Bauträgerrecht, 4. Teil, Rn. 3 und Pause, NZBau 2002, 648/651, die § 436 BGB auf den Bauträgervertrag nicht anwenden wollen). Diese so genannte **Beginnlösung** ist verunglückt und passt auch für den Bauträgervertrag regelmäßig nicht (ausführlich Grziwotz, NotBZ 2001, 383; a. A. Brambring, DNotZ 2001, 590/615). Unklar ist bereits, inwieweit sämtliche KAG-Beiträge einschließlich Ausbau-, Verbesserungs- und Erneuerungsbeiträge darunter fallen. Kostenerstattungsansprüche und sonstige Beträge, bei denen es sich nicht um öffentliche Lasten handelt, werden davon wohl nicht erfasst. Dies gilt insbesondere für die Kosten von Haus- und Grundstücksanschlüssen sowie die Ausgleichsbeträge. Ob auch die naturschutzrechtlichen Kostenerstattungsansprüche unter den Begriff der Anlegerbeiträge zu subsumieren sind, ist fraglich (bejahend Amann/Brambring/Hertel, S. 112; verneinend Grziwotz, ZfIR 2002, 583). Allerdings stellt die derzeitige Regelung kein Leitbild dar. Sie verhindert zudem ungesicherte Vorausleistungen nicht, da die zivilrechtliche Kostenverteilung ohne Rücksicht auf die öffentlich-rechtliche Beitragspflicht erfolgt ist. Ist nach den abgaberechtlichen Vorschriften der Erwerber Beitragsschuldner, so wird ihm der Beitrag zugestellt; er haftet für die Zahlung nicht nur mit dem erworbenen Grundbesitz, sondern auch mit seinem sonstigen Vermögen. Ist Beitragsschuldner noch der Bauträger, so kann bei Bestehen einer öffentlichen Last die vom Bauträger erworbene Immobilie des Erwerbers bei Nichtzahlung der Beiträge im Wege der Zwangsversteigerung verwertet werden. Auch bei einer „lediglich" dinglichen Haftung bleibt dem Erwerber somit keine Alternative, als die öffentlichen Beiträge zu begleichen.

Der Erwerber, der vom Bauträger kauft, wird regelmäßig davon ausgehen, dass er ein **vollerschlossenes Grundstück** erwirbt, bei dem sämtliche öffentlich-rechtliche Abgaben, die in der Vergangenheit angefallen sind und zur Errichtung des Bauvorhabens erforderlich sind, bezahlt sind oder vom Bauträger bezahlt werden (LG Gießen, Urt. v. 18. 2. 1998 – 1 S 413/97, BauR 1998, 1268; ebenso Pause, NZBau 2002, 648/651 u. Hertel, DNotZ 2002, 6/22). Weitere Anliegerbeiträge wie z. B. Verbesserungsbeiträge hinsichtlich der gemeindlichen Kläranlage, die zwar nicht unmittelbar der Durchführung des Bauvorhabens dienen, die aber vom Bauträger kalkuliert werden können, dürften auf Grund der Festpreisabrede auch vom Bauträger zu tragen sein (ähnlich Pause, Bauträgerkauf, Rn. 464). Eine Ausnahme hiervon bedarf auf Grund des Gebots der Transparenz einer besonderen Regelung (vgl. bereits BGH, Urt. v. 29. 9. 1983 – VII ZR 225/82, NJW 1984, 171). Dies gilt auch für die Kosten eines privaten Stichweges (OLG Düsseldorf, Urt. v. 20. 7. 1994 – 22 U 19/94, BauR 1995, 559) und der Hausanschlüsse (OLG Celle, Urt. v. 13. 2. 2002 – 7 U 62/01, BauR 2003, 390). Unzutreffend ist es dagegen, hinsichtlich der Kostentragungspflicht des Bauträgers auf den für die Beitragserhebung der Kommune mehr oder weniger zufälligen Zeitpunkt der Besitzübergabe abzustellen (vgl. Basty, Bauträgervertrag, Rn. 661).

**Hinweis:** Auf Grund der Haftung mit der Immobilie und der teilweise persönlichen Haftung erbringt der Erwerber hinsichtlich der Erschließungskosten und der Anliegerbeiträge sowie der Zahlung für den naturschutzrechtlichen Ausgleich eine Leistung an den Bauträger, die bei dessen Insolvenz nicht gesichert ist.

Die Empfehlung, die Erschließungskosten zu schätzen und aus dem Kaufpreis herauszunehmen (so Schmitz, in: Grziwotz/Koeble, Handbuch Bauträgerrecht, 5. Teil, Rn. 166; OLG Celle, Urt. v. 13.2. 2002 – 7 U 62/01, BauR 2003, 390), ist wenig praktikabel, da es in nicht seltenen Fällen zu falschen Kostenschätzungen kommt. Gemeinden geben diesbezügliche Auskünfte nur noch ungern ab. Teilweise betrugen die späteren Beiträge gegenüber Schätzungen das Doppelte oder Dreifache. Vor Risiken schützen könnte den Erwerber allein die Sicherstellung der Zahlung durch den Bauträger gegenüber der Gemeinde und die gleichzeitige Verpflichtung der Gemeinde gegenüber dem Erwerber, diese Sicherung nicht ohne dessen Zustimmung aufzugeben.

Hinsichtlich der Baukostenzuschüsse und der Kostenerstattung für Hausanschlüsse für die **Versorgung mit Gas, Elektrizität, Fernwärme, und,** soweit nicht öffentlich-rechtlich geregelt, mit **Wasser,** gelten die §§ 9 und 10 AVBGasV, AVBEltV, AVBFernwärmeV und die AVBWasserV. Bei den Kosten für Grundstücksanschlüsse und Baukostenzuschüsse handelt es sich um privatrechtliche Zahlungspflichten, für die der Erwerber nicht haftet (BGH, Urt. v. 1.4. 1987 – VIII ZR 167/86, NJW 1987, 2084).

Umstritten ist, ob dem Erwerber ein **Zurückbehaltungsrecht** hinsichtlich der vom Bauträger zu tragenden Kosten zusteht, für die er entweder dinglich oder sogar persönlich haften kann, bis deren Begleichung erfolgt oder zumindest sichergestellt ist. Derartige Kosten gehören zum Grundstücksanteil, da hierunter auch die Sicherung der Erschließung fällt. Würde der Erwerber zur Zahlung der entsprechenden Rate ohne Zurückbehaltungsrecht verpflichtet (so Basty, Bauträgervertrag Rn. 672 und ihm folgend Schmitz, in: Grziwotz/Koeble, Handbuch Bauträgerrecht, 5. Teil, Rn. 164), so würde er eine ungesicherte Vorausleistung erbringen, die sowohl gewerberechtlich als auch zivilrechtlich beim Bauträgervertrag unzulässig ist. Aus diesem Grund steht dem Erwerber ein Freistellungsanspruch, und, sofern er an den Gläubiger Zahlungen entrichtet hat, ein Rückgriffsanspruch gegen den Bauträger zu (ebenso LG Hanau, Urt. v. 21. 11. 1983 – 7 O 1069/83, NJW 1984, 983; Pause, Bauträgerkauf, Rn. 468 u. Riemenschneider, in: Grziwotz/Koeble, Handbuch Bauträgerrecht, 3. Teil, Rn. 307). Dieses Zurückbehaltungsrecht besteht nicht erst dann, wenn der Bauträger insolvent wird (so aber Blank, Bauträgervertrag, Rn. 126).

Umstritten ist in diesem Zusammenhang, ob auch der Erschließungsunternehmer, der auf dem vertragsgegenständlichen Baugrundstück keinerlei Baumaßnahmen durchführt, sondern sich lediglich auf Grund eines **Erschließungsvertrages** mit der Gemeinde zur Errichtung von Straßen, die das Vertragsgrundstück erschließen, verpflichtet hat, Bauträger ist (so Basty, Bauträgervertrag Rn. 91; a. A. Blank, Bauträgervertrag, Rn. 1003 und Grziwotz, MDR 1996, 978). Diese Ansicht steht vor praktisch kaum lösbaren Problemen, wenn der Bauträger auf Grund eines öffentlich-rechtlichen Erschließungsvertrages gegenüber der Gemeinde und auf Grund des Bauträgervertrags gegenüber dem Erwerber zur Herstellung der Straße verpflichtet ist. In diesem Fall müsste er eine doppelte Abnahme durchführen. Der Bauträger wäre möglicherweise gegenüber dem Erwerber zur Sachmängelbeseitigung verpflichtet, die er auf Grund der Besitzübergabe an die Gemeinde und der öffentlichen Widmung nicht mehr durchführen dürfte. Nicht mehr verständlich ist diese Ansicht, wenn beim „normalen“ Bauträgervertrag, bei dem der Veräußerer gleichzeitig Erschließungsunternehmer ist, dem Erwerber kein Zurückbehaltungsrecht bis zur Abnahme der Erschließungsanlagen durch die Gemeinde oder bis zur Sicherstellung der Herstellung der im Erschließungsvertrag übernommenen Anlagen zugebilligt wird, während andererseits aus angeblichen Sicherungsinteressen des Erwerbers mit „dogmatischen Verrenkungen“ bei Bestehen eines öffentlich-rechtlichen Erschließungsträgers ein paralleler Bauträgervertrag konstruiert wird (so aber Basty, Bauträgervertrag, Rn. 91).

## 4. Vermessungs- und Gebäudeeinmessungskosten

Ist ein Grundstück noch nicht vermessen oder ist es im Grundbuch gebildet, aber noch nicht abgemarkt, so hat die diesbezüglichen Kosten, sofern nicht ausdrücklich etwas anderes vereinbart wird, der Bauträger zu tragen. Gleiches gilt für die **Kosten** der Gebäudeeinmessung, da sie ebenfalls mit zum Leistungsprogramm des Bauträgers gehören, der regelmäßig sämtliche im Zusammenhang mit der Errichtung des Gebäudes anfallenden Kosten schuldet (AG Beckum, Urt. v. 15. 5. 1990–11 C 89/90, NJW-RR 1990, 1241 und Grziwotz, MittBayNot 1988, 115).

## 5. Mitveräußerung beweglicher Sachen

Zur Herstellung eines Gebäudes eingefügte Sachen sind **wesentliche Bestandteile** dieses Gebäudes (§ 94 Abs. 2 BGB). Beispiele sind Heizungsanlagen und Warmwasserbehälter. Auf eine feste Verbindung kommt es nicht an. Sie müssen auch nicht für die Herstellung „notwendig" sein. Wesentliche Bestandteile können nicht Gegenstand besonderer Rechte sein (§ 93 BGB). Anders ist dies bei **Zubehör**. Bei ihm handelt es sich um bewegliche Sachen, die wirtschaftlich dem Gebäude dienen. Zubehör ist im Zweifel mitveräußert (§ 311 c BGB). Auf Grund der engen Auslegung dieser Zweifelsregelung sollen hierunter nicht Ansprüche wie z. B. ein Anspruch auf Freistellung von Erschließungskosten fallen (vgl. BGH, Urt. v. 12. 3. 1993 – V ZR 69/92, NJW 1993, 2232; teilweise abweichend Erman/Grziwotz, § 311 c Rn. 1). Bei der Zubehöreigenschaft kommt es im Wesentlichen auf die Verkehrsauffassung an. So ist umstritten, ob Einbauküchen wesentliche Bestandteile, Zubehör oder sogar keines von beiden sind (vgl. BGH, Urt. v. 12. 12. 1989 – VI ZR 311/88, NJW-RR 1990, 914 und OLG Düsseldorf, Urt. v. 19. 1. 1994 – 11 U 45/93, NJW-RR 1994, 1039). Nach der Verkehrsauffassung ist die Telefonanlage eines Wohnhauses regelmäßig kein Zubehör.

Da es sich beim Zubehör um bewegliche Sachen handelt, findet beim Verbraucher-Bauträgervertrag das **Recht des Verbrauchsgüterkaufs** (§§ 474 ff. BGB) Anwendung. Gleiches gilt, wenn der Bauträger beispielsweise ein möbliertes Appartement veräußert, hinsichtlich der mitverkauften Einrichtungsgegenstände. Das Recht des Verbrauchsgüterkaufs gilt dagegen nicht für wesentliche Bestandteile der Immobilie. Dass der Bauträgervertrag ein einheitliches Vertragswerk bildet, schließt die Anwendung des Verbrauchsgüterkaufrechts nicht aus. Da es sich beim Recht des Verbrauchsgüterkaufs weitgehend um zwingende Normen handelt, sind die diesbezüglichen Vorschriften auch bei Individualabreden zwingend. Ausgeschlossen werden können teilweise Schadensersatzansprüche (§ 475 Abs. 3 BGB), allerdings nicht, soweit die AGB-rechtlichen Vorschriften der §§ 307 ff. BGB entgegenstehen (vgl. S. 19 ff.). Weicht der Bauträgervertrag zu Lasten des Erwerbers vom zwingenden Verbrauchsgüterkaufrecht ab, so kann sich hierauf der Bauträger nicht berufen; statt der unwirksamen Regelung gelten die gesetzlichen Bestimmungen. Beinhaltet die vertragliche Vereinbarung teilweise eine Besser- und teilweise eine Schlechterstellung, so gilt nur die Schlechterstellung nicht, sofern eine isolierte Aufrechterhaltung des Vereinbarten möglich ist. Der Erwerber kann auch eine unwirksame Vereinbarung, wenn sie ihm günstiger erscheint, gelten lassen.

**Hinweis:** Als unzulässige Umgehung wird auch die Vereinbarung angesehen, dass die Kaufsache nicht die übliche Beschaffenheit, sondern eine weit unterdurchschnittliche hat. Gleiches gilt, wenn neue Sachen als gebraucht bezeichnet werden, um eine Abkürzung der Verjährung nach § 475 Abs. 2 BGB zu erlangen.

Beim Mitverkauf beweglicher Sachen, wird bei einem **Mangel**, der sich innerhalb von sechs Monaten ab Gefahrübergang zeigt, vermutet, dass er bereits bei Gefahrübergang vorlag. Der Erwerber hat nur zu beweisen, dass sich der Mangel innerhalb der Frist gezeigt hat (§ 476 BGB). Es ist Sache des Bauträgers, die Vermutung des Gesetzes seinerseits zu erschüttern.

## 6. Auszuhändigende Unterlagen

Eine Baugenehmigung bindet regelmäßig auch den Rechtsnachfolger (vgl. § 58 Abs. 3 MBO 2002). Aus diesem Grund hat der Erwerber ein erhebliches Interesse daran, dass ihm die Genehmigungsunterlagen zur Verfügung gestellt werden. Aber auch weitere Baupläne einschließlich der Statik und der Installationspläne werden vom Erwerber später benötigt. Es ist umstritten, ob den Bauträger die Pflicht trifft, dem Erwerber oder bei Wohnungs- und Teileigentum zumindest dem Verwalter diese Unterlagen herauszugeben (verneinend OLG Karlsruhe, Urt. v. 5. 7. 1974 – 10 U 222/73, NJW 1975, 694 und Koeble, NJW 1975, 695; a. A. OLG Hamm, Urt. v. 29. 10. 1987 – 15 W 361/85, NJW-RR 1988, 268; OLG Köln, Beschl. v. 22. 11. 1979 – 16 Wx 111/79, BauR 1980, 283 und AG Traunstein, Urt. v. 20. 4. 1988 – 31 C 224/88, NJW-RR 1989, 598). Hat der Bauträger an den Erwerber zur Sicherung der Mängelansprüche seine diesbezüglichen Ansprüche gegen die Handwerker bzw. Lieferanten abgetreten, so dürfte die vertragliche **Nebenpflicht zur Aushändigung der** vorbezeichneten **Unterlagen** zu bejahen sein. Die Abtretung der diesbezüglichen Ansprüche verpflichtet nämlich den Bauträger dazu, seinerseits die erforderlichen Auskünfte zu erteilen und Unterlagen auszuhändigen.

> **Hinweis:** Zur Vermeidung der von Gerichten unterschiedlich beurteilten Streitfrage sollte im Bauträgervertrag ausdrücklich die Aushändigung der Planungsunterlagen einschließlich Installationsplänen zumindest in Kopie vereinbart werden. Gleiches gilt für Bedienungsanleitungen sowie sonstige vom Hersteller mitgelieferte Unterlagen bei technischen Geräten (z. B. Heizung, Aufzug, zentrale Schüsselanlage etc.)

Unstrittig steht dem Erwerber ein **Einsichtsrecht** in sämtliche Bauunterlagen zu (§ 810 BGB; Koeble, NJW 1975, 695).

## 7. Fertigstellungstermin

Für die vom Bauträger zu erbringenden Bauleistungen wird regelmäßig ein Fertigstellungstermin vereinbart. Vielfach wird zwischen dem Zeitpunkt der Bezugsfertigkeit und der endgültigen Fertigstellung einschließlich der Beseitigung bestehender Mängel und der Herstellung der Außenanlagen unterschieden. Teilweise wird in der Praxis nochmals zwischen einem **angestrebten**, das heißt einem rechtlich unverbindlichen Termin, der freilich kein Phantasietermin sein darf, und dem vertraglich **vereinbarten Termin** unterschieden, bei dessen Überschreitung der Bauträger erst in Verzug gerät. Ist nur ein Monat genannt (z. B. August 2006), so kommt es auf die Umstände des Einzelfalls an; ergibt sich hieraus nichts, so gerät der Bauträger erst zum Ende dieses genannten Kalendermonats in Verzug (vgl. BGH, Urt. v. 13. 12. 2001 - VII ZR 432/00, NJW 2002, 1274).

Der Bauträger darf keine **unangemessen lange Fertigstellungsfrist** vereinbaren (§ 308 Nr. 1 BGB). Die Angemessenheit der Frist bestimmt sich nach Bauzeiten für vergleichbare Vorhaben. Unangemessen wäre es hingegen, wenn der Bauträger sein Vertriebsrisiko und damit auch die Finanzierbarkeit seines Objektes auf den Käufer abwälzen würde.

Mitunter wird im Bauträgervertrag **kein Fertigstellungstermin** genannt. In diesem Fall hat der Bauträger das Objekt unverzüglich herzustellen. Dies bedeutet, dass er, sofern dies noch nicht geschehen ist, eine etwa erforderliche Baugenehmigung beantragen, nach deren Erteilung mit dem Bauvorhaben beginnen und dieses zügig durchführen muss. Keinesfalls darf er die bei entsprechenden Bauvorhaben übliche Herstellungszeit überschreiten. Wurde mit dem Bauvorhaben bereits begonnen, so muss es in der üblichen Zeit ohne Unterbrechungen fertiggestellt werden. Wird im Bauträgervertrag nur ein voraussichtlicher Fertigstellungstermin angegeben, kommt der Bauträger erst bei einer Mahnung in Verzug.

**Hinweis:** Für den Bauträger ist das Offenlassen eines Fertigstellungszeitpunktes eher riskant. Ein vorsichtiger Bauträger wird deshalb einen vertraglichen Fertigstellungszeitpunkt vereinbaren, bei dem er sich etwas „Luft“ lässt, um nicht Schadensersatzansprüchen ausgesetzt zu sein.

Der Anspruch auf Herstellung des Bauwerks verjährt nach der regelmäßigen Verjährungsfrist des § 195 BGB, also in drei Jahren. Die **Verjährungsfrist** beginnt mit dem vereinbarten Fertigstellungstermin oder, sofern ein solcher nicht vereinbart wurde, mit Ablauf der angemessenen Fertigstellungsfrist (BGH, Urt. v. 8. 3. 2001 - VII ZR 470/99, NJW-RR 2001, 806).

**Hinweis:** Die Verjährungsfrist für den Erfüllungsanspruch hinsichtlich der Herstellung des Bauwerks ist kürzer als die Verjährungsfrist für Sachmängel bezüglich der Bauleistungen. Für den Erwerber kann es deshalb bei Mängeln günstiger sein, nicht Erfüllung geltend zu machen, sondern die Mängelansprüche. Diese sind schon vor Abnahme anwendbar, sofern sich der Erfüllungsanspruch auf die vertraglich vereinbarte Immobilie beschränkt hat.

## 8. Sonderwünsche

Beim Kauf vom Bauträger handelt es sich zwar um den Erwerb einer „Immobilie in Konfektionsgröße". Beim Geschosswohnungsbau ist es auch kaum möglich, dass jeder Erwerber hinsichtlich der Gemeinschaftsanlagen eigene Vorstellungen durchsetzt. Demgegenüber sind Bauträger beim Erwerb eines Hauses, aber auch beim Sondereigentum einer Wohnungs- oder Teileigentumseinheit vor allem in Zeiten zurückgehender Nachfrage bereit, auf spezielle Wünsche des Kunden einzugehen. Wird dieser Sonderwunsch konkret bereits **im Bauträgervertrag** vereinbart, so handelt es sich um die vertraglich vereinbarte Herstellung. Probleme bereitet dies nur dann, wenn der Bauträger sich verpflichtet, eine Ausführung abweichend von den baurechtlichen Vorschriften oder den Vereinbarungen in der Teilungserklärung vorzunehmen und erforderliche Genehmigungen Beteiligter und die Zustimmung Dritter nicht erholt werden sollen (vgl. Drasdo, NJW-Spezial 2005, 241 f.). Jedenfalls gewerberechtlich ist dem Bauträger bei einer Baurechtswidrigkeit nicht gestattet, Zahlungen des Erwerbers anzunehmen.

**Hinweis:** Erwerbern und Bauträgern kann nur dringend geraten werden, bei Sonderwünschen baurechtlich erforderliche Genehmigungen, insbesondere Abweichungen, Ausnahmen bzw. Befreiungen, einzuholen und unter Mitwirkung der übrigen Erwerber und der beteiligten Banken durch eine Sonderwunschvereinbarung notwendig werdende Änderungen der Teilungserklärung im Grundbuch vollziehen zu lassen.

Teilweise bieten Bauträger Leistungen wahlweise an, bei denen sich der Erwerber für eine entscheiden kann (so genannte **Ausstattungsvariante**). Beispiel ist der Bodenbelag. Er kann von Linoleum über Fliesen, Teppichboden, Laminat bis zum Parkettboden reichen. Erfolgt die Auswahl durch den Erwerber bereits vor Beurkundung des Bauträgervertrages, ergeben sich wiederum keinerlei Probleme (Pause, Bauträgerkauf, Rn. 518). Anders ist dies, wenn der Erwerber erst bis zum Erreichen eines bestimmten Bautenstandes die Entscheidung treffen muss. In diesem Fall ist der sicherste Weg eine nachträgliche Beurkundung, für die auch keine erheblichen Kosten anfallen, da der Wert der Änderung des Vertrages meist gering ist. Vereinbaren der Bauträger und der Erwerber den Sonderwunsch ohne Notar, so ist fraglich, ob diese Abweichung vom notariell beurkundeten Bauträgervertrag wirksam ist. Anders als häufig praktiziert, können etwaige durch den Sonderwunsch verursachte Preiserhöhungen nicht allein auf die entsprechende Rate umgelegt werden; vielmehr ist der Gesamtpreis neu zu berechnen und dementsprechend der Ratenzahlungsplan abzuändern. Erhöhungen der bereits bezahlten Raten können vom Bauträger mit der nächstfälligen Rate gefordert werden; Preissenkungen sind unverzüglich zu erstatten.

> **Hinweis:** Eine Preisminderung durch Sonderwünsche muss die Bauträgerbank nur gegen sich gelten lassen, wenn diese Änderung bereits im Bauträgervertrag vorgesehen war.

**Nachträgliche Sonderwünsche**, die nicht von vornherein im Bauträgervertrag vorgesehen waren und erst später vom Erwerber geäußert werden, sind nur wirksam, wenn der Bauträger, wozu er nicht verpflichtet ist, damit einverstanden ist. Will der Käufer beispielsweise beim Einfamilienhaus eine geänderte Dachform (z. B. Flachdach statt Sacheldach), so ist diese Änderung grundsätzlich beurkundungspflichtig. Die Beurkundungspflicht entfällt nur dann, wenn der Bauträgervertrag bereits die Auflassung, das heißt die Erklärung über den Eigentumsübergang auf den Erwerber, enthält. Erklärt sich der Bauträger mit der Änderung einverstanden, so müssen gegebenenfalls erforderliche baurechtliche Genehmigungen eingeholt werden. Handelt es sich beim Wohnungs- und Teileigentum um eine Änderung, die sich auch auf das Gemeinschaftseigentum auswirkt (z. B. Entfallen eines Fensters in der Fassade), so müssen sämtliche Erwerber mit der Änderung einverstanden sein, sofern sie dem Bauträger nicht zu einer diesbezüglichen Änderung eine Vollmacht erteilt haben; andernfalls liegt bei ihnen eine mangelhafte Ausführung vor, weil das auch ihnen gehörende Gemeinschaftseigentum vertragswidrig ausgeführt wurde.

**Hinweis:** Verändert sich die Grundstücksgröße, z. B. durch den Hinzuerwerb einer weiteren Fläche oder wegen einer Grenzverschiebung, so besteht stets eine Beurkundungspflicht, da eine neue Erwerbs- bzw. Veräußerungspflicht bezüglich eines Grundstücks begründet wird.

Sonderwünsche können auch über die am Bau beschäftigten Handwerker abgewickelt werden (so genannter **Handwerker-Sonderwunschvertrag**). Beispiel ist, dass der Erwerber statt der vorgesehenen Sanitäreinrichtungsgegenstände mit dem Installationsbetrieb unmittelbar die Lieferung anderer Gegenstände vereinbart (vgl. aber BGH, Urt. v. 27. 6. 2002 – VII ZR 272/01, NJW-RR 2002, 1312 zur Unzulässigkeit einer entsprechenden Vollmacht des Bauträgers). Voraussetzung ist wiederum, dass auch der Bauträger hiermit einverstanden ist. Sieht der Bauträgervertrag diese Möglichkeit bereits vor, so müssen auch die Folgen einer diesbezüglichen Abänderung geregelt werden. Üblicherweise zahlt der Erwerber bei Mehrkosten diese unmittelbar an den beauftragten Handwerker. Preisersparnisse müssen wiederum auf die gesamten Raten verteilt werden, wobei hierzu das Einverständnis der Bauträgerbank erholt werden muss, wenn die Abänderungsmöglichkeit nicht bereits im Bauträgervertrag vorgesehen war. Probleme bereiten die Abnahme und die Haftung für Sachmängel. Führt der Erwerber Leistungen selbst mit von ihm beauftragten Handwerkern durch, so handelt es sich um eine Eigenleistung (vgl. S. 52; teilweise abweichend Pause, Bauträgerkauf, Rn. 516, der eine Eigenleistung nur bei „fremden" Handwerkern annimmt). Entfällt die gesamte Leistung des Bauträgers, so können Abnahme und Sachmängelhaftung unmittelbar zwischen Erwerber und Handwerker in dem diesbezüglichen Werkvertrag geregelt werden. Bleibt der Erwerber zur Zahlung des Kaufpreises an den Bauträger verpflichtet und entrichtet er nur Mehrkosten an den Handwerker (gespaltener Handwerker-Sonderwunschvertrag), bestehen zweifache Leistungsbeziehungen, so dass das entsprechende Gewerk sowohl mit dem Bauträger als auch mit dem Handwerker abzunehmen ist. Wie die Rechtslage bei einem Mangel zu beurteilen ist, ist höchstrichterlich bisher nicht entschieden. Ist die Minderung des Preises, die durch das Entfallen bestimmter Leistungen eintritt, nicht von vornherein im Bauträgervertrag vereinbart, so erfolgt die Gutschrift in Höhe der Eigenersparnis des Bauträgers zu dem Preis, den der Bauträger an den Subunternehmer entrichten muss. Der etwaige anteilige Gewinn des Bauträgers entfällt nicht.

Mitunter enthalten Bauträgerverträge die Bestimmung, dass **Sonderwünsche ausgeschlossen** sind. Dies entspricht dem Charakter des Bauträgervertrages und kann deshalb wirksam vereinbart werden. Nur in Ausnahmefällen kann sich ein Anspruch des Erwerbers nach Treu und Glauben gegen den Bauträger ergeben, der späteren Vertragsänderung zuzustimmen. Voraussetzung ist jedenfalls, dass der Bauablauf hierdurch nicht wesentlich beeinträchtigt wird, insbesondere der Bauträger gegenüber weiteren Erwerbern bei einer Wohnungsanlage nicht in Verzug gerät, und es sich um eine „Kleinigkeit“ handelt, die auch in das wirtschaftliche Vertragsgefüge (z. B. Gewinn des Bauträgers) nicht eingreift.

## 9. Eigenleistungen

Insbesondere wenn der Erwerber selbst Handwerker ist oder im Verwandtschafts- oder Freundeskreis entsprechendes „Know-how“ besteht, werden bereits von Anfang an einzelne „Segmente“ aus der schlüsselfertigen Herstellungspflicht ausgenommen. Wichtig ist, dass durch diesbezügliche Eigenleistungen der Baufortschritt insgesamt nicht beeinträchtigt wird. Andernfalls hat der Bauträger eine Überschreitung eines vereinbarten Fertigstellungstermins jedenfalls nicht zu vertreten. Eigenleistungen liegen auch vor, wenn der Erwerber mit von ihm beauftragten Firmen einzelne Leistungen erbringt. Das Handwerksunternehmen kann mit der auch vom Bauträger beauftragten Firma dabei identisch sein (a. A. Pause, Bauträgerkauf, Rn. 516). Beispiel ist der vom Bauträger beauftragte Elektroinstallateur, dessen Schwester ein Reihenhaus vom Bauträger erwirbt. In diesem Fall, in dem die Eigenleistung **von vornherein**

**im Bauträgervertrag vereinbart** ist, trifft den Bauträger hinsichtlich dieses Gewerks keine Herstellungspflicht.

Wird die Eigenleistung erst **später vereinbart** oder liegt eine vertraglich vereinbarte Optionseigenleistung vor, bei der der Erwerber bis zu einem bestimmten Zeitpunkt entscheiden muss, ob er Leistungen des Bauträgers in Anspruch nehmen will oder nicht, handelt es sich insoweit um eine Vertragsänderung bzw. um eine auf Grund vorbehaltenen Rechts einseitige Vertragsumgestaltung (so genanntes Leistungsbestimmungsrecht, § 315 BGB). In beiden Fällen sind nicht nur das Gesamtentgelt, sondern auch die einzelnen Raten neu zu berechnen. Eine bloße Minderung der betroffenen Abschlagszahlung ist unzulässig. Hinsichtlich einer etwaigen Beurkundungspflicht gelten die gleichen Grundsätze wie bei einem Sonderwunsch (vgl. S. 50).

**Hinweis:** Eigenleistungen hinsichtlich des Gemeinschaftseigentums sind beim Geschosswohnungsbau nur in Ausnahmefällen denkbar. Möglich ist dies nur, wenn ein Erwerber eine Leistung übernimmt und auf diese Weise als Subunternehmer des Bauträgers, der gegenüber den anderen Käufern verpflichtet bleibt, dieses Gewerk durchführt. Es muss dann vereinbart werden, wie diese Gegenleistung, die nicht nur die anteiligen Kosten des Erwerbers betrifft, sondern auch die Werkleistung der übrigen Erwerber, gegebenenfalls mit dem Kaufpreisanspruch des Bauträgers verrechnet wird.

## II. Kaufpreis und Kaufpreiszahlung

### 1. Gesamtkaufpreis

Das an den Bauträger zu entrichtende Entgelt wird regelmäßig als „Kaufpreis" bezeichnet. Unüblich ist es, von einem „Werklohn" zu sprechen. Da das Entgelt die Gegenleistung für den Grundstücksanteil und den Lohn für die Bauleistungen enthält, handelt es sich rechtsdogmatisch um eine Kombination beider Entgeltsarten. Die Verwendung des Begriffs „Kaufpreis" zeigt, dass es sich insbesondere aus Sicht des Erwerbers wirtschaftlich um einen Kauf handelt, und das Bewusstsein dafür, schwerpunktmäßig einen Bauvertrag zu vereinbaren, nicht besteht. Dies hat auch Bedeutung für das an den Bauträger zu entrichtende Entgelt. Überwiegend wird nämlich ein **Pauschalfestpreis** vereinbart (OLG Koblenz, Urt. v. 5.5. 2003 – 12 U 40/02, BauR 2003, 1410). Dies bedeutet, dass der Preis für einzelne Leistungen des Bauträgers nicht gesondert ausgewiesen ist. Änderungen bei ihnen sollen sich für den Erwerber grundsätzlich nicht auswirken. Er möchte die Immobilie zu dem fest vereinbarten Preis erhalten. Der Vereinbarung eines Pauschalfestpreises korrespondiert im Normalfall die Erwartung des Erwerbers, ein fertiges Objekt, ausgenommen Sonderwünsche und Eigenleistungen, zu erhalten. Dies gilt selbst dann, wenn dies im Vertrag nicht ausdrücklich erwähnt ist (OLG Hamm, Urt. v. 2.11. 1995 – 17 U 57/96, NJW-RR 1996, 977). Ein weiterer Hinweis hierfür ist die funktionale Baubeschreibung, deren Zweck durch die Herausnahme einzelner Sonderwünsche und Eigenleistungen nicht verändert wird.

Wird ein Festpreis vereinbart, so sind von ihm sämtliche Kosten für das Grundstück einschließlich Erschließung und die Bauleistungen einschließlich erforderlicher Genehmigungen und Planungen enthalten. **Nicht** umfasst sind die **Erwerbsnebenkosten**, zu denen die Kosten der Beurkundung des Bauträgervertrages, des Grundbuchvollzugs (§ 448 Abs. 2 BGB) und der Finanzierung des Kaufpreises sowie die Grunderwerbsteuer gehören. Im Vertrag vereinbarte Sonderwünsche hat der Erwerber ebenfalls zusätzlich zum Festpreis zu bezahlen. Hat der Erwerber selbst einen Makler beauftragt, so schuldet er auch dessen Provision. Wurde vom Bauträger ein Makler oder ein Vertrieb eingeschaltet, so wird der Erwerber regelmäßig davon ausgehen, dass er mit den diesbezüglichen Kosten nicht belastet wird.

> **Hinweis:** Ein vom Bauträger beauftragter Makler, der auch vom Erwerber eine Vermittlungsprovision erhalten möchte, muss dies klar und deutlich zum Ausdruck bringen. Eine Provisionsklausel im Bauträgervertrag, wonach der Erwerber im Wege des Vertrages zu Gunsten des Maklers bestätigt, dass er diesem eine Provision schuldet, ist überraschend und deshalb unwirksam. Gegen die Unparteilichkeit des Notars dürften bei dieser Vorgehensweise erhebliche Bedenken bestehen.

Die Festpreisvereinbarung ergibt sich nicht zuletzt auch daraus, dass der Bauträger seine Preiskalkulation nicht offen legt und der Erwerber auch keinen **Anspruch auf Rechnungslegung** hat (OLG Koblenz, Urt. v. 5. 3. 2003 – 12 U 40/02, NJW-RR 2003, 1173). Der Bauträger muss auch keine Auskunft über Innenprovisionen geben, die er an Strukturvertriebe bezahlt (BGH, Urt. v. 14. 3. 2003 – V ZR 308/02, NJW 2003, 1811). Demgegenüber besteht ein Rechnungslegungsanspruch, wenn sich Preisänderungen, wie z. B. eine Mehrwertsteuererhöhung, auf den Kaufpreis auswirken sollen. Gleiches gilt bei einer Sonderwunschvereinbarung, die zu einer Änderung des Entgelts für das betroffene Gewerk führt.

Der Bauträgervertrag unterliegt nach derzeitiger Rechtslage grundsätzlich nicht der Mehrwertsteuerpflicht (§ 9 GrEStG, § 4 Nr. 9 a UStG). Allerdings kann bei einem Gewerbeobjekt, das seinerseits umsatzsteuerpflichtig vermietet wird (nicht Arztpraxen!), vom Veräußerer zur Mehrwertsteuer optiert werden. In diesem Fall ist die **Umsatzsteuer** zusätzlich zum Kaufpreis zu entrichten und unmittelbar an das Finanzamt abzuführen.

**Hinweis:** Anders als nach früherer Rechtslage ist die Umsatzsteuer nicht an den Bauträger zu zahlen oder mit diesem im Wege der Abtretung des Vorsteuererstattungsanspruchs zu verrechnen; die Steuerschuld besteht vielmehr unmittelbar gegenüber dem Finanzamt.

Die **Bauabzugssteuer** (§§ 48 ff. EStG) ist auf Bauträgerverträge nach einem Schreiben des Bundesministeriums der Finanzen (NZBau 2003, 203) nicht anwendbar. Auch wenn eine höchstrichterliche Rechtsprechung hierzu bisher nicht vorliegt, darf die Rechtspraxis dieser Meinung der Finanzverwaltung zunächst vertrauen (a. A. wohl Basty, Bauträgervertrag, Erg.Bd. Rn. 146). Folgt man dieser Ansicht nicht, so ist zur Fälligkeit von Abschlagszahlungen die Vorlage der finanzamtlichen Freistellungsbescheinigung erforderlich.

Der Kaufpreisanspruch des Bauträgers **verjährt** nach § 196 BGB in zehn Jahren. Grund hierfür ist, dass auch der Anspruch des Erwerbers auf Übereignung des Grundstücks, Erbbaurechts sowie des Wohnungs- und Teileigentums in dieser Frist verjährt. Aus diesem

Grund verjährt der korrespondierende Kaufpreisanspruch innerhalb dieser Frist (§ 196 BGB). Die Verjährungsfrist beginnt mit der Entstehung des Anspruchs, also nicht mit dem Beginn des auf die Anspruchsentstehung beginnenden Jahres (§ 200 BGB). Umstritten ist, ob die **einzelnen Abschlagszahlungen** einer selbständigen Verjährung unterliegen (so OLG Saarbrücken, Urt. v. 26. 4. 2000 – 1 U 702/99 – 175, NZM 2000, 923 und OLG Frankfurt/M., Urt. v. 27. 1. 2005 – 12 U 132/04, BauR 2005, 1491) oder der Kaufpreis insgesamt nur einheitlich verjährt (so Pauly, ZfIR 2006, 47 f.). Diese Frage ist höchstrichterlich noch nicht entschieden. Häufig wird hierzu der Vergleich mit dem Architektenvertrag gezogen, bei dem sämtliche Abschlagszahlungen einer selbständigen Verjährung unterliegen (so z. B. Pause, Bauträgerkauf, Rn. 396). Zwingend ist diese Ansicht allerdings nicht.

Die Verjährungsfrist kann einvernehmlich bis auf eine Höchstdauer von 30 Jahren verlängert werden (§ 202 Abs. 2 BGB). Diese **Verlängerung** tritt ein, wenn über den Anspruch ein vollstreckbarer Titel geschaffen wird. Allerdings führt eine unwirksame Zwangsvollstreckungsunterwerfung im Bauträgervertrag (vgl. S. 91 f.) auch nicht zur fristverlängernden Wirkung des § 197 Abs. 1 Nr. 4 BGB (BGH, Urt. v. 22. 10. 1998 – VII ZR 99/97, NJW 1999, 51).

Für **vor dem 1. 1. 2002 abgeschlossene Bauträgerverträge** beträgt die Verjährungsfrist einschließlich des Kaufpreisanspruches zwei Jahre (§ 196 Abs. 1 Nr. 1 BGB a. F.). Sie verlängert sich auf vier Jahre, wenn ein gewerblich tätiger Unternehmer (kein Freiberufler!) das Objekt für seinen Betrieb erworben hat (§ 196 Abs. 2 BGB a. F.). Zusätzlich ist ein Vergleich mit der neuen Rechtslage erforderlich; die kürzere Verjährungsfrist ist sodann maßgeblich.

Auch beim verjährten Kaufpreisanspruch steht dem Bauträger hinsichtlich der Eigentumsumschreibung ein **Leistungsverweigerungsrecht** zu, wenn die Verjährung noch nicht eingetreten war, als der Anspruch des Erwerbers auf Eigentumsumschreibung entstand (§ 215 BGB; vgl. BGH, Urt. v. 19. 5. 2006 – V ZR 40/05, ZfIR 2006, 670). Inwieweit die Bauträgerbank bei verjährten Kaufpreisansprüchen unabhängig vom Vorliegen eines Leistungsverweigerungsrechts des Bauträgers die Lastenfreistellung verweigern kann (so wohl Reithmann, NotBZ 1998, 235/237), ist fraglich.

## 2. Preissteigerungen und Preiserhöhungsklauseln

Aus dem Charakter des Bauträgervertrages folgt grundsätzlich, dass es sich beim Entgelt um einen pauschalen Festpreis handelt. Aus diesem Grund fallen Preissteigerungen in den Risikobereich des Bauträgers. Nachdem eine Festpreisabrede für den Bauträgervertrag geradezu charakteristisch ist, sind **versteckte Preiserhöhungsklauseln**, durch die der Bauträger dieses Risiko wiederum auf den Erwerber abzuwälzen versucht, überraschend und damit unwirksam.

**Hinweis:** Auch in Inseraten und der sonstigen Werbung des Bauträgers ist nach den Bestimmungen der Preisangabenverordnung ein Endpreis anzugeben. Die Herausnahme einzelner Positionen aus dem in der Werbung angegebenen Preis wäre irreführend.

Will der Bauträger das Risiko von Änderungen in seiner Kalkulationsgrundlage, die Auswirkungen auf den Preis haben, an den Erwerber weitergeben, muss dies ausdrücklich und besonders deutlich im Vertrag hervorgehoben werden. Dem Erwerber muss klar werden, dass es sich abweichend von seiner Erwartung und der Üblichkeit beim Bauträgervertrag jedenfalls hinsichtlich einzelner Positionen nicht um einen Festpreis handelt, sondern dass sich Preiserhöhungen der betreffenden Berechnungsgrundlagen auch auf sein Entgelt auswirken. Wird eine diesbezügliche Klausel nicht individuell vereinbart, so muss sie ferner den Anforderungen des AGB-Rechts entsprechen. Nach § 309 Nr. 1 BGB sind **Preiserhöhungsklauseln** in AGB- und Verbraucherverträgen nur zulässig, wenn die Leistung, deren Entgelt erhöht werden soll, nicht binnen vier Monaten nach Vertragsschluss erbracht werden soll.

**Hinweis:** Erhöhungsklauseln sind im Bauträgervertrag von vornherein ausgeschlossen, wenn der Fertigstellungstermin innerhalb von vier Monaten nach Vertragsabschluss liegt. Bei einer Sukzessivbeurkundung durch Angebot und Annahme ist hierbei der Zeitpunkt des Wirksamwerdens des Vertrages, also der Annahme, maßgeblich.

Weitere Voraussetzung einer Preiserhöhungsklausel ist ferner, dass sie transparent und im Übrigen angemessen ist. Dem Erwerber muss deutlich werden, welche **Umstände** zur Preiserhöhung führen und wie sich diese konkret auf das vereinbarte Entgelt auswirken. Zusätzlich muss die Preiserhöhung **angemessen** sein, das heißt der Bauträger darf nicht Kostensteigerungen zum Anlass nehmen, den Preis unabhängig von den tatsächlichen Auswirkungen zu seinen Gunsten neu zu berechnen. Beispiel hierfür ist eine Erhöhung der Mehrwertsteuer, die pauschal den gesamten Festpreis um den Satz der Mehrwertsteuererhöhung ebenfalls erhöht. Ändert sich beispielsweise der Mehrwertsteuersatz von 16 % auf 19 %, so kann der Preis nicht dadurch neu bestimmt werden, dass er durch 116 geteilt und mit 119 multipliziert wird. Eine derartige Berechnung berücksichtigt nämlich nicht, dass im Gesamtpreis auch Bestandteile enthalten sind, die nicht der Mehrwertsteuer unterliegen. Hierzu gehören beispielsweise der Grundstücksanteil sowie Teile der Erschließungskosten. Auch bereits abgerechnete Leistungen, wie z. B. die Planungskosten eines eingeschalteten Architekten, ändern sich durch die nachträgliche Mehrwertsteuererhöhung nicht mehr. Deshalb dürften Vereinbarungen, die pauschal alle Abschlagszahlungen außer der ersten Rate entsprechend der Mehrwertsteuererhöhung korrigieren, selbst wenn sie später als vier Monate nach Vertragsabschluss fällig werden, dem Erfordernis der Angemessenheit nicht entsprechen. Als sicherer Weg bleibt für den Bauträger nur die Möglichkeit, die Auswirkungen der Mehrwertsteuererhöhung im Einzelnen nachzuweisen und diese Mehrbelastungen an den Erwerber weiterzugeben, wenn sie später als vier Monate nach Vertragsabschluss eintreten (vgl. DNotI-Report 2006, 77 ff.).

Um diese kaum durchführbare Rechnung zu vermeiden, werden teilweise Nettopreise zuzüglich der jeweiligen gesetzlichen Mehrwertsteuer vereinbart. Eine derartige Klausel ist als Umgehung des § 309 Nr. 1 BGB unwirksam. Sie dürfte auch dann, wenn Bauträgerverträge mehrwertsteuerpflichtig werden sollten, jedenfalls zunächst als überraschende Klausel unwirksam sein. Bei einer länger dauernden Abwicklung wurden teilweise Wertsicherungsklauseln vereinbart; dies verbietet jedoch § 2 Preisangaben- und PreisklauselG. Ein **Leistungsvorbehalt**, der die Vertragsteile zur Neuverhandlung über den Kaufpreis verpflichtet, wenn bestimmte Umstände eingetreten sind, insbesondere der Baukostenindex sich um einen bestimmten Prozentsatz erhöht hat, wird dadurch nicht ausgeschlossen. Allerdings widerspricht er dem Charakter des Bauträgervertrages, wonach der Erwerber grundsätzlich von einem Festpreis ausgeht (a. A. wohl Pause, Bauträgerkauf, Rn. 189). Deshalb dürfte ein formularmäßiger Leistungsvorbehalt wiederum überraschend sein. Für einen Verbraucher sind zudem die Auswirkungen bereits mangels Kenntnis von der Entwicklung des Baukostenindex kaum transparent.

### 3. Abschlagszahlungen (Baufortschrittsraten) und Vormerkungslösung

Die MaBV versucht, den Erwerber, der vom Bauträger kauft, gegen den Verlust geleisteter Anzahlungen zu schützen. Dies geschieht durch zwei **Sicherungsmittel**:

Der „klassische" **Kaufrechtsschutz** sieht eine Zahlung erst nach Wirksamkeit des Vertrages, Eintragung einer Auflassungsvormerkung, Erteilung der Baugenehmigung und Sicherung der Lastenfreistellung vor. Damit erhält der Erwerber in der Insolvenz des Bauträgers zumindest das steckengebliebene Bauvorhaben und wird so gestellt, als hätte er auf eigenem Grund und Boden gebaut. Systemwidrig bei diesem Modell ist, dass die Bauträgerbank dieses Ergebnis dadurch zerstören kann, dass sie dem Erwerber nur den anteiligen Wert seiner geleisteten Zahlungen erstattet (vgl. S. 74 ff.).

Der Erwerber soll zudem einzelne Raten des Gesamtpreises nur nach **Baufortschritt** zahlen. Insoweit hält der Verordnungsgeber an der werkvertraglichen Vorausleistungspflicht des Bauträgers fest, gestattet diesem allerdings – wie bei einem Bauen auf eigenem Grund und Boden üblich – die Abrechnung einzelner, in der Verordnung allerdings festgelegter Gewerke.

> **Hinweis:** Die MaBV sichert nicht das Fertigstellungsrisiko. Bei einer „Pleite" des Bauträgers muss der Erwerber somit gegebenenfalls die Bauruine mit dem verbleibenden Restkaufpreis und – bei einem Geschosswohnungsbau – in Übereinstimmung mit den übrigen Erwerbern fertig stellen.

### a) Rechtswirksamkeit des Bauträgervertrages und Fehlen vertraglicher Rücktrittsrechte (§ 3 Abs. 1 Satz 1 Nr. 1 MaBV)

§ 3 Abs. 1 Satz 1 Nr. 1 MaBV enthält eine nahezu selbstverständliche Voraussetzung: Nur aus einem **wirksamen Vertrag** können sich Leistungspflichten der Parteien ergeben. Der Bauträger darf deshalb Zahlungen des Erwerbers erst entgegen nehmen, wenn der Bauträgervertrag rechtswirksam ist. Anzahlungen auf einen privatschriftlichen Vorvertrag sind deshalb ebenso unzulässig wie Zahlungen, wenn nur ein notariell beurkundetes Angebot des Erwerbers abgegeben wurde. Haben die Parteien „schwarz" verbrieft, indem sie den Kaufpreis unzutreffend angegeben haben, darf der Bauträger unabhängig von den strafrechtlichen Folgen dieser Handlung (Steuerhinterziehung!) gewerberechtlich auch keine Zahlungen des Erwerbers entgegen nehmen. Dies ist ihm erst erlaubt, wenn ein Nachtrag mit dem richtigen Kaufpreis notariell beurkundet wurde.

Die Wirksamkeit des Bauträgervertrages tritt zudem erst ein, wenn sämtliche **zivilrechtlichen und öffentlich-rechtlichen Genehmigungen** vorliegen. Von praktischer Bedeutung ist die Genehmigung eines ausnahmsweise nicht anwesenden, vollmachtlos vertretenen Beteiligten (vgl. S. 28). Liegt das Grundstück in einem förmlich festgelegten Sanierungsgebiet oder in einem Entwicklungsgebiet, so kommt eine Genehmigung nach §§ 144 BauGB, 169 Abs. 1 Nr. 3 BauGB in Betracht. In der „normalen" (nicht vereinfachten) Umlegung ist die Genehmigungspflicht nach § 51 BauGB zu beachten. In den neuen Ländern ist immer noch § 2 Abs. 1 GVO von Bedeutung. Bei Veräußerung eines Wohnungs- und Teileigentums kann ferner die Zustimmung des Verwalters oder einer dritten Person (§ 12 WEG) notwendig sein. Beim Erbbaurecht sowie bei Wohnungs- und Teilerbbaurechten kann schließlich die Zustimmung des Grundstückseigentümers als notwendige Voraussetzung zur Veräußerung vereinbart werden (§ 5 ErbbauVO). Derzeit nur in Hamburg von Bedeutung ist die Genehmigungspflicht einer Veräußerung einer Eigentumswohnung im Bereich einer Milieuschutzsatzung, da nur dort eine entsprechende Rechtsverordnung des Landesgesetzgebers besteht. Die Genehmigungspflicht betrifft nur eine Aufteilung in Wohnungs- und Teileigentum, bei der sich der Bauträger verpflichtet hat, innerhalb von sieben Jahren ab Begründung des Wohnungseigentums Wohnungen nur an die Mieter zu veräußern (§ 172 Abs. 4 Satz 4 Nr. 6, Satz 5 und Satz 6 BauGB).

**Kaum Bedeutung** in der Praxis des Bauträgergeschäfts haben dagegen die Genehmigung des Vormundschafts- und Familiengerichts (§§ 1821, 1822, 1643, 1908 i BGB) bei Beteiligung einer minderjährigen oder unter Betreuung stehenden Person. Auch die Genehmigungspflicht bei Verfügung eines Ehegatten oder Lebenspartners, der im Güterstand der Zugewinngemeinschaft lebt und über sein Vermögen im Ganzen oder wesentliche Teile seines Vermögens verfügt (§§ 1365 BGB, § 6 LPartG), haben nur dann Bedeutung, wenn der Bauträger Einzelunternehmer ist, in Zugewinngemeinschaft lebt und für den Erwerber erkennbar mit dem Einzelobjekt über sein wesentliches Vermögen verfügt. Dies wird regelmäßig mangels fehlender Kenntnis des Erwerbers von den Vermögensverhältnissen des Bauträgers ausscheiden (a. A. wohl Pause, Bauträgerkauf, Rn. 215). Auf Seiten des Erwerbers haben diese Vorschriften ohnehin keine Bedeutung, da Verpflichtungsgeschäfte hiervon nicht umfasst werden (BGH, Urt. v. 2. 12. 1981 - IV b ZR 553/80, NJW 1982, 1099 und BGH, Urt. v. 27. 1. 1983 - IX ZR 95/81, ZIP 1983, 276).

Beim verbundenen Geschäft (vgl. S. 138 ff.) besteht ein Widerrufsrecht des Erwerbers hinsichtlich des Darlehensvertrages. Dieser erstreckt sich auch auf den Bauträgervertrag (§ 358 Abs. 3 Satz 3 BGB). Das **Bestehen dieses Widerrufsrechts** bewirkt jedoch keine Unwirksamkeit des Bauträgervertrages. Allerdings sollte bei Kenntnis des Notars vom Vorliegen eines verbundenen Geschäftes zur Vermeidung einer komplizierten Rückabwicklung auf eine ordnungsgemäße Belehrung des Erwerbers hinsichtlich seines Widerrufsrechts durch das Kreditinstitut hingewirkt werden (vgl. Grziwotz, NotBZ 2002, 359 ff.). Ob die Widerrufsfrist abgewartet werden soll, müssen die Finanzierungsbank, der Bauträger und der Erwerber selbst entscheiden.

Lediglich **Vollzugsvoraussetzungen** sind die Negativbescheinigung hinsichtlich des gemeindlichen Vorkaufsrechtes (§ 28 BauGB), nach landesrechtlichem Denkmal- und Naturschutzrecht teilweise erforderliche Negativbescheinigungen hinsichtlich eines Vorkaufsrechtes, landesrechtlich noch erforderliche Teilungsgenehmigungen sowie die Unbedenklichkeitsbescheinigung des Finanzamtes (§ 22 GrEStG). Von ihrem Vorliegen hängt nicht die Wirksamkeit des Vertrages, sondern nur die Möglichkeit der späteren Eigentumsumschreibung auf den Erwerber ab. Allerdings dürfte es zweckmäßig sein, das Vorliegen diesbezüglicher öffentlich-rechtlicher Genehmigungen bzw. Negativbescheinigungen auch zur Voraussetzung der Fälligkeit des Kaufpreises zu machen.

**Hinweis:** Das Vorliegen der Unbedenklichkeitsbescheinigung darf nicht Fälligkeitsvoraussetzung sein, da es andernfalls der Erwerber in der Hand hätte, durch Nichtzahlung der Grunderwerbsteuer die Fälligkeit des Kaufpreises zu verzögern.

Der Verordnungsgeber knüpft die Fälligkeit des Kaufpreises nicht allein an die Wirksamkeit des Bauträgervertrages. Das Vorliegen dieser Voraussetzung werden nämlich die Beteiligten, insbesondere der Erwerber, nur schwer überprüfen können. Deshalb ist das Vorliegen einer schriftlichen Mitteilung des Notars erforderlich, in der die Wirksamkeit des Vertrages und das Vorliegen der erforderlichen Genehmigungen bestätigt wird. Der Notar muss deshalb die Wirksamkeit des Vertrages prüfen. Seine Stellungnahme beinhaltet die Bestätigung, dass sämtliche erforderliche Genehmigungen vorliegen und ferner keine Gründe ersichtlich sind, die gegen die Wirksamkeit des Vertrages sprechen. Werden später Genehmigungen aufgehoben oder stellt sich nachträglich das Fehlen einer erforderlichen Genehmigung heraus, die übersehen wurde, muss der Notar die Vertragsteile hierüber informieren. Die **notarielle Wirksamkeitsbestätigung** muss schriftlich erteilt werden und beiden Vertragsteilen zugehen (a. A. Pause, Bauträgerkauf, Rn. 223: nur dem Erwerber). Eine Mitteilung an den Bauträger, der seinerseits die Bestätigung weiterleitet, dürfte nicht ausreichend sein. Bestehen keine Genehmigungserfordernisse, so kann die entsprechende Bestätigung bereits im Bauträgervertrag enthalten sein.

**Hinweis:** Haben die Beteiligten Kenntnis von Umständen, die gegen die Wirksamkeit des Vertrages sprechen, die dem Notar nicht offenbart wurden (z. B. abweichende Kaufpreisabrede), so ist der Vertrag nicht wirksam und die Fälligkeit des Kaufpreises tritt nicht ein. Die notarielle Mitteilung ist eine gutachterliche Stellungnahme, die zudem von Gerichten ohne Bindungswirkung vollumfänglich überprüft werden kann.

Eng mit der Wirksamkeit des Vertrages hängt die weitere Voraussetzung zusammen, dass dem Bauträger bei der Entgegennahme von Zahlungen des Erwerbers keine vertraglichen Rücktrittsrechte mehr zustehen dürfen. **Vertragliche Rücktrittsrechte** des Bauträgers können sinnvoll und zulässig sein. Voraussetzung dafür ist ein sachlich gerechtfertigter und im Bauträgervertrag angegebener Grund (§ 308 Nr. 3 BGB). Dies ist beispielsweise der Fall, wenn eine Baugenehmigung zwar erteilt wurde, aber die Widerspruchsfrist eines Nachbarn, der bereits Rechtsbehelfe angekündigt hat, noch nicht abgelaufen ist und hierdurch eine mehrjährige Verzögerung des Projektes eintreten kann. Um nicht in eine Doppelverpflichtung zu kommen, ist ein Rücktrittsrecht des Bauträgers bei Bestehen eines Mietervorkaufsrechtes (§ 577 BGB) nahezu geboten. Nicht ganz unbestritten ist schließlich ein Rücktrittsrecht des Bauträgers für den Fall, dass bis zu einem festgelegten Zeitpunkt ein bestimmter Verkaufsstand oder eine Bankfinanzierung nicht vorliegen, da diese Umstände ausschließlich in den Risikobereich des Bauträgers fallen und zudem von ihm manipuliert werden können.

Das Verbot, Kaufpreiszahlungen des Erwerbers entgegen zu nehmen, obwohl ihm noch ein vertragliches Rücktrittsrecht zusteht, soll den Erwerber bei einer Rückabwicklung vor dem **Verlust seiner Vermögenswerte** schützen. Zudem entspricht die gewerberechtliche Regelung dem zivilrechtlichen Grundsatz des widersprüchlichen Verhaltens. Der Bauträger kann nicht Kaufpreisraten anfordern, wenn er nicht weiß, ob es beim vereinbarten Vertrag bleibt.

**Hinweis:** Das Bestehen gesetzlicher Rücktrittsrechte steht der Fälligkeit der Kaufpreisraten nicht entgegen.

Das Bestehen eines **gesetzlichen Rücktrittsrechts des Bauträgers** hindert dagegen die Fälligkeit der einzelnen Raten nicht. Gleiches gilt für vertragliche Rücktrittsrechte, die die gesetzlichen nur wiederholen oder konkretisieren, aber nicht erweitern. Bei wirksamer Ausübung eines gesetzlichen Rücktrittsrechts aufgrund einer Pflichtverletzung des Erwerbers verliert dieser seinen Vormerkungsschutz. Diese gravierende Folge kann insbesondere eintreten, wenn das Bestehen eines Sachmangels streitig ist. Möglich ist es, die Ausübung des Rücktrittsrechts durch den Bauträger vom Vertrag von zusätzlichen Voraussetzungen abhängig zu machen (vgl. OLG Düsseldorf, Urt. v. 27. 11. 2000 – 9 U 97/00, BauR 2001, 1629 und Grziwotz, IBR 2006, 241).

#### b) Baugenehmigung oder Bauträger-Selbstattest (§ 3 Abs. 1 Satz 1 Nr. 4 MaBV)

Bei der so genannten Vormerkungslösung ist weitere Fälligkeitsvoraussetzung, dass das Bauvorhaben baurechtlich zulässig durchgeführt werden kann. Der Erwerber soll davor geschützt werden, Zahlungen auf einen „Schwarzbau" zu erbringen. Die Einhaltung der baurechtlichen Vorschriften, das heißt der materiell-rechtlichen Vorschriften des landesrechtlichen Bauordnungsrechts und der Zulässigkeitsvoraussetzungen des bundesrechtlichen Bauplanungsrechts sowie weiterer Anforderungen an Grundstücksnutzungen, die sich aus den öffentlich-rechtlichen Bestimmungen ergeben, attestierte früher die **Baugenehmigung**. Sie betrifft nicht nur die Errichtung, sondern auch die Nutzungsänderung baulicher Anlagen. Ausgenommen von der Genehmigungspflicht sind untergeordnete und unbedeutende Anlagen, die beim Bauträgervertrag regelmäßig keine Rolle spielen.

Die Bauordnungen lassen jedoch zunehmend Vorhaben genehmigungsfrei zu, die zwar den öffentlich-rechtlichen Anforderungen entsprechen müssen, aber keiner präventiven Kontrolle der Baugenehmigungsbehörde mehr unterliegen. Die Deregulierung des Bauordnungsrechts hat an die Stelle des Baugenehmigungsverfahrens in weitem Umfang **Anzeige- bzw. Kenntnisgabeverfahren** und **Genehmigungsfreistellungsverfahren** treten lassen. Im vereinfachten Genehmigungsverfahren besteht zwar weiterhin das Erfordernis der

Baugenehmigung, der Prüfungsumfang der Baurechtsbehörde und damit die Rechtswirkungen der Baugenehmigung wurden jedoch sachlich beschränkt. Die Baugenehmigung hat deshalb nicht mehr den Stellenwert, der ihr nach dem Zweck der Regelung in der MaBV zukommt. Dieses Risiko betrifft nicht nur den Erwerber, sondern auch die Kreditinstitute. So hat die Bauträgerbank häufig früher die Finanzierung von der Erteilung einer staatlichen Baugenehmigung abhängig gemacht. Auch das Finanzierungsinstitut des Erwerbers hat sich regelmäßig auf die behördliche „Freigabe" verlassen.

**Hinweis:** Für Bauvorhaben, die im Geltungsbereich eines qualifizierten oder vorhabenbezogenen Bebauungsplans liegen und dessen Festsetzungen nicht widersprechen, ist regelmäßig keine Genehmigung mehr erforderlich. Dies gilt für Häuser bis zur Hochhausgrenze von 22 m. Bei einer Genehmigungsfreistellung trifft die Gemeinde keine Pflicht zur Prüfung der bei ihr einzureichenden Unterlagen. Sie soll nur Gelegenheit haben, etwaige planerische Vorstellungen zu verwirklichen und zu sichern (Anstoßwirkung).

Ist eine **Baugenehmigung** erforderlich, muss diese als Fälligkeitsvoraussetzung vorliegen. Der Bauträger muss sie dem Erwerber **in Ablichtung** aushändigen; er muss ihm zudem die Möglichkeit der Einsicht in die genehmigten Baupläne (Baumappe) ermöglichen. Der Erwerber soll prüfen können, ob die erteilte Baugenehmigung das Vertragsobjekt deckt (vgl. BGH, Urt. v. 11. 7. 2002 – IX ZR 68/01, DNotZ 2002, 716). Insbesondere dürfen Nebenbestimmungen der behördlichen Erlaubnis dem Bauträgervertrag nicht widersprechen. Die Baugenehmigung muss das gesamte Vertragsobjekt umfassen; deshalb ist eine Teilbaugenehmigung oder ein Vorbescheid nicht ausreichend.

**Hinweis:** Die Baugenehmigung muss nicht nur die bauliche Ausführung, sondern auch die beabsichtigte Nutzung (z. B. gewerbliche Nutzung für Ferien- oder Dauerwohnung) decken.

Eine Baugenehmigung wird bestandskräftig, wenn gegen sie keine Rechtsbehelfe mehr eingelegt werden können. Dies ist nach der Widerspruchsfrist von einem Monat der Fall, wenn den Nachbarn die Baugenehmigung zugestellt wurde (§ 70 Abs. 1 VwGO). Haben Nachbarn die Lagepläne und die Bauzeichnungen unterschrieben (§ 70 Abs. 3 MBO 2002), so beinhaltet dies einen Verzicht auf ihre Nachbarrechte, wenn die Baugenehmigung entsprechend den eingereichten Plänen erteilt wird. Sind Dritte betroffen, denen die Baugenehmigung nicht zugestellt wurde, so haben sie nach überwiegender Ansicht die Möglichkeit, die Baugenehmigung innerhalb eines Jahres nach Kenntnis von dem Bauvorhaben, also meist dem Baubeginn, anzufechten. Insofern lässt sich eine **Bestandskraft** nur bei kleineren Vorhaben, schwerlich jedoch bei Einkaufszentren oder Supermärkten erreichen. Die Bestandskraft der Baugenehmigung ist deshalb nach überwiegender Ansicht nicht Voraussetzung für den Eintritt der Fälligkeit der Kaufpreisraten. Ist jedoch ein Widerspruch eines Dritten gegen die Baugenehmigung eingelegt, so darf der Bauträger nach überwiegender Ansicht keine Zahlungen mehr entgegen nehmen. Dem Widerspruch kommt zwar keine aufschiebende Wirkung mehr zu (§ 212a BauGB), das heißt der Bauträger darf trotz des eingelegten Rechtsbehelfs bauen; er baut aber auf eigenes Risiko. Insofern ist fraglich, ob er dieses Risiko auf den Erwerber verlagern darf; dies ist entsprechend der oben dargestellten Meinung zu verneinen (a. A. Pause, Bauträgerkauf, Rn. 280).

Bei **zusätzlichen Genehmigungspflichten** für bauliche Anlagen im Umlegungsgebiet (§ 51 Abs. 1 Satz 1 Nr. 4 BauGB), im Sanierungsgebiet (§ 144 Abs. 1 Nr. 1 BauGB), im Entwicklungsbereich (§ 169 Abs. 1 Nr. 3 BauGB), bei Stadtumbaumaßnahmen (§ 171d Abs. 1 BauGB) und bei Bestehen einer Erhaltungssatzung (§ 172 BauGB) handelt es sich um Genehmigungen, die ebenfalls im Sinne des § 3 Abs. 1 Satz 1 Nr. 4 MaBV Voraussetzung für den Eintritt der Fälligkeit des Kaufpreises sind. Etwas anderes gilt hinsichtlich der Zweckentfremdungsgenehmigung für die Umwandlung von Wohnungen in Gewerbeobjekte. Allerdings sollte diese Genehmigung ebenfalls vor Anforderung der Raten vorliegen, da sonst der vertraglich vereinbarte Zweck nicht erreicht werden kann. Eine entsprechende Vereinbarung im Bauträgervertrag ist deshalb empfehlenswert.

Besteht **keine Baugenehmigungspflicht** kann auch der Bauträger nicht freiwillig eine Baugenehmigung beantragen, was im Hinblick auf die Finanzierung (vgl. S. 95 ff.) sinnvoll sein kann, sieht die MaBV für den Eintritt der Fälligkeit der Baufortschrittsraten eine Bescheinigung der zuständigen Behörde über die Genehmigungsfreiheit oder eine entsprechende Erklärung des Bauträgers als ausreichend an. Die Bescheinigung der zuständigen Behörde kann landesrechtlich auch die Baufreigabeerklärung der Gemeinde sein; es ist nicht zwingend erforderlich, dass sie von der Baugenehmigungsbehörde erteilt wird (a. A. wohl Pause, Bauträgerkauf, Rn. 282). Die Bescheinigung der zuständigen Behörde muss vorgelegt werden, wenn sie nach Landesrecht vorgesehen ist. Sieht sie das Landesrecht nicht vor, erteilt in diesem Fall die Baugenehmigungsbehörde trotzdem eine entsprechende Bestätigung, so ist sie im Sinne der MaBV ausreichend.

Der **Inhalt der Bestätigung** enthält zwei Alternativen: Den Eintritt der Genehmigungsfiktion nach Ablauf einer bestimmten Frist, in der seitens der Gemeinde oder der Baubehörde kein Genehmigungsverfahren beantragt bzw. eingeleitet wurde. Alternativ dazu kann die Baubehörde auch bestätigen, dass mit dem Bauvorhaben nach den baurechtlichen Vorschriften begonnen werden darf. Dies soll den unterschiedlichen Regelungen in den einzelnen Bundesländern Rechnung tragen.

Enthält das Landesbauordnungsrecht keine Bestätigung über die Genehmigungsfreiheit und wird diese auch nicht auf Grund eines Antrags des Bauträgers ohne gesetzlichen Anspruch erteilt, sieht die MaBV eine **Selbstbescheinigung des Bauträgers** vor. Dieser muss gegenüber dem Erwerber bestätigen, dass eine Baugenehmigung als erteilt gilt oder nach den baurechtlichen Vorschriften mit dem Bauvorhaben begonnen werden darf. Diese Bestätigung tritt somit hinsichtlich ihres Erklärungsinhalts an die Stelle der nicht vorgesehenen Bestätigung der zuständigen Behörde.

Zusätzlich muss in diesem Fall nach Eingang der Bestätigung des Bauträgers beim Erwerber noch mindestens ein Monat vergangen sein. Diese **Frist** soll dem Erwerber die Überprüfung der Richtigkeit der Bestätigung ermöglichen. Sieht das entsprechende Landesrecht keine behördliche Überprüfung vor, so kann der Erwerber damit nur auf eigene Kosten einen Architekten beauftragen, wenn er sich nicht auf eine diesbezügliche Bescheinigung des Architekten des Bauträgers verlassen möchte. Nach überwiegender Ansicht kann der Bauträger die Selbstbestätigung bereits vor Vertragsschluss abgeben und so den Fristlauf und damit die Kaufpreisfälligkeit beschleunigen (so Pause, Bauträgerkauf, Rn. 283). Die Richtigkeit dieser Auffassung ist allerdings fraglich. Erst nach Beurkundung des Bauträgervertrages, bei dem ein Verhandeln über Einzelheiten auch der technischen Ausführung noch möglich sein soll, steht das Vertragsobjekt in seinen Einzelheiten fest. Erst dann kann der Erwerber zuverlässig überprüfen, ob die Bestätigung des Bauträgers zutrifft. Aus diesem Grund spricht vieles dafür, dass der Fristablauf nicht vor Beurkundung des Bauträgervertrages beginnt. Im Bauträgervertrag ist der Erwerber auf die Überprüfungsfrist hinzuweisen. Die Bestätigung des Bauträgers kann bereits in den Bauträgervertrag als einseitige Erklärung des Bauträgers aufgenommen werden. Sie bedeutet keine Billigung durch den Erwerber.

### c) Auflassungsvormerkung am Vertragsobjekt (§ 3 Abs. 1 Satz 1 Nr. 2 MaBV)

Die Auflassungsvormerkung stellt eines der **wichtigsten Sicherungsmittel des Erwerbers** dar, da sie bei einer „Pleite" des Bauträgers insolvenzfest ist. Die Abwicklung nach § 3 MaBV wird deshalb teilweise auch als so genannte „Vormerkungslösung" bezeichnet. Die Vormerkung sichert den Anspruch auf Eigentumsverschaffung des Erwerbers. Dies gilt auch für bedingte Verträge und für Vormerkungen, die auf Grund eines Angebots des Bauträgers im Grundbuch eingetragen werden, auch wenn gegen diese Verfahrensweise erhebliche beurkundungsrechtliche Bedenken bestehen (vgl. S. 29).

> **Hinweis:** Der Schutz der Auflassungsvormerkung besteht nur dann, wenn der Bauträgervertrag nicht wegen einer Unterverbriefung unwirksam ist. Er erlischt ferner dann, wenn der Erwerber vom Vertrag zurücktritt oder Schadensersatz statt der ganzen Leistung fordert.

Ist der Bauträger seinerseits noch nicht Eigentümer des Grundstücks, wird häufig empfohlen, dass er seine Ansprüche gegen den Voreigentümer auf Eigentumsverschaffung an den Erwerber abtritt und die für ihn eingetragene Vormerkung im Grundbuch auf den Erwerber berichtigt wird. Kommt es jedoch im Verhältnis zwischen

Grundstückseigentümer und Bauträger zu Leistungsstörungen, bezahlt beispielsweise der Bauträger den Kaufpreis nicht, entfällt auch die Schutzwirkung der **„abgetretenen" Vormerkung** für den Erwerber. Außerdem ist die abgetretene Forderung nicht insolvenzfest. Deshalb entspricht bei einem Kettenverkauf eine abgetretene Vormerkung nicht den Sicherungsanforderungen der MaBV (h. M. z. B. Marcks, MaBV, § 3 Rn. 10 und Blank, Bauträgervertrag, Rn. 141; a. A. Kutter, Beck'sches Notarhandbuch, A II Rn. 57 u. 63).

> **Hinweis:** Unabhängig von dem vorstehenden juristischen Streit sollte sich kein Erwerber auf eine Sicherung durch eine lediglich abgetretene Auflassungsvormerkung einlassen.

Ihre Schutzfunktion im Rahmen des Bauträgerkaufs kann die Auflassungsvormerkung nur erfüllen, wenn sie an der vereinbarten **Rangstelle** eingetragen ist. Ihr wird regelmäßig die Globalgrundschuld der Finanzierungsbank des Bauträgers vorgehen, die sich jedoch zur Lastenfreistellung verpflichten muss (vgl. S. 70 ff.). Das Grundbuch sollte zusätzlich sorgfältig auf weitere Belastungen überprüft werden. Auch andere Verwertungsrechte, die die nachrangige Auflassungsvormerkung entfallen lassen können, sollten gelöscht sein oder zumindest im Rang hinter die Vormerkung des Erwerbers zurücktreten. Dies gilt nicht nur für Grundpfandrechte, sondern beispielsweise auch für eine Reallast, die eine Rentenverpflichtung des Bauträgers gegenüber dem Grundstücksveräußerer sichert. Eine Auflassungsvormerkung, die dazu führen kann, dass der Bauträger sein Eigentum wieder verliert, sollte der Erwerbervormerkung ebenfalls nicht im Rang vorgehen. Dies gilt auch dann, wenn sie ein Ankaufsrecht der Gemeinde auf Grund eines städtebaulichen Vertrages (z. B. eines Einheimischenmodells) sichert und es nicht allein vom Erwerber abhängt, ob die Voraussetzungen dieser vertraglichen Verpflichtung eingehalten werden können (a. A. nur Basty, Bauträgervertrag, Rn. 261; wie hier Rastätter, DNotZ 2000, 17/36).

Ist Gegenstand des Bauträgervertrags ein Wohnungs- oder Teileigentum, so muss die Auflassungsvormerkung am **gebildeten Wohnungs- bzw. Teileigentum** eingetragen sein. Die Teilungserklärung muss also im Grundbuch bereits vollzogen sein. Es genügt somit nicht, wenn der Anspruch des Erwerbers auf Verschaffung des Wohnungs- oder Teileigentums im Grundbuch am noch nicht aufgeteilten Grundstück eingetragen wird. Nicht ausreichend ist es ferner, wenn die Teilungserklärung mit bestätigten Aufteilungsplänen und Abgeschlossenheitsbescheinigung sowie die Auflassungsvormerkung des Erwerbers dem Grundbuchamt zum Vollzug eingereicht werden.

**Hinweis:** Im Hinblick auf die Genehmigungspflicht der WEG-Aufteilung in Fremdenverkehrsgebieten (§ 22 BauGB) kann sich allerdings eine Vormerkung auf Verschaffung des noch nicht gebildeten Wohnungs- bzw. Teileigentums im Grundbuch zur Sicherung des Erwerbers anbieten. Sie sichert gegen eine später von der Gemeinde beschlossene Genehmigungspflicht. Von dieser Vormerkung darf jedoch nicht die Zahlung der Kaufpreisraten abhängen.

Gefährlich für den Erwerber ist es, wenn der Bauträger zur Verfügung über die Vormerkung berechtigt ist. Insbesondere kann eine so genannte **Schubladenlöschung**, die dem Bauträger bei Vorliegen bestimmter Voraussetzungen die Löschung der Auflassungsvormerkung ermöglicht, dem Erwerber sein wichtigstes Sicherungsmittel nehmen. Bei einer Insolvenz des Bauträgers verliert der Erwerber nämlich seinen gesicherten Anspruch auf Verschaffung des Eigentums am steckengebliebenen Bau.

### d) Sicherung der Lastenfreistellung (§ 3 Abs. 1 Satz 1 Nr. 3, Sätze 2 bis 5 MaBV)

Einen weiteren Schwerpunkt des Bauträgervertrages bildet die Sicherung der **Lastenfreistellung von Grundpfandrechten**, die der Auflassungsvormerkung des Erwerbers im Rang vorgehen. Meist benötigt der Bauträger selbst eine Zwischenfinanzierung. Sein Kreditinstitut fordert hierfür regelmäßig die Eintragung einer Grundschuld an erster Rangstelle in Abteilung III des Grundbuchs. Zahlt der Erwerber Baufortschrittsraten an den Bauträger, so muss sichergestellt sein, dass dieses Grundpfandrecht spätestens mit Eigentumsumschreibung gelöscht wird. Auch der Erwerber finanziert meist mittels eines Bankkredites. Sein Finanzierungsinstitut wird ebenfalls nur bereit sein, das Darlehen entsprechend dem Baufortschritt auszuzahlen, wenn sichergestellt ist, dass die hierfür zur Sicherheit bestellte Grundschuld später an der bedungenen Rangstelle im Grundbuch eingetragen wird.

Die MaBV enthält lediglich einen **Vorschlag** der Sicherung der Lastenfreistellung und eine Regelung der Mindestanforderungen, denen die Lastenfreistellung genügen muss (vgl. Grziwotz/Bischoff, MaBV, § 3 Rn. 97). Es handelt sich hierbei um die in der Praxis verbreitetste Lösung. Denkbar ist aber auch, dass die Bauträgerbank hinter die Auflassungsvormerkung im Rang zurücktritt oder eine Löschungsbewilligung erteilt. Zu beidem wird die Bank nicht oder nur eingeschränkt bereit sein. Der Rangrücktritt führt nämlich dazu, dass die Bauträgerbank bei Vorliegen der im Bauträgervertrag vereinbarten Voraussetzungen der Eigentumsumschreibung ihr Recht löschen lassen muss; weitergehende Rechte stehen ihr dann nicht zu. Eine Löschungsbewilligung hinsichtlich ihres Grundpfandrechts wird die Bauträgerbank nur unter der Auflage der Zahlung an sie erteilen. Diese Auflage muss den Mindeststandards der MaBV entsprechen. Deshalb haben Banken wenig Interesse daran, bereits die grundbuchmäßige Erklärung unter Treuhandauflage abzugeben, obwohl eine schriftliche Erklärung nach der MaBV ausreicht. Übernimmt der Erwerber das Grundpfandrecht des Bauträgers, was praktisch nur bei Einzelvorhaben möglich ist, genügt eine Erklärung der Bauträgerbank, dass nach Zahlung der geschuldeten Vertragssumme das Grundpfandrecht keine Verbindlichkeiten des Bauträgers mehr sichert. Ist schließlich der Kaufpreis erst nach vollständiger Fertigstellung einschließlich einer Mängelbeseitigung fällig, da der Erwerber ein stecken gebliebenes oder mangelbehaftetes Objekt nicht erwerben möchte, kann ausnahmsweise die Lastenfreistellung von der Zahlung des dann geschuldeten, nämlich des gesamten Kaufpreises abhängig gemacht werden.

**Hinweis:** Auch wenn möglicherweise ein Freigabeversprechen eines Privatgläubigers, aber nicht einer Bank oder eines Kreditinstituts, ausreicht (LG Düsseldorf, Beschl. v. 13. 10. 2004 – 19 T 159/04, RNotZ 2005, 294), sollte sich der Erwerber damit keinesfalls zufrieden geben.

Der Regelfall ist jedoch die Lastenfreistellungserklärung nach der MaBV. Hierfür gibt der Verordnungsgeber bereits den Inhalt vor (vgl. auch OLG Bamberg, Urt. v. 14. 9. 2005 – 3 U 3/05, BauR 2006, 122). Die MaBV sieht vor, dass die **Freistellungsverpflichtung**, sofern sie bei Beurkundung des Bauträgervertrages bereits vorliegt, diesem beizufügen ist. Dies kann allerdings nur dann gelten, wenn sie auch den Vereinbarungen im Bauträgervertrag entspricht. Liegt sie nicht vor oder entspricht sie nicht den Vereinbarungen im Bauträgervertrag, ist sie dem Erwerber noch auszuhändigen. Die Übergabe einer Ablichtung des dem Notar vorliegenden Originals ist ausreichend. Der Bauträger muss zur Aushändigung einer dem Vertrag entsprechenden Freistellungserklärung verpflichtet werden (§ 3 Abs. 1 Satz 5 MaBV).

Damit entstehen unmittelbare **Vertragsbeziehungen zwischen der Bauträgerbank und dem Erwerber**. Häufig erklären Banken in Schreiben, dass sie mit dem Erwerber in „keiner Vertragsbeziehung" stünden. Dies ist unzutreffend. Unabhängig von der juristischen Konstruktion (Vertrag zwischen der Bauträgerbank und dem Bauträger zu Gunsten des Erwerbers oder Freistellungsangebot, das der Erwerber annimmt) geht die Bauträgerbank gegenüber dem Erwerber eine vertragliche Verpflichtung zur Freistellung unter den in ihrer Erklärung genannten Voraussetzungen ein. Die MaBV unterscheidet dabei zwei Sachverhalte, nämlich die vertragsgemäße Vollendung und das Steckenbleiben des Bauvorhabens. In beiden Fällen verpflichtet sich die Bauträgerbank zur Löschung ihres nicht vom Erwerber übernommenen Grundpfandrechts.

**Hinweis:** Macht die Bank die Löschung ihrer Grundschuld von der Zahlung auf ein bestimmtes Konto abhängig, ist es unbedingt erforderlich, nur auf dieses Konto zu bezahlen. Die Entrichtung der Abschlagszahlungen auf ein Konto des Bauträgers ist nicht ausreichend (KG, Urt. v. 21. 9. 2004 – 4 U 62/03, BauR 2006, 1485).

Die Lastenfreistellung kann **bei vollständiger Fertigstellung** nicht von der Zahlung des gesamten Kaufpreises, sondern nur von der Zahlung der „geschuldeten Vertragssumme" abhängig gemacht werden. Anders lautende Freistellungserklärungen führen nicht zur Fälligkeit des vereinbarten Kaufpreises. Die Bank ist gegenüber dem Bauträger verpflichtet, einc der MaBV entsprechende Freistellungserklärung abzugeben. Führen die von ihr verwendeten Formulierungen dazu, dass die Kaufpreisfälligkeit nicht eintritt, so kann sie sich gegenüber dem Bauträger schadensersatzpflichtig machen. Der Bauträger, der bei einer nicht den Vorschriften der MaBV entsprechenden Freistellungserklärung Baufortschrittsraten anfordert, handelt ordnungswidrig; außerdem macht er sich gegenüber dem Erwerber hinsichtlich dessen Zinsschadens schadensersatzpflichtig. Der Notar ist verpflichtet, wenn ihm die Freistellungserklärung ausgehändigt wird, diese zu überprüfen.

**Hinweis:** Manche Banken händigen dem Notar wegen dessen Prüfungspflicht die Freistellungserklärung nicht aus und übergeben sie unmittelbar dem Erwerber. Dieser kann die Freistellungsverpflichtung dem Notar mit der Bitte um Überprüfung zusenden oder einen Rechtsanwalt mit der Überprüfung beauftragen.

Die Beschränkung auf die **geschuldete** und nicht die vereinbarte **Vertragssumme** soll dem Erwerber sämtliche Einwendungen auch gegenüber der Bank geben, die ihm gegenüber dem Bauträger zustehen. Es handelt sich um eine Art Einwendungsdurchgriff. Deshalb muss sich die Bauträgerbank eine Minderung, die der Erwerber berechtigterweise vornimmt, entgegenhalten lassen. Umstritten ist, ob der Erwerber auch mit eigenen Ansprüchen aus einem anderen Rechtsverhältnis oder mit abgetretenen Ansprüchen aufrechnen kann und die Bank dennoch das Objekt freigeben muss (bejahend Pause, Bauträgerkauf, Rn. 250; a. A. Vogel, BauR 1999, 992/998). Eine zwischen Bauträger und Erwerber vereinbarte einvernehmliche Herabsetzung des Kaufpreises muss die Bank sich dagegen nicht entgegenhalten lassen. Ist, wie dies üblicherweise der Fall ist, der Kaufpreisanspruch an sie abgetreten, kann der Bauträger über die Forderung, insbesondere über deren Höhe, nicht mehr disponieren. Auch einen Druckzuschlag, nämlich den Einbehalt des Dreifachen der Mängelbeseitigungskosten (§ 641 Abs. 3 BGB), muss die Bank sich nicht „endgültig", d. h. bei der Löschung ihrer Grundschuld, entgegenhalten lassen.

Beim **steckengebliebenen Bauvorhaben** ist die Bauträgerbank ebenfalls zur Lastenfreistellung nach Zahlung des dem erreichten Bautenstand entsprechenden Teils der geschuldeten Vertragssumme verpflichtet. Geschuldet ist eine Zahlung entsprechend dem tatsächlichen Baufortschritt, der nicht auf die angeforderten Raten beschränkt ist. Deshalb kann z. B. auch die Zahlung für ein Gewerk, das nicht selbständig abrechenbar wäre, zur Lastenfreistellung gefordert werden. Aber auch beim steckengebliebenen Objekt können der Bauträgerbank Einwendungen entgegengehalten werden. Dies ist in dieser Situation besonders wichtig, da beim nicht fertiggestellten Objekt häufig Mängel bestehen werden.

Wann ein **Steckenbleiben** anzunehmen ist, ist umstritten. Nach überwiegender Ansicht soll allein das Überschreiten von Fertigstellungsterminen und die Beantragung der Eröffnung eines Insolvenzverfahrens hierzu nicht genügen (s. nur Blank, Bauträgervertrag, Rn. 299). Erforderlich soll sein, dass infolge längerer Untätigkeit, die mehrere Monate umfassen muss, das Ablehnen der Eröffnung eines Insolvenzverfahrens mangels Masse oder der Ablehnung der Erfüllung durch den Insolvenzverwalter die Fertigstellung nicht mehr absehbar ist. Nach dem Grundgedanken der MaBV, die eine Schlechterstellung des Erwerbers, der vom Bauträger kauft, vermeiden will, ist fraglich, wieso die Insolvenz Tatbestandsvoraussetzung ist (Grziwotz, ZIP 2002, 825/828).

Die dann noch geschuldete **anteilige Vertragssumme** berechnet sich aus dem Verhältnis des Wertes des nicht vollendeten Gebäudes einschließlich Grundstück zur vereinbarten Vergütung. Auch in dieser Situation soll ein teures Objekt teuer und ein günstiges Objekt günstig bleiben. Die übliche Formel (vgl. Basty, Bauträgervertrag, Rn. 296) lautet:

$$\frac{\text{Verkehrswert des Objektes mit dem erreichten Bautenstand} \times \text{vereinbarter Kaufpreis}}{\text{Verkehrswert des Objektes bei vollständiger Fertigstellung}}$$

Hieraus ergibt sich, dass vom Erwerber erbrachte **Eigenleistungen** oder von ihm unmittelbar an die Handwerker bezahlte **Sonderwünsche** nicht berücksichtigt werden. Hat der Erwerber bereits eine **Überzahlung** geleistet, erhält er diese nicht zurückerstattet. Das

Recht des Erwerbers, vom Bauträger eine Erstattung der Differenz zu verlangen, ist meist wegen dessen Zahlungsunfähigkeit wertlos. Der Erwerber steht bei dieser Lösung ebenso, als ob er auf eigenen Grund und Boden gebaut hätte und seine Handwerker dabei leistungsunfähig geworden wären.

Der Bauträgerbank ist es jedoch gestattet, sich in der Freistellungsverpflichtung ein Wahlrecht vorzubehalten. Sie kann sich die Möglichkeit offen halten, an Stelle der Freistellung die bereits geleisteten Zahlungen bis zum anteiligen Wert des Objektes zurückzuvergüten. Es handelt sich in diesem Fall um eine **Freistellungsverpflichtung mit einem Rückzahlungsvorbehalt**. Umstritten ist, ob es sich um ein Wahlrecht im Sinne der §§ 262 ff. BGB oder um eine Ersetzungsbefugnis handelt (vgl. BGH, Urt. v. 30. 9. 2004 – VII ZR 458/02, BauRB 2005, 33). § 3 Abs. 1 Satz 3 MaBV beschränkt die Rückzahlungspflicht der Bank auf die vertragsgemäßen Zahlungen. Zahlungen, die der Erwerber auf ein anderes Konto als das in der Freistellungserklärung angegebene Konto leistet, sind deshalb nicht zurückzuerstatten. Sie erfolgen auf eigenes Risiko. Der Rückzahlungsbetrag ist zudem nicht zu verzinsen. Die Beschränkung der Rückzahlungspflicht auf den anteiligen Wert des Vertragsobjektes führt beim Steckenbleiben des Bauvorhabens dazu, dass der Erwerber meist weniger als die tatsächlich geleisteten Zahlungen zurück erhält und deshalb einen Teil seines Geldes verliert! Das Bankenwahlrecht wurde deshalb schon als für unangemessen angesehen (Grziwotz, ZIP 2002, 825; a. A. Weis/Rösler, ZIP 2002, 1520).

**Hinweis:** Es steht dem Bauträger und dem Erwerber frei, mit Zustimmung der Bank zu vereinbaren, dass der Erwerber nicht nur den anteiligen Wert des Vertragsobjektes, sondern die tatsächlich von ihm geleisteten Zahlungen ohne Zinsen zurückerhält (BGH, Urt. v. 5. 4. 2001 – VII ZR 498/99, NJW 2001, 2249).

Die Bank darf die Rückzahlung des anteiligen Kaufpreises nicht von der Löschung der Auflassungsvormerkung des Erwerbers abhängig machen (vgl. Blank, ZfIR 2005, 678/679). Die MaBV sieht eine derartige Bedingung nicht vor. Der Notar muss eine derartige Klausel in der Freistellungsverpflichtung, sofern die Freistellungserklärung dem Bauträgervertrag beigefügt wird oder sofern er die Überprüfung übernommen hat, beanstanden (a. A. Basty, Bauträgervertrag, Rn. 389). Gleiches gilt für weitere **Bedingungen in der Freistellungserklärung**, wenn diese im Bauträgervertrag nicht ausdrücklich vereinbart worden sind oder den Bestimmungen der MaBV widersprechen. Beispiel ist die Ermittlung des Wertes des erreichten Bautenstandes durch ein Sachverständigengutachten, das den Rechtsweg ausschließt oder einschränkt, der Ausschluss von Einreden des Erwerbers sowie wohl auch die Abhängigkeit der Freistellung von der nicht verspäteten Zahlung der Abschlagsraten durch den Erwerber. Demgegenüber bestehen keine Bedenken, wenn der Bauträgervertrag ein Aufrechnungsverbot im Rahmen von § 309 Nr. 3 BGB enthält, die Freistellung von der Zahlung auf ein Abwicklungskonto bei der Bauträgerbank abhängig gemacht wird (vgl. BGH, Beschl. v. 8. 12. 2005 – IX ZR 200/04, DNotI-Report 2006, 41 und OLG Braunschweig, Urt. v. 30. 10. 2003 – 5 U 17/03, RNotZ 2004, 392) und im Bauträgervertrag ein bestimmter Mindestkaufpreis vereinbart sein muss, wenn dadurch nicht eine Minderung wegen Sachmängel ausgeschlossen ist (vgl. Grziwotz, BauRB 2004, 246/247).

Insbesondere beim Erwerb von Wohnungs- und Teileigentum fallen bei der Löschung der Globalgrundschuld der Bauträgerbank hohe **Kosten** an. Ist der Bauträger zahlungsunfähig, so entstehen diese Kosten bei der Löschung der Grundschuld an der letzten Eigentumswohnung bzw. an der letzten Teileigentumseinheit. Mitunter haben die Gerichte dem Erwerber geholfen, indem sie die Kosten auf den Wert des Objektes beschränkt und nicht aus der Höhe der eingetragenen Grundschuld berechnet haben (BayObLG, Urt. v. 23. 7. 1992–3 Z BR 57/92, NJW-RR 1992, 1459). Allerdings dürfte dies nicht erforderlich sein, da die Verpflichtung zur Freistellung nach der MaBV bedeutet, dass die Bank nicht nur die Erklärung abgeben, sondern auch für den grundbuchmäßigen Vollzug sorgen muss. Aus diesem Grunde hat sie auch die Kosten zu tragen.

**Hinweis:** Freistellungserklärungen, die mit dem Zusatz versehen sind, „Kosten übernehmen wir nicht", entsprechen nicht der MaBV und führen deshalb nicht zur Fälligkeit der Kaufpreisraten.

#### e) Baufortschrittsraten

§ 641 BGB enthält für den Werkvertrag den Grundsatz, dass die Vergütung erst bei Abnahme des Werkes zu entrichten ist. Eine Ausnahme gilt nur dann, wenn das Werk in Teilen abzunehmen und die Vergütung für die einzelnen Teile bestimmt ist. Damit ist der Unternehmer vorleistungspflichtig. Diese uneingeschränkte **Vorleistungspflicht** hat § 632 a BGB teilweise korrigiert. Danach kann der Unternehmer für in sich abgeschlossene Teile des Werkes Abschlagszahlungen für die erbrachten vertragsmäßigen Leistungen unabhängig von einer Teilabnahme verlangen. Der Anspruch besteht jedoch nur, wenn dem Erwerber Eigentum an den Teilen des Werkes, an den Stoffen oder Bauteilen übertragen oder Sicherheit hierfür geleistet wird. Die gesetzliche Verankerung des Rechts auf Abschläge, die die Vorleistungspflicht des Unternehmers einschränken sollte, hat für den Bauträgervertrag zu Problemen geführt. Da eine Teilabnahme nicht erfolgt, ist die Ausnahme des § 641 Abs. 1 Satz 2 BGB nicht anwendbar. Die in § 3 Abs. 2 MaBV genannten Gewerke stellen keine in sich abgeschlossene Teile des Werkes dar (Blank, ZfIR 2001, 85/90; Peters, NZBau 2000, 169/170; Thode, ZfBR 1999, 116/118; a. A. Basty, MittBayNot 2001, 64; Kniffka, ZfBR 2000, 227/229 und Ullmann, NJW 2002, 1073/1075). Außerdem wurde die Auflassungsvormerkung und der sich daraus ergebende Anspruch auf Eigentumsverschaffung auch an einem stecken gebliebenen Bauvorhaben nicht als ausreichende Sicherheit im Sinne von § 632 a BGB angesehen. Damit trat das „paradoxe" Ergebnis ein, dass das gesetzliche Ziel, dem Unternehmer Abschlagszahlungen zu ermöglichen, die bisherigen Baufortschrittsraten der MaBV wegen des neuen gesetzlichen Regelungsleitbildes möglicherweise rechtswidrig machte. Der Gesetzgeber hat deshalb die Verordnung über Abschlagszahlungen bei Bauträgerverträgen (so genannte **Hausbauverordnung**) auf Grund des § 27 a AGB-Gesetz (nunmehr Art. 244 EGBGB) erlassen. § 1 dieser Verordnung erlaubt es dem Bauträger, in Abweichung von § 632 a BGB entsprechend den §§ 3 und 7 MaBV Abschlagszahlungen entgegenzunehmen, ohne an die Voraussetzungen des § 632 a BGB gebunden zu sein. Die Verordnung legt sich Rückwirkung bei; sie gilt bereits ab dem 1. 5. 2000, dem Tag des Inkrafttretens des § 632 a BGB.

§ 3 Abs. 2 MaBV gestattete dem Bauträger, den Gesamtkaufpreis in **Raten nach Baufortschritt** anzufordern. Unabhängig von der dogmatischen Einordnung handelt es sich bei ihnen um Anzahlungen auf den gesamten Kaufpreis (BGH, Urt. v. 6. 5. 1999 – IX ZR 430/97, NJW 1999, 2113). Durch die Hausbauverordnung sind sie vom Gewerberecht auch in das Zivilrecht übernommen worden. Selbst nach Inkrafttreten der Hausbauverordnung wird weiterhin die Meinung vertreten, dass die Raten eine verbotene Vorleistungspflicht darstellen bzw. zu einem unangemessenen Missverhältnis zu Lasten des Verbrauchers führen und deshalb gegen europäisches Recht verstoßen würden (so insbesondere Thode, ZfIR 2001, 345 und Karczewski/Vogel, BauR 2001, 859/862; a. A. Locher/Locher, Baurecht, Rn. 658; Pause, NZBau 2002, 648/650; Schmidt-Räntsch, NZBau 2001, 359; Staudinger, DNotZ 2002, 166 und Ullmann, NJW 2002, 1073/1077). Im Hinblick darauf, dass der VII. Zivilsenat des BGH nunmehr die von ihm stets für sicher gehaltene MaBV-Bürgschaftslösung für unangemessen hält (vgl. S. 85 ff.), könnte auch die Ratenzahlung nach der Hausbauverordnung i. V. m. § 3 Abs. 2 MaBV Bedenken begegnen.

Hält man die Sicherungs-/Hausbauverordnung für europarechtswidrig (so insbes. Wagner, BauR 2001, 1313) bleibt als „Ausweg" nur ein Abschlagszahlungsmodell, das versucht, sich in der Regelung des § 632 a BGB anzupassen. Dieses so genannte **Drei-Raten-Modell** sieht drei Abschlagszahlungen vor: Die Grundstücksrate in Höhe von 30 % für das (anteilige) Grundstück und die Planungsleistung, die zweite Rate in Höhe von 65 % bei Abnahme und Übereignung sowie eine Restrate in Höhe von 5 % nach Mängelbeseitigung. Die zweite Abschlagszahlung soll dabei auf ein Konto des Bauträgers unter der Treuhandauflage überwiesen werden, dass die Bauträgerbank erst nach Freigabe durch die Vertragsparteien hierüber verfügen darf. Der Erwerber ist zur Freigabe verpflichtet, wenn die Restrate die voraussichtlichen Mängelbeseitigungskosten sichert (vgl. Wagner, BauR 2001, 1313/1326).

Unabhängig von dem Streit über die Wirksamkeit der Hausbauverordnung geht die wohl überwiegende Ansicht nunmehr davon aus, dass **Vorauszahlungen unabhängig vom Baufortschritt** im Bauträgervertrag unangemessen und damit unwirksam sind. Dies soll auch dann gelten, wenn eine Bürgschaft nach § 7 als Sicherheit geleistet wird. Die Ratenzahlung nach der Hausbauverordnung, die entsprechend dem Baufortschritt erfolgt, soll trotz der Fälligkeit der Raten bei vorhandenen Mängeln nicht gegen die europäische Verbraucherrichtlinie verstoßen. Dieser Stand der Diskussion ist möglicherweise noch nicht endgültig.

§ 3 Abs. 2 MaBV legt **Raten und** dafür zu erbringende **Bauleistungen** fest. Es handelt sich dabei um Höchstsätze, die sich freilich in der Praxis als Standards eingebürgert haben. Eine Abweichung zu Gunsten des Erwerbers ist stets möglich. Sie ist geboten, wenn im Einzelfall der Ratenzahlungsplan nicht passt. Beispiel sind erhebliche unter dem Durchschnittsniveau liegende Grundstückspreise, so dass bei der ersten Rate bereits eine Überzahlung eintreten würde. Dies kann insbesondere in den neuen Bundesländern und in Grenzrandlagen der Fall sein. Ein weiteres Beispiel ist eine besondere Bauweise, wie z. B. bei einem Holzbauwerk und einem Skelettbauwerk bei einer gewerblichen Immobilie.

**Hinweis:** Sind die einzelnen Raten im Einzelfall zu niedrig, so darf zu Gunsten des Bauträgers keine höhere Rate vereinbart werden. Für ihn bleibt nur der Ausweg, auf die alternative Sicherung durch eine MaBV-Bürgschaft auszuweichen.

Der Ratenzahlungsplan der MaBV sieht dreizehn Gewerke vor, aus denen der Bauträger bis zu höchstens **sieben Raten** zusammenstellen kann. Mehr Raten darf er auch im Einvernehmen mit dem Erwerber nicht festlegen. Der Ratenplan der MaBV sieht folgende Sätze vor, wobei die Raten bei Erbbaurechten in eckigen Klammern angegeben sind:

- **30 % [20 %] nach Beginn der Erdarbeiten:** Beginn der Erdarbeiten ist bereits der „erste Spatenstich". Es muss allerdings mit den Bauarbeiten begonnen werden. Deshalb genügen Freilegungsmaßnahmen (z. B. Gebäudeabriss), eine Rodung (BGH, Beschl. v. 24. 2. 2005 – VII ZR 86/04, BauRB 2005, 158) und eine Baustelleneinrichtung noch nicht.
- **28 % [32 %] nach Rohbaufertigstellung, einschließlich Zimmererarbeiten:** Maßgeblich sind die Arbeiten, die zur (teilweise nach

früherem Recht maßgeblichen) bauordnungsrechtlichen Rohbauabnahme gehörten. Hinzu kommen die Zimmererarbeiten, jedoch ohne die Dacheindeckung.

- **5,6 % [6,4 %] für die Herstellung der Dachflächen und Dachrinnen:** Dieses früher zur Rohbaufertigstellung gerechnete Gewerk enthält die Dacheindeckung einschließlich der Dachrinnen, nicht jedoch die Regenfallrohre.
- **2,1 % [2,4 %] für die Rohinstallation der Heizungsanlagen:** Es handelt sich um sämtliche Leitungen und den Heizkessel, bei einer Fußbodenheizung auch um die Heizschlangen, nicht jedoch um die Heizkörper samt Thermostate.
- **2,1 % [2,4 %] für die Rohinstallation der Sanitäranlagen:** Auch hier sind die Leitungen und Anschlüsse, nicht jedoch die Sanitäreinrichtungen selbst (z. B. Einhebelmischbatterie) gemeint.
- **2,1 % [2,4 %] für die Rohinstallation der Elektroanlagen:** Betroffen sind sämtliche Stromleitungen bis zu den Wand- und Deckenauslässen, nicht jedoch die Steckdosen, Lichtschalter und Lampen.
- **7 % [8 %] für den Fenstereinbau, einschließlich der Verglasung:** Der Begriff der Fenster ist weit zu fassen; zu ihm gehören auch Terrassen- und Balkontüren, nicht jedoch Eingangs- und Kellertüren. Unerheblich ist, ob es sich um Holz-, Aluminium- oder Plastikfenster handelt.
- **4,2 % [4,8 %] für den Innenputz, ausgenommen Beiputzarbeiten:** Beiputzarbeiten sind solche, die für den Fenster- und Türeneinbau erforderlich sind. Umstritten ist die Zuordnung der Trockenbauarbeiten (z. B. Anbringung von Gipskartonplatten), die sowohl zum Deckenputz als auch zum Innenputz gehören können.
- **2,1 % [2,4 %]für den Estrich:** Bei diesem Gewerk gibt es keine Abgrenzungsprobleme; Bodenbeläge gehören nicht dazu.
- **2,8 % [3,2 %] für die Fliesenarbeiten im Sanitärbereich:** Die Verordnung beschränkt sich auf den Sanitärbereich, so dass z. B. Fliesenarbeiten in anderen Räumen wie z. B. in der Küche nicht hierzu zählen.
- **8,4 % [9,6 %] nach Bezugsfertigkeit und Zug um Zug gegen Besitzübergabe:** Zu dieser Rate gehören sämtliche Arbeiten, die erfüllt sein müssen, um das Objekt beziehen zu können. Soweit sie nicht bei anderen Gewerken zumindest teilweise auszuführen sind, han-

delt es sich um die Bodenbeläge, der Schlosserarbeiten, den Rollladeneinbau und die Malerarbeiten sowie das Verlegen der restlichen Fliesen. Auch die Fertigstellung der Garage oder eines Carports wird im Übrigen zur Bezugsfertigkeit gerechnet (s. nur Marcks, MaBV, § 3 Rn. 42). Zugangsmöglichkeiten müssen bestehen. Der Umfang der Leistungen zeigt, dass diese die Höhe der Rate erheblich übersteigen können. Die Besitzübergabe hat Zug um Zug gegen Zahlung dieser Rate zu erfolgen. Insofern verbleibt dem Bauträger ein gewisses Druckmittel. Der Erwerber ist übrigens nicht vor Abnahme zur Zahlung verpflichtet. Er kann jedenfalls wegen erheblicher Mängel ein Zurückbehaltungsrecht geltend machen.

- **2,1 % [2,4 %] für die Fassadenarbeiten:** Der Bauträger hat den Außenputz, einen Vollwärmeschutz sowie die Regenfallrohre anzubringen.
- **3,5 % [4,0 %] nach vollständiger Fertigstellung:** Diese Rate betrifft vor allem die Außenanlagen einschließlich der Wege, Zufahrten und etwaiger Absperrungen (z. B. Zaun) sowie noch offene Restarbeiten und die Mängelbeseitigung. Zur vollständigen Fertigstellung gehört auch die Mangelfreiheit, die wiederum durch eine Abnahme festzustellen ist. Mangelfreiheit bedeutet jedenfalls Freiheit von Mängeln, bei deren Vorliegen die Abnahme verweigert werden kann (§ 640 Abs. 2 Satz 2 BGB: Wesentlicher Mangel; BGH, Urt. v. 20. 1. 2002 – VII ZR 224/98, NJW 2000, 1403/1404). Teilweise wird vollständige Mangelfreiheit gefordert und noch weitergehend auch der Ablauf der Verjährungsfrist für Sachmängelansprüche (so Thode, WuB 2001, 529 u. Kaufmann, BauR 2002, 997/1004; a. A. Basty, BTR 2004, 213 ff.). Die Fälligkeit der letzten Rate setzt eine Abnahme voraus (ebenso Basty, Bauträgervertrag, Rn. 496; a. A. Pause, Bauträgerkauf, Rn. 337).

Besonderheiten ergeben sich bei **Sanierungsmodellen**; bei ihnen ist der Ratenzahlungsplan zu modifizieren (vgl. S. 145 ff.).

Die **Festlegung der Raten** hat im Bauträgervertrag zu erfolgen. Teilweise wird auch ein variabler Ratenplan zugelassen, der es dem Bauträger gestattet, nach seinem Ermessen während der Vertragsabwicklung aus den insgesamt dreizehn Raten sieben Raten zusammenzustellen und vom Erwerber anzufordern (so Basty, Bauträgervertrag, Rn. 443). Diese von Bauträgern und Notaren vertretene Auslegung widerspricht dem Willen des Verordnungsgebers (vgl. Marcks, MaBV, § 3 Rn. 23 u. Uerlings, DNotI-Report 1997, 148/149). Es gibt keinen sachlich gerechtfertigten Grund, wieso der Bauträger die Raten erst nach der Beurkundung einseitig bilden darf und dies nicht zum Gegenstand der vertraglichen Einigung machen muss.

**Hinweis:** Erwerber können unabhängig von der vorstehenden Streitfrage darauf bestehen, dass die Raten bereits im Bauträgervertrag festgelegt werden. Auch der Bauträger sollte nicht das Risiko eingehen, dass der variable Ratenplan später von einem Gericht für unwirksam gehalten wird und er deshalb die Gesamtvergütung erst nach vollständiger Fertigstellung erhält.

Die Raten sind aus der Gesamtvergütung zu berechnen, das heißt der **Vertragssumme**. Hierzu gehören auch Sonderwünsche, die vom Bauträger erbracht werden. Etwas anderes gilt nur, wenn der Sonderwunsch mit dem einzelnen Handwerker abgerechnet wird, was allerdings beim Steckenbleiben des Bauvorhabens zu einem Geldverlust für den Erwerber führen kann.

**Hinweis:** Ein vom Bauträger ausgeführter Sonderwunsch darf nicht gesondert ausgewiesen werden. Er ist vielmehr kaufpreiserhöhend bei der Gesamtvergütung zu berücksichtigen.

**Entfallen einzelne Gewerke**, weil sie beim konkreten Bauvorhaben keine Rolle spielen oder der Erwerber diese Arbeiten in Eigenleistung erbringt, so muss der Prozentsatz dieser Rate auf die übrigen Raten verteilt werden. Entfallen einzelne Teile eines Gewerkes, so wäre es unangemessen, wenn der gesamte Prozentsatz der Rate gefordert würde, falls der Wert der Leistung erheblich dahinter zurückbleibt.

Die Umrechnung auf die neuen Prozentsätze bei Entfallen einer Rate erfolgt nach folgender **Formel**:

$$\frac{\text{Prozentsatz der einzelnen Rate} \times 100}{\begin{array}{c}\text{Summe der Prozentsätze}\\ \text{der verbleibenden Raten}\end{array} - \begin{array}{c}\text{Prozentsatz der}\\ \text{entfallenden Rate}\end{array}}$$

**Hinweis:** Je weniger Bauleistungen der Bauträger erbringt, desto wichtiger wird es, die Grundstücksrate zu reduzieren, damit keine Überzahlung eintritt.

Die in § 3 Abs. 2 MaBV genannten Raten dürfen **nicht** weiter **unterteilt** werden, selbst wenn dies zweckmäßig wäre. Dagegen kann die Reihenfolge der Raten entsprechend dem Baufortschritt des konkreten Vorhabens gewählt werden.

Eine **Aufteilung des Kaufpreises** für das Wohngebäude und die Garage ist unproblematisch zulässig, wenn es sich um zwei verschiedene Grundstücke oder um ein Wohnungs- und ein davon getrenntes Teileigentum handelt. Zulässig ist es auch, einzelne Gewerke, die bei dem Nebengebäude keine Rolle spielen, nicht mit den Höchstgrenzen der MaBV anzusetzen, sondern darunter zu bleiben. Probleme ergeben sich, wenn mehrere Häuser auf einem Grundstück errichtet werden. So ist bei Wohnungseigentumseinheiten umstritten, ob es hinsichtlich des Baufortschritts nur auf das Haus ankommt, in dem die veräußerte Eigentumswohnung liegt, oder auch auf das andere. Nach richtiger Ansicht, wird man differenzieren müssen, ob es sich nach der Teilungserklärung um gesondert abzurechnende Bauabschnitte handelt oder nicht (so wohl auch Kanzleiter, WiVerw 1981, 104 u. Basty, Bauträgervertrag, Rn. 447; a. A. Pause, Bauträgerkauf, Rn. 314). Unstreitig muss das Sondereigentum anderer Erwerber nicht fertiggestellt sein, damit der Bauträger die jeweilige Rate anfordern kann. Bei Reihenhäusern, die nach der Teilungserklärung einem wirtschaftlichen Alleineigentum nahezu gleichgestellt sind, kommt es auf das jeweilige Haus an, nicht jedoch auf die Gesamtanlage (so auch Pause, Bauträgerkauf, Rn. 315). Dies zeigt, dass die Regeln der Teilungserklärung maßgeblich dafür sind, was geschuldet ist.

Der Bauträger muss bei der Anforderung der Raten den Baufortschritt nicht nachweisen. Dies ist Sache des Erwerbers, sich hierüber selbst zu informieren. Deshalb ist auch eine **Bautenstandsbescheinigung** des bauleitenden Architekten für den Erwerber nicht verbindlich.

Fordert der Bauträger Raten an, obwohl der entsprechende Bautenstand noch nicht erreicht ist, steht dem Erwerber bei Zahlung ein bereicherungsrechtlicher **Rückforderungsanspruch** zu (§ 817 BGB). Der Bauträger hat dem Erwerber außerdem die ersparten Zinsen zu erstatten (§§ 817, 818 BGB; OLG München, Urt. v. 17. 6. 1999 – 19 U 6498/98, NJW-RR 2001, 13; Weise, NJW-Spezial 2006, 309 und Kniffka, NZBau 2000, 552/553; a. A. OLG Düsseldorf, Beschl. v. 4. 6. 2004 – I – 23 U 29/04, BauRB 2004, 357 und OLG Stuttgart, Urt. v. 13. 3. 2006 – 5 U 198/05, BeckRS 2006, 03727 bei dennoch erfolgter Abnahme; vgl. auch OLG Frankfurt, Urt. v. 23. 12. 2004, – 24 U 85/03, BauR 2005, 1040). Anders ist dies, wenn der Erwerber bewusst vor Fälligkeit einzelne Raten bezahlt, etwa um eine vorzeitige Übergabe zu erhalten (OLG Düsseldorf, Beschl. v. 4. 6. 2004 – I – 23 U 29/04, DNotI-Report 2005, 52). Sieht der Bauträgervertrag von den Bestimmungen der MaBV abweichende Regeln hinsichtlich der Ratenzahlung vor, so ist der Zahlungsplan insgesamt nichtig (§ 12 MaBV, § 134 BGB; vgl. LG Berlin, Urt. v. 30. 10. 2003 – 5 O 92/03, RNotZ 2004, 329 und OLG Celle, Urt. v. 6. 8. 2003 – 7 U 36/03, BauRB 2004,131). An die Stelle der nichtigen Regelung tritt auch nach Inkrafttreten der Hausbauverordnung § 641 Abs. 1 BGB, wonach die Gesamtleistung erst mit vollständiger Fertigstellung fällig wird (a. A. Pause, Bauträgerkauf, Rn. 376). Gleiches gilt, wenn im Bauträgervertrag mehr als sieben Raten vereinbart sind (a. A. Pause, Bauträgerkauf, Rn. 311, der die übersteigenden Raten ab der sechsten zu einer zusammenfassen möchte). Nimmt der Bauträger Baugeld unter Verstoß gegen das Gesetz der Sicherung von Bauforderungen (GSB) an, kann er sich haftbar machen, allerdings nur gegenüber den Bauhandwerkern, nicht gegenüber den Erwerbern (vgl. Heerdt, BauR 2004, 1661 und BGH, Urt. v. 16. 12. 1999 – VII ZR 39/99, ZfIR 2000, 356/357).

Fordert der Bauträger eine Rate an, obwohl hinsichtlich des erbrachten Gewerkes Mängel vorliegen, so steht dem Erwerber ein **Zurückbehaltungsrecht** zu. Er ist nicht darauf angewiesen, den entsprechenden Betrag erst bei der letzten Rate zurückzuhalten. Der Anspruch auf mängelfreie Leistung setzt nämlich nicht voraus, dass eine Abnahme erfolgt ist. Auch wenn die MaBV selbst die Mangelfreiheit nicht ausdrücklich als Voraussetzung der einzelnen Rate nennt, wird hierdurch das Leistungsverweigerungsrecht des Erwerbers nicht ausgeschlossen. Es besteht sowohl bei wesentlichen als auch bei unwesentlichen Mängeln (a. A. Pause, Bauträgerkauf, Rn. 305, der davon ausgeht, dass lediglich zur Fälligkeit der Fertigstellungsrate gehört, dass keine wesentlichen Mängel mehr vorhanden sind und die Fälligkeit der anderen Raten auch bei Mängeln eintritt).

## 4. Zahlung gegen MaBV-Bürgschaft

Die Stellung einer Bürgschaft nach § 7 MaBV **befreit** den Bauträger nach dem Wortlaut der MaBV **von den Sicherheiten gemäß § 3 MaBV**, also sowohl von den dem Kaufrecht nachgebildeten Sicherheiten des § 3 Abs. 1 MaBV als auch vom Ratenzahlungsplan nach § 3 Abs. 2 MaBV. Insbesondere ist der Bauträger nicht an die Zahl der Abschlagsraten und deren Höhe gebunden. Er kann auch Raten für andere Gewerke vereinbaren und dabei in § 3 Abs. 2 MaBV vorgesehene Raten unterteilen. Bedeutsam ist dies, wenn die 1. Rate wegen hoher Grundstückspreise dreißig Prozent des Gesamtentgelts übersteigt. Dauert der Grundbuchvollzug bei größeren Objekten wegen der Notwendigkeit der Anlegung zahlreicher Grundbücher länger, ist ein Bauleitplanverfahren, nach dessen Abschluss ein Vorhaben genehmigungsfrei errichtet werden kann, noch nicht abgeschlossen oder ist wegen notwendiger Gutachten (z. B. zum Lärmschutz) die endgültige Baugenehmigung erst nach Monaten zu erwarten, so können auch diese Fälligkeitsvoraussetzungen durch die MaBV-Bürgschaft überwunden werden. Die Stellung einer Sicherheit nach § 7 MaBV befreit auch von der Pflicht zur objektbezogenen Mittelverwendung (§ 4 MaBV). Der Bauträger kann somit empfangene Baugelder auch für andere Bauvorhaben als das vertragsgegenständliche verwenden. Auch diese Regelung unterstreicht nochmals den Finanzierungscharakter des Bauträgervertrages.

Früher war unstreitig, dass auch der Baufortschritt durch die MaBV-Bürgschaft ersetzt werden kann. Dies wurde im Hinblick auf die Steuersparmodelle in den neuen Bundesländern streitig (vgl. Basty, DNotZ 1994, 15). Entsprechend der Intention des Verordnungsgebers wurde von der überwiegenden Ansicht in der juristischen Literatur die MaBV-Bürgschaft als taugliches Sicherungsmittel auch für **vom Baufortschritt abweichende Vorausleistungen** angesehen (s. nur Marcks, MaBV, § 7 Rn. 3 und Grziwotz, NJW 1994, 2745; vgl. auch BFH, Urt. v. 14. 1. 2004 – IX R 33/03, DStR2004, 497). Auch der BGH hat in seiner Vorlage an den EuGH (BGH, Beschl. v. 2. 5. 2002 – VII ZR 178/01, NZBau 2002, 499) die Auffassung vertreten, dass eine formularmäßige Vorleistungspflicht des Erwerbers im Bauträgervertrag nicht gegen das Verbot der Vorausleistung (§§ 307, 641 BGB) verstößt, wenn sie an die Stellung einer Bürgschaft nach § 7 MaBV geknüpft ist (ebenso DNotI-Report 2005, 53). Auf die Unterscheidung zwischen Vorauszahlung und Abschlagszahlung hat der BGH dabei nicht abgestellt. Der Vorsitzende des VII. Zivilsenats hat in Sachen Freiburger Kommunalbauten GmbH nach Zurückweisung durch den EuGH (Urt. v. 1. 4. 2004 – C 237/02, NJW 2004, 1647) in einem an die Beteiligten gerichteten Schreiben vom 23. 12. 2004 darauf hingewiesen, dass der Senat abweichend zu seiner früheren Auffassung nunmehr von der Unwirksamkeit einer Ratenzahlung unabhängig vom Baufortschritt gegen Stellung einer MaBV-Bürgschaft ausgehen würde (ZfIR 2005, 300; vgl. Grziwotz, MDR 2005, 1270 ff.). Demgegenüber hat der IX. Zivilsenat eine MaBV-Bürgschaft weiterhin als taugliches Sicherungsmittel auch bei vom Baufortschritt abweichenden Raten angesehen (BGH, Urt. v. 10. 3. 2005 – IX ZR 73/01, NZM 2005, 551).

**Hinweis:** Die Streitfrage, ob der Bauträger Raten unabhängig vom Baufortschritt gegen Stellung einer MaBV-Bürgschaft fordern kann oder ob auch nach Stellung einer MaBV-Bürgschaft Abschlagszahlungen nur für bereits erbrachte Bauleistungen entrichtet werden dürfen, hat erhebliche praktische Bedeutung. Geht man von der Unzulässigkeit der Ersetzung des Baufortschritts durch eine MaBV-Bürgschaft aus, so sind entsprechende Vereinbarungen im Bauträgervertrag unwirksam. In diesem Fall muss der Erwerber auch bei Aushändigung einer MaBV-Bürgschaft erst nach vollständiger Fertigstellung bezahlen.

In sich nicht schlüssig und deshalb wenig einsichtig ist es, wieso die **Baugenehmigung** durch die MaBV-Bürgschaft **ersetzt** werden kann, nicht jedoch der Baufortschritt. Baut der Bauträger ohne Baugenehmigung, kann der Erwerber nämlich nicht feststellen, ob die Bauausführung mangelfrei ist. Stellt sich später heraus, dass zwar sämtliche DIN-Normen etc. beachtet wurden, aber bestimmte Auflagen der Baugenehmigungsbehörde nicht eingehalten wurden, liegt ein mangelhaftes Objekt vor. Die Zahlung nach Baufortschritt bietet dem Erwerber in dieser Konstellation keinerlei Sicherheit. Insofern ist die neue Ansicht des VII. Zivilsenats in sich ebenso wenig schlüssig, wie dies bereits früher die diesbezügliche Ansicht in der Literatur war.

> **Hinweis:** Zulässig ist es, den Baufortschritt durch eine MaBV-Bürgschaft zu ersetzen, wenn diese Vereinbarung auf Wunsch des Erwerbers etwa wegen steuerlicher Gründe in den Vertrag aufgenommen wurde. Dies sollte jedoch im Vertrag dokumentiert werden.

Folgt man nicht der Ansicht, dass eine MaBV-Bürgschaft Vorauszahlungen des Erwerbers ausreichend sichert (a. A. Kanzleiter, DNotZ 2005, 191), so kann eine derartige Vereinbarung nicht mehr auf Vorschlag des Bauträgers Vertragsinhalt werden. Als **Ausweg bei einer Vorausleistung** werden eine Vertragserfüllungsbürgschaft und eine Sachmängelbürgschaft vorgeschlagen. Die Vertragserfüllungsbürgschaft muss gleichzeitig auch den Anforderungen des § 7 MaBV entsprechen, also zusätzlich eine Rückzahlungsbürgschaft beinhalten (vgl. allg. Berger, BauRB 2005, 178 ff.).

Eine Sicherheitsleistung nach § 7 MaBV ist beim Bauträgervertrag nur durch **Stellung einer Bürgschaft** möglich. Der Abschluss einer Versicherung scheidet aus. Taugliche Bürgen sind nur Körperschaften des öffentlichen Rechts mit Sitz im Geltungsbereich der MaBV, Kreditinstitute, die im Inland zum Geschäftsbetrieb befugt sind, und Versicherungsunternehmen, die zum Betrieb der Bürgschaftsversicherung im Inland befugt sind (§ 2 Abs. 2 MaBV). Es muss sich um eine selbständige Bürgschaft handeln. Sie muss schriftlich erklärt werden, wobei die Bürgschaftsurkunde an den Erwerber auszuhändigen ist. Eine Hinterlegung beim Notar stellt keine Aushändigung an den Erwerber dar. Ausnahmsweise kann die Bürgschaft auch beim Notar verwahrt werden, wenn dieser die Verwahrung ausdrücklich nur für die Erwerber vornimmt und die Bürgschaft auf Anweisung der Erwerber an diese herauszugeben hat.

Die Bürgschaft muss alle Ansprüche des Erwerbers auf Rückgewähr oder Auszahlung seiner Vermögenswerte sichern (§ 7 Abs. 1

Satz 1 MaBV). Der Bundesgerichtshof hat den **Umfang der MaBV-Bürgschaft** weit ausgelegt. Sie deckt nicht nur vertragliche Rückgewährsansprüche (BGH, Urt. v. 18. 6. 2002 – XI ZR 359/01, NJW 2002, 2563), sondern auch solche, die sich auf Grund von Schadensersatzansprüchen oder auf Grund bereicherungsrechtlicher Ansprüche ergeben (BGH, Urt. v. 30. 9. 2004 – VII ZR 458/02, BauRB 2005, 33). Bei Rückgewährsansprüchen ist es zudem unerheblich, ob die Gründe für die Nichtdurchführung des Bauvorhabens in der Sphäre des Erwerbers (z. B. Fehlen von Mitinvestoren) liegen (BGH, Urt. v. 5. 4. 2005 – XI ZR 294/03, NZM 2005, 511). Von der Bürgschaft umfasst werden auch die Rechte auf Mängelbeseitigung (BGH, Urt. v. 14. 1. 1999 – IX ZR 140/98, NJW 1999, 1105; BGH, Urt. v. 19. 7. 2001 – IX ZR 149/00, NJW 2001, 3329 und BGH, Urt. v. 2. 5. 2002 – VII ZR 178/01, NZBau 2002, 499). Allerdings müssen diese Ansprüche vor Abnahme entstanden und geltend gemacht worden sein (BGH, Urt. v. 18. 6. 2002 – XI ZR 359/01, NJW 2002, 2563). Nicht abgedeckt sind Schadensersatzansprüche wegen eines Nutzungsausfalls und wegen nicht eingetretener Steuervorteile sowie der Ausfall einer etwaigen Mietgarantie (BGH, Urt. v. 22. 10. 2002 – XI ZR 394/01, NJW-RR 2003, 452; BGH, Urt. v. 22. 10. 2002 – XI ZR 393/01, NJW 2003, 285 und BGH, Urt. v. 11. 3. 2003 – XI ZR 196/01, NJW-RR 2003, 959). Nicht gesichert ist nach der BGH-Rechtsprechung außerdem der Verzugsschaden wegen Überschreiten des vereinbarten Fertigstellungstermins (BGH, Urt. v. 21. 1. 2003 – XI ZR 145/02, NJW-RR 2003, 592). Nicht durchgesetzt hat sich die Ansicht, die die MaBV-Bürgschaft auch auf sämtliche Rechte wegen Sachmängel nach einer Abnahme ausdehnen möchte (so Thode, WuB 2001, 529).

Die Bürgschaft darf nicht befristet werden (vgl. OLG Frankfurt, Urt. v. 13. 11. 2002 – 23 U 248/01, NZBau 2003, 380). Sie muss bis zum Eintritt der Fälligkeitsvoraussetzungen des § 3 Abs. 1 MaBV (vgl. S. 59 ff.) und bis zum Erreichen des entsprechenden Baufortschritts bestehen bleiben. Eine Reduzierung nach Baufortschritt, insbesondere eine sich selbst **abschichtende Bürgschaft**, ist unzulässig (BGH, Urt. v. 6. 5. 2003 – XI ZR 33/02, NJW-RR 2003, 1171 und OLG Koblenz, Urt. v. 17. 10. 2002 – 5 U 263/02, BauR 2003, 546). Zusätzlich ist der Besitzübergang Voraussetzung für die Rückgabe der Bürgschaft, wenn die entsprechende Rate ebenfalls durch die Bürgschaft abgesichert werden soll. Betrifft die Bürgschaft die vollständige Fertigstellung, so dürfen außerdem keine wesentlichen Mängel mehr bestehen (OLG Karlsruhe, Urt. v. 24. 3. 2000 – 10 U 188/99, WM 2001, 729); dagegen muss der Ablauf der Verjährungsfrist für Rechte bei Sachmängeln wohl nicht abgewartet werden (so Pause, Bauträgerkauf, Rn. 356; a. A. Thode, WuB 2001, 529).

**Hinweis:** Der Bürge kann die Zahlung auf ein bestimmtes Konto fordern und hiervon den Bestand der Bürgschaft abhängig machen. Dies darf allerdings der Vereinbarung im Bauträgervertrag nicht widersprechen.

§ 7 Abs. 1 Satz 4 MaBV lässt einen **Austausch der Sicherheiten** des § 3 MaBV und des § 7 MaBV zu. Der Bauträger kann somit von der Bürgschaftssicherung zur Vormerkungslösung übergehen. So kann er beispielsweise die 1. Rate durch eine MaBV-Bürgschaft sichern. Nach Vorliegen der diesbezüglichen Voraussetzungen des § 3 Abs. 1 u. Abs. 2 MaBV kann er sodann Zahlungen nach der „klassischen" Vormerkungssicherung und entsprechend dem Baufortschritt anfordern. Gleiches gilt auch für spätere Raten. Insbesondere die Fertigstellungsrate kann durch eine Bürgschaft abgesichert werden. Allerdings muss die Bürgschaft in diesem Fall über die gesamte Vertragssumme lauten; sie darf nicht nur in Höhe der Fertigstellungsrate erteilt werden (Marcks, MaBV, § 7 Rn. 6). Dies ist teilweise von der notarrechtlichen Literatur heftig kritisiert worden (s. nur Speck, MittRhNotK 1995, 117/134 u. Reithmann, NJW 1997, 1816), widerspricht aber dem eindeutigen Wortlaut des § 7 Abs. 1 Satz 1 MaBV, der eine Bürgschaft über die volle Vertragssumme fordert.

**Hinweis:** Die Zulässigkeit eines Sicherheitenaustausches setzt eine diesbezügliche Vereinbarung voraus. Sie kann nicht einseitig vom Bauträger gefordert werden.

Die **Kosten der Bürgschaft** hat der Bauträger zu tragen. Versteckte Klauseln, insbesondere im Rahmen der allgemeinen Vertragskostenregelung („die Kosten dieses Vertrages einschließlich der Kosten der Bürgschaft … ") verstoßen gegen § 307 Abs. 1 BGB und sind unwirksam.

## 5. Zinsvereinbarungen

**Fälligkeitszinsen**, die bereits ab Fälligkeit der betreffenden Rate zu entrichten sind, ohne dass der Erwerber in Verzug ist, sind unwirksam (§ 307 BGB; BGH, Urt. v. 25. 10. 2000 – VIII ZR 326/99, NJW 2001, 365).

Kommt der Erwerber mit der Zahlung des Entgelts oder mit einer Rate in **Verzug**, kann der Bauträger den etwaigen Zinsschaden geltend machen (§ 288 BGB). Der Verzug setzt zunächst voraus, dass die Fälligkeit der entsprechenden Zahlungspflicht eingetreten ist. Der „klassische" Verzug erfordert ferner eine Mahnung nach Fälligkeit der Forderung (§ 286 Abs. 1 Satz 1 BGB). Das **Erfordernis der Mahnung** kann im AGB-Vertrag nicht abbedungen werden (§ 309 Nr. 8 a BGB).

**Verzug** kann **ohne Mahnung** eintreten, wenn die Fälligkeit der Zahlungspflicht an ein bestimmtes Ereignis geknüpft ist und eine vereinbarte angemessene Zahlungsfrist überschritten wird (§ 286 Abs. 2 Nr. 2 BGB). Mahnungsersatz ist in diesem Fall der Zugang der notariellen Fälligkeitsmitteilung und die Mitteilung des Bauträgers oder eines bauleitenden Architekten über einen bestimmten Baufortschritt (s. nur Hertel, DNotZ 2001, 910/916). Die Dreißigtagesfrist des § 286 Abs. 3 BGB wird insoweit als ausreichende Frist angesehen, die dem Erwerber die Prüfung des behaupteten Baufortschritts erlaubt. Auch kürzere Fristen von ca. 14 bis 20 Tagen (zur ersten Wälzholz/Bülow, MittBayNot 2001, 509/521, zur zweiten Pause, NZBau 2002, 648/650) werden für angemessen gehalten. Umstritten ist, ob der Notar auf diese neue Rechtslage hinweisen muss, ihn insbesondere über den automatischen Verzugseintritt nach Ablauf dieser Frist belehren muss (bejahend Pause, Bauträgerkauf, Rn. 384; verneinend Basty, Bauträgervertrag, Rn. 201 unter Bezugnahme auf die Neutralitätspflicht des Notars). Die gesetzliche Regelung ist in sich widersprüchlich, da einerseits ein Verzug ohne Mahnung im AGB-Vertrag unzulässig ist, andererseits ein Verzug ohne Mahnung wegen der Anknüpfung auf ein bestimmtes Ereignis, das auch die Notarmitteilung oder die Rechungsstellung des Bauträgers sein kann, eintritt. Im Hinblick auf die Neutralitätspflicht des Notars ist es fraglich, ob seine Mitteilung einer Mahnung, die dem Bauträger im eigenen

Interesse obliegt, gleichgestellt werden kann. Auch wenn dies die überwiegende Ansicht in der juristischen Literatur bejaht, ist dies nicht unzweifelhaft (vgl. Grziwotz, DB 2005, 2064 f. und Kniffka, BR-online-Kom/BGB, vor § 631 Rn. 171).

Bei fälligen Zahlungsverpflichtungen tritt Verzug ferner **dreißig Tage nach Zugang einer Rechnung** oder einer gleichwertigen Zahlungsaufstellung ein. Ein Verbraucher ist auf die Wirkung des Fristablaufs in der Rechnung besonders hinzuweisen; andernfalls tritt kein Verzug ein (§ 286 Abs. 3 BGB). Die Mitteilung des Bauträgers über die Fälligkeit einer Abschlagszahlung führt mit dem Fristablauf somit zum Verzug. Tritt die Fälligkeit der Zahlung nach der Vereinbarung im Bauträgervertrag erst vierzehn Tage nach der Mitteilung des Bauträgers über den Bautenstand ein, gerät der Erwerber erst nach 14 + 30 = 44 Tagen in Verzug.

Der jeweilige **Verzugszins** beträgt bei einem Bauträgervertrag, bei dem der Erwerber Verbraucher ist, 5 Prozentpunkte über dem Basiszinssatz (§ 247 BGB). Bei anderen Erwerbern beträgt er 8 Prozentpunkte über dem Basiszinssatz (§ 288 BGB). Der Basiszinssatz wird von der Deutschen Bundesbank zum 1. Januar und 1. Juli eines jeden Jahres im Bundesanzeiger bekannt gegeben. Er wird regelmäßig auch im Wirtschaftsteil der Tagespresse veröffentlicht. Der Bauträger kann über diesen gesetzlichen Verzugszins, der unabhängig vom tatsächlich gezahlten Zins zu entrichten ist, hinaus einen nachgewiesenen höheren Zinsschaden fordern (§ 288 Abs. 4 BGB).

Wurde bereits im Bauträgervertrag ein höherer Verzugsschaden vereinbart, so handelt es sich um einen **pauschalierten Schadensersatz**. Die entsprechende Vereinbarung ist nur zulässig, wenn sie den nach dem gewöhnlichen Lauf der Dinge zu erwartenden Zinsschaden nicht übersteigt. Dem Erwerber muss zusätzlich der Nachweis offen bleiben, dass der Zinsschaden nicht oder nicht in dieser Höhe entstanden ist (§ 309 Nr. 5 BGB).

## 6. Zwangsvollstreckungsunterwerfung

Eine notarielle Zwangsvollstreckungsunterwerfung dient der Ersparnis späterer Gerichtskosten. Sie löst beim Notar keine Zusatzkosten aus. Zusätzlich ermöglicht sie die rasche **Durchsetzung** eines in der Urkunde enthaltenen Anspruchs. Sie ist nicht auf Zahlungsansprüche beschränkt, sondern betrifft auch weitere Ansprüche, ausgenommen Willenserklärungen und den Bestand eines Mietverhältnisses über Wohnraum. Voraussetzung ist, dass der Anspruch einer vergleichsweisen Regelung zugänglich ist (§ 794 Abs. 1 Nr. 5 ZPO). Der Bauträgervertrag ist vom Gesetzgeber nicht ausgenommen worden, und zwar weder hinsichtlich der Zahlungspflicht des Erwerbers noch der Bauleistungspflicht des Bauträgers. Für beide wäre eine notarielle Zwangsvollstreckungsunterwerfung deshalb möglich.

Der Bundesgerichtshof hat jedoch die **Zwangsvollstreckungsunterwerfung des Erwerbers hinsichtlich des Kaufpreises** deshalb für unwirksam erklärt, weil sie dem Bauträger die Möglichkeit eröffne, entgegen den zwingenden Vorschriften von § 3 MaBV auf Vermögenswerte des Erwerbers zuzugreifen (BGH, Urt. v. 22. 10. 1998 – VII ZR 99/97, NJW 1999, 51). Der Bundesgerichtshof hat später ergänzend festgestellt, dass eine Zwangsvollstreckungsunterwerfung, die es dem Bauträger ermögliche, ohne Nachweis des Vorliegens der entsprechenden Fälligkeitsvoraussetzungen auf das Vermögen des Erwerbers zuzugreifen, auch eine unangemessene Benachteiligung darstellen würde (§ 307 Abs. 1 Satz 1 BGB; BGH, Urt. v. 27. 9. 2001 – VII ZR 388/00, NJW 2002, 138; vgl. bereits Kniffka, ZfBR 1992, 195 ff.; krit. Wolfsteiner, Die vollstreckbare Urkunde, 2. Aufl. 2006, Rn. 25.8 ff.). Allein der Umstand, dass sich der Erwerber mit der Vollstreckungsabwehrklage (§ 767 ZPO) gegen eine unberechtigte Forderung des Bauträgers wehren könne, beseitige nicht die Unangemessenheit der Zwangsvollstreckungsunterwerfung, da die Klage mit einer erheblichen Kostenlast verbunden sei.

**Hinweis:** Eine Zwangsvollstreckungsunterwerfung des Erwerbers im Bauträgervertrag hinsichtlich des Kaufpreises ist unabhängig von der Anwendbarkeit der MaBV im Formularvertrag unwirksam, wenn sie dem Bauträger den Zugriff auf Vermögenswerte des Erwerbers ohne Nachweis der Fälligkeit ermöglicht.

Eine Unterwerfungsklausel, in der der Bauträger die Voraussetzungen der Fälligkeit der einzelnen Abschlagszahlungen nachweisen muss, ist nicht praktikabel. Der **Nachweis** muss nämlich durch öffentliche oder öffentlich beglaubigte Urkunden geführt werden (§ 726 Abs. 1 ZPO). Dies ist nicht möglich. Auch eine Bautenstandsbescheinigung entsprechend der in § 641 a BGB geregelten Fertigstellungsbescheinigung durch einen neutralen Gutachter entspricht diesen Anforderungen nicht (a. A. wohl LG Schwerin, Beschl. v. 8. 10. 2004 – 4 T 11/04, NZM 2005, 382). Selbst wenn sie beurkundet oder beglaubigt wird, erbringt sie nur den Nachweis darüber, dass der Gutachter eine Bescheinigung abgegeben hat, aber nicht die inhaltliche Richtigkeit der Bescheinigung über den Baufortschritt (zutreffend Vogel, BauR 1998, 925 ff.). Aus diesem Grund ist eine Zwangsvollstreckungsunterwerfung des Erwerbers hinsichtlich des Kaufpreises im Bauträgervertrag nach überwiegender Ansicht nicht mehr möglich (ebenso Blank, NotBZ 2006, 126/129).

**Hinweis:** Sofern Notare weiterhin einseitige Zwangsvollstreckungsunterwerfungserklärungen des Erwerbers im Bauträgervertrag beurkunden, bestehen berechtigte Zweifel an ihrer Unparteilichkeit. Derartige Klauseln dienen nur der Einschüchterung von Erwerbern, denen auch bei einer berechtigten Zahlungsverweigerung mit dem Gerichtsvollzieher gedroht wird. Der Hinweis darauf, dass durch die Unterwerfungserklärung die Verjährungsfrist für den Kaufpreisanspruch verlängert werden könnte, ist eine Ausrede, da die Verlängerung der Verjährungsfrist durch Vereinbarung möglich ist und bei einer unwirksamen Vollstreckungsunterwerfung ohnehin keine Verlängerung der Verjährung eintritt.

Soweit „Altverträge“ noch die Zwangsvollstreckungsunterwerfung enthalten oder entgegen der Rechtsprechung des Bundesgerichtshofs Hausnotare weiterhin in den Bauträgervertrag auf Wunsch des Bauträgers entsprechende Zwangsvollstreckungsunterwerfungen als „Druckmittel“ für den Bauträger aufnehmen, kann der Erwerber die **Nichtigkeit dieser Klausel** feststellen lassen (§ 766 ZPO; vgl. BGH, Urt. v. 27. 9. 2001 – VII ZR 388/00, NJW 2002, 138); die Berechtigung des Anspruchs des Bauträgers wird dabei nicht geprüft. Der Erwerber kann ferner die Zwangsvollstreckung aus der notariellen Urkunde mit der Vollstreckungsabwehrklage (§ 767 ZPO) angreifen, wobei in diesem Prozess auch über die Berechtigung der Forderung des Bauträgers entschieden wird. Regelmäßig wird der Erwerber außerdem die Einstellung der

Zwangsvollstreckung beantragen; das Gericht wird sie im Hinblick auf die höchstrichterliche Rechtsprechung regelmäßig ohne Sicherheitsleistung aussprechen. Es ist ferner möglich, beide Klagen zu verbinden. Zusätzlich kann sich der Erwerber an das für den Notar zuständige Amtsgericht gegen die Klausel mit der Erinnerung (§ 732 ZPO) wenden, um die Unzulässigkeit der Zwangsvollstreckung aus der notariellen Klausel feststellen zu lassen.

## 7. Kaufpreishinterlegung

Insbesondere beim Geschosswohnungsbau kann der Bauträger in Probleme kommen, wenn mehrere Erwerber nicht mehr entsprechend dem Baufortschritt bezahlen. Dies wirkt sich nicht nur für den Bauträger, sondern auch für die „vertragstreuen" Erwerber aus. Dies zeigt wiederum, dass der Bauträgervertrag auch eine Finanzierungsfunktion hat. Springt in diesem Fall die Bauträgerbank nicht ein, bleibt das Objekt stecken. Dem **Sicherungsinteresse des Bauträgers** würde eine Zahlungsbürgschaft entsprechen, die vom Vorliegen der Fälligkeit des gesicherten Hauptanspruches abhängig sein könnte. Eine einseitige Zahlungsbürgschaft des Erwerbers wird jedoch überwiegend für unangemessen gehalten (so z. B. Pause, Bauträgerkauf, Rn. 419). Sie wird nur dann akzeptiert, wenn der Bauträger seinerseits zumindest eine Bürgschaft zur Sicherung der Ansprüche bei Sachmängeln im Gegenzug erteilt. Geht man von einem Abhängigkeitsverhältnis aus, so dürfte eine reine „Gewährleistungsbürgschaft" nicht ausreichen. Es wäre dann zusätzlich eine Fertigstellungsbürgschaft zu fordern.

> **Hinweis:** Unabhängig vom Streit darüber, welche Bürgschaften angemessen sind, ist die sicherste, wenn auch teuerste Abwicklung des Bauträgervertrages die Stellung einer Fertigstellungs- und später einer „Gewährleistungsbürgschaft" durch den Bauträger und einer Zahlungsbürgschaft des Erwerbers.

Als alternative Lösung zur Sicherung des Bauträgers wurde die **Kaufpreishinterlegung auf Notaranderkonto** diskutiert. Nachdem in Norddeutschland auch Grundstückskaufverträge früher meist über Notaranderkonto abgewickelt wurden, hat sich diese Lösung beim

„Kauf vom Bauträger“ angeboten. Allerdings stößt sie auf unlösbare Schwierigkeiten, da der Notar die Auszahlungsvoraussetzungen bei Uneinigkeit zwischen Bauträger und Erwerber nicht überprüfen kann. In diesem Fall könnte die Auszahlung lediglich von der Vorlage eines rechtskräftigen Urteils abhängig gemacht werden, so dass dieser Weg das Ziel einer unproblematischen und schnellen Abwicklung ebenfalls nicht erreicht.

Da Erwerber nach Übergabe des Besitzes häufig bei Zahlung der letzten Rate (**Fertigstellungsrate**) „Probleme“ machen, wurde vorgeschlagen, diese Rate **auf Notaranderkonto** zu hinterlegen. Dies ist unzulässig (BGH, Urt. v. 11. 10. 1984 - VII ZR 248/83, NJW 1985, 852). Auch nach dem neuen § 648 a BGB ergibt sich diesbezüglich keine Änderung (unklar Basty, Bauträgervertrag, Rn. 117 f.). Es liegt weiterhin ein Verstoß gegen § 309 Nr. 2 a BGB vor, da der Erwerber durch die Zahlung auf Notaranderkonto schlechter steht, als wenn er den Betrag dieser Rate weiterhin in Händen hält (konsequent Pause, Bauträgerkauf, Rn. 424).

## 8. Kaufpreisfinanzierung

Aus dem Sinn und Zweck des Bauträgervertrages ergibt sich, dass der Bauträger, selbst wenn eine entsprechende Klausel nicht im Vertrag enthalten ist, bei der **Finanzierung** des Erwerbers **mitwirken** muss. Allerdings muss sichergestellt sein, dass bei Beleihung des Vertragsobjektes die Auszahlung der Gelder entsprechend den Vereinbarungen im Bauträgervertrag an den Bauträger bzw., was regelmäßig der Fall ist, an dessen Bank erfolgt. Die Finanzierung erfolgt auch nur, wenn die Finanzierungsbank des Erwerbers die Sicherheit hat, dass sie nach Löschung der Globalgrundschuld an deren Rangstelle aufrückt.

**Probleme** bereitet die Finanzierung mitunter **bei** Aushändigung einer **Bürgschaft** nach § 7 MaBV. Hierauf sollte der Erwerber bei Übersendung des Entwurfs des Bauträgervertrages hingewiesen werden, damit er rechtzeitig vor der Beurkundung mit seiner Bank hierüber sprechen kann. Die Finanzierung lässt sich problemlos bewerkstelligen, wenn die globalfinanzierende Gläubigerin auch die Finanzierungsbank des Erwerbers ist. Allerdings kann dies zu einem verbundenen Geschäft führen (vgl. S. 138). Hat der Erwerber eine eigene Bank, so wird sich diese regelmäßig die Rückzahlungsansprüche des Erwerbers gegen den Bauträger, die durch die Bürgschaft nach § 7 MaBV gesichert werden, abtreten lassen. Im Hinblick auf das Wahlrecht der Bauträgerbank (vgl. S. 74 f.) stellt dies allerdings keine ausreichende Sicherheit dar, so dass der Erwerber meist mit höheren Zinsen belastet wird, als bei einer grundpfandrechtsmäßig gesicherten Finanzierung.

## III. Eigentumsverschaffungspflicht und Sicherung des Bauträgers

Beim Bauträgervertrag stellt sich wie beim Grundstückskauf das Problem der Sicherung des Veräußerers. Er will sein Eigentum erst verlieren, wenn er die vereinbarte Gegenleistung erhalten hat. Der Vollzug der Eigentumsumschreibung erfolgt wie beim Grundstückskauf zweistufig: Veräußerer und Erwerber müssen die Auflassung, das heißt die Einigung über den Eigentumsübergang, erklären. Erst mit Umschreibung im Grundbuch geht dann das Eigentum an der Immobilie auf den Erwerber über. Anders als beim Kauf beweglicher Sachen kann die Einigung nicht unter der Bedingung der vollständigen Bezahlung der Gegenleistung erklärt werden (§ 925 Abs. 2 BGB). Wie beim Grundstückskauf bieten sich zur Sicherung des Bauträgers zwei **Lösungswege** an:

- Die Auflassung wird erst nach Zahlung der Gegenleistung durch den Erwerber von beiden Vertragsparteien in einer zweiten Urkunde erklärt (**ausgesetzte Auflassung**).
- Die Auflassung wird zwar im Bauträgervertrag erklärt, der Notar wird aber angewiesen, sie erst nach Bezahlung der Gegenleistung dem Grundbuch zur Eigentumsumschreibung vorzulegen (**Vorlagesperre**). Eine Variante hiervon ist die Ermächtigung an den Notar, die im Rahmen der Auflassung noch nicht erklärte grundbuchmäßige Bewilligung der Eigentumsumschreibung nach Vorliegen eines Nachweises über die Entrichtung der Gegenleistung abzugeben.

Beide Lösungen sind mit Vor- und Nachteilen verbunden.

Die **ausgesetzte Auflassung** ist wegen der Notwendigkeit einer zweiten Urkunde mit geringfügigen Mehrkosten verbunden. Andererseits vermeidet sie das Risiko, dass der Erwerber durch schriftliche Vereinbarung mit dem Bauträger auf im Vertrag vereinbarte Sicherungen verzichtet, da wesentliche Änderungen des Vertrages zu ihrer Wirksamkeit weiterhin der Beurkundung bedürfen. Scheitert das Projekt, so kann eine Vertragsaufhebung formfrei erklärt werden. Will der Erwerber allerdings das Eigentum an dem „Bautorso" erlangen und ist der Bauträger nicht bereit, die Auflassung zu erklären, wird eine diesbezügliche Klage teuer. Der Streitwert bemisst sich, selbst wenn nur noch Restarbeiten ausstehen, aus dem vollen Wert des Vertragsobjektes.

Bei der unter **Vorlagesperre** erklärten Auflassung muss im Ernstfall nur der Nachweis der Entrichtung des Entgelts geführt werden. Dies ist unproblematisch möglich, wenn die gesamte Summe entrichtet wurde. Wurde berechtigterweise eine Minderung vorgenommen, die vom Bauträger jedoch nicht anerkannt wird, bleibt nur die Klage des Erwerbers gegen den Bauträger auf Abgabe der Kaufpreisbestätigung. Diese ist allerdings billiger als die Auflassungsklage, da sich der Streitwert nach der vom Bauträger behaupteten offenen Forderung und nicht nach dem Kaufpreis richtet. Nachteil dieser Lösung ist, dass unerfahrene Erwerber von unseriösen Bauträgern mittels privatschriftlicher Nachtragsvereinbarungen unter Hinweis auf die Ersparnis von Beurkundungskosten ohne den Schutz der notariellen Belehrung gleichsam über den Tisch gezogen werden können. Dieser Vorgang ist in der Praxis leider nicht selten. Kommt es später zu einer einvernehmlichen Aufhebung, so muss allerdings diese notariell beurkundet werden, wobei diese Kosten meist den Erwerber treffen, da der Bauträger in dieser Situation nicht mehr über die erforderlichen Mittel verfügt. Nicht häufig, aber auch nicht gänzlich ausgeschlossen sind Fehler des Grundbuchamtes und des Notars; da die Auflassung materiell-rechtlich existiert und wirksam ist, kann der Bauträger bei einem Versehen des Grundbuchbeamten oder des Notars sein Eigentum verlieren, ohne die Gegenleistung erhalten zu haben. Probleme können sich ferner beim Geschosswohnungsbau ergeben, wenn die Teilungserklärung später geändert wird und deshalb eine erneute Auflassung erforderlich wird.

Keiner der Lösungen ist deshalb von vornherein der Vorzug zu geben. Insbesondere ist die Erklärung der Auflassung mit Vollzugsanweisung nicht aus Gründen des Verbraucherschutzes zur Vermeidung einer Vorausleistung geboten (so aber Riemenschneider, in: Grziwotz/Koeble, Handbuch Bauträgerrecht, 3. Teil, Rn. 258). Unproblematisch ist dies bei einer unvermessenen Teilfläche; zwar kann in diesem Fall eine so genannte Identitätserklärung zur bereits erklärten Auflassung erteilt werden, die aber nur dann praktikabel ist, wenn die vermessene Fläche mit der vertragsgegenständlichen nach Bestätigung des Vermessungsamtes wirklich „auf den Millimeter" übereinstimmt. Grundsätzlich wird man deshalb im Einzelfall entscheiden müssen, welcher Gestaltung der Vorzug zu geben ist. Bei einem fast fertigen Objekt dürfte die zweite Alternative näher liegen. Bei einem Verkauf vom Plan, bei dem eventuell noch spätere Änderungen beabsichtigt sind, kann es sich durchaus anbieten, den Erwerber durch das Erfordernis der notariellen Beurkundung von Nachträgen durch eine aufgesetzte Auflassung zu schützen.

Die zur Eigentumsumschreibung erforderliche Erklärung des Bauträgers, nämlich die Mitwirkung an der Auflassung oder die Vollzugsanweisung, kann nicht von der Kaufpreiszahlung in voller Höhe abhängig gemacht werden. Beim Steckenbleiben des Bauvorhabens muss der Bauträger nämlich bereits bei **Zahlung der geschuldeten Vertragssumme** seine Verpflichtung zur Eigentumsverschaffung erfüllen (BGH, Urt. v. 7. 6. 2001 – VII ZR 420/00, NJW 2002, 140). Auch die Abhängigkeit des Vollzugs der Auflassung von der Abnahme der Bauleistung entspricht nicht dem Regelungssystem des Werkvertrages, nachdem die Abnahme nur davon abhängig ist, ob der Bauträger seine Leistungen mangelfrei erbracht hat. Umstritten ist, ob der Bauträger die zur Eigentumsumschreibung erforderlichen Handlungen verweigern kann, wenn ohne ein Steckenbleiben des Bauvorhabens der Erwerber einen Teil der geschuldeten Vertragssumme wegen Mängel oder Resterfüllungsansprüchen zurückhält (so wohl Basty, Bauträgervertrag, Rn. 695). Dies ist jedenfalls dann zu verneinen, wenn vertraglich die Eigentumsumschreibung von der Zahlung der „geschuldeten" Vertragssumme abhängt oder der Bauträger mit der Resterfüllung bzw. Mängelbeseitigung in Verzug ist und der Erwerber nur einen Zurückbehalt in der gesetzlichen Höhe macht (ähnlich LG Heilbronn, Urt. v. 11. 7. 2001 – 2 O 3003/00 IV, BauR 2002, 107).

Der Anspruch des Erwerbers auf Übereignung des Grundstücks bzw. Wohnungs- und Teileigentums verjährt in zehn Jahren (§ 196 BGB). Dies gilt auch für „alte" Bauträgerverträge, die vor dem 1. 1. 2002 abgeschlossen wurden. Die **Verjährung** tritt für sie am 2. 1. 2012 ein, sofern der jeweilige Übereignungsanspruch nicht schon vor dem 1. 1. 1982 fällig war und deshalb nach altem Recht trotz der dreißigjährigen Verjährungsfrist früher verjährt.

## IV. Abnahme

Hat der Bauträger die versprochene Werkleistung erbracht, ist die Immobilie abzunehmen (§ 640 Abs. 1 BGB). Es handelt sich um eine wesentliche Pflicht des Erwerbers. Aus diesem Grund hat der Bauträger einen Anspruch auf Durchführung der Abnahme. Sie beinhaltet die tatsächliche **Übergabe** des Objektes an den Erwerber (Schlüsselübergabe) **und** gleichzeitig dessen **Erklärung, dass** er die Leistung des Bauträgers als **vertragsgemäß** anerkennt. Der Erwerber muss die Leistung des Bauträgers deshalb nicht abnehmen, wenn Abnahmereife noch nicht vorliegt. Dies ist dann der Fall, wenn das Objekt noch nicht vollständig fertiggestellt ist, wenn Restarbeiten ausstehen oder wesentliche Mängel vorliegen.

**Hinweis:** Bei der Abnahme handelt es sich um einen wichtigen Vorgang, der mit einem „Wechsel" der Rechtspositionen verbunden ist. Die mitunter von Erwerbern vorgenommene „Besichtigungsabnahme" (Schlüsselübergabe mit der Aussage „wird schon passen") ist deshalb für diese gefährlich.

Mit der Abnahme ist der Übergang des wirtschaftlichen Eigentums, das heißt die Besitzübergabe, verbunden. Umgekehrt bedeutet jedoch die **Übernahme des Besitzes** nicht stets auch eine Billigung des Werkes als vertragsgemäß. Vielmehr kann der Erwerber bei der Schlüsselübergabe ausdrücklich bestimmte Mängel oder Restarbeiten rügen oder bei gravierenden Mängeln trotz der Schlüsselübergabe die Abnahme sogar verweigern. Allerdings muss er dem Bauträger auch nach Übernahme des Besitzes die Mängelbeseitigung noch ermöglichen.

**Hinweis:** Die Vereinbarung im Bauträgervertrag, dass mit der Schlüsselübergabe und der einseitigen Inbesitznahme durch den Erwerber die vereinbarte Bauträgerleistung als abgenommen gilt, ist unwirksam.

Das Gesetz verpflichtet den Bauträger, das Werk frei von Sach- und Rechtsmängeln zu **verschaffen** (§ 633 Abs. 1 BGB). Diese Pflicht geht über die frühere mangelfreie Herstellungspflicht hinaus. Teilweise wird deshalb unter der Übergabe nicht nur die Verschaffung des tatsächlichen Besitzes, sondern auch die Übereignung verstanden (so insbesondere Thode, NZBau 2002, 297/302). Mitunter wird zusätzlich auch die Lastenfreiheit der Immobilie zur Verschaffungspflicht gerechnet (so Vorwerk, BauR 2003, 1/7). Beides dürfte jedoch beim Bauträgervertrag unzutreffend sein. Die Verpflichtung zur Verschaffung des Eigentums jedenfalls frei von Rechtsmängeln ergibt sich beim Bauträgervertrag aus den Vorschriften des Kaufrechts und nicht aus dem werkvertragsrechtlichen Teil (ebenso Pause, NZBau 2002, 648/651 u. Koeble, in: Kniffka/Koeble, Kompendium, 11. Teil, Rn. 159).

Die Abnahme betrifft sämtliche **Leistungen des Bauträgers**, die nach Werkvertragsrecht beurteilt werden und in dem Bauwerk verkörpert sind. Bei einer Wohnungs- und Teileigentumseinheit ist nicht nur das Sondereigentum des betreffenden Erwerbers, sondern auch das Gemeinschaftseigentum abzunehmen.

Für die Abnahme ist **keine Form** vorgeschrieben. Sie kann auch stillschweigend durch schlüssiges Verhalten erfolgen. Dies betrifft insbesondere auch das Gemeinschaftseigentum beim Geschosswohnungsbau. Wenn der Erwerber das Sondereigentum abnimmt und das Gemeinschaftseigentum unbeanstandet längere Zeit in Gebrauch hat, kann deshalb eine Abnahme vorliegen. Dies gilt auch bei einer vereinbarten förmlichen Abnahme. Die „vergessene" Abnahme des Gemeinschaftseigentums kann nach einem angemessenen Zeitablauf, der die Verjährungsfrist für Sachmängel nicht unterschreiten darf, als stillschweigender Verzicht auf die diesbezügliche förmliche Abnahme gedeutet werden (BayObLG, Urt. v. 20. 3.

2001 – 2 Z BR 75/00, NZM 2001, 539). Ebenso kann die Abnahme einer zur Sondernutzung zugewiesenen Fläche des Gemeinschaftseigentums als schlüssige Abnahme des Gemeinschaftseigentums durch die übrigen Eigentümer zu verstehen sein (OLG Hamm, Beschl. v. 14. 10. 2003 – 21 U 116/03, MittBayNot 2005, 226).

**Hinweis:** Allein die Entgegennahme der Wohnungsschlüssel beinhaltet noch keine Abnahme, das heißt keine Billigung des Vertragsobjektes als vertragsgemäß (wie hier Pause, Bauträgerkauf, Rn. 584; a. A. OLG Hamm, Urt. v. 29. 10. 1992 – 23 U 3/92, NJW-RR 1993, 340).

Regelmäßig wird im Bauträgervertrag zur Vermeidung späterer Rechtsstreitigkeiten die Schriftform, nämlich die Aufnahme eines **Abnahmeprotokolls**, vereinbart (vgl. Basty, BTR 2002, 12 ff.). In diese Niederschrift sind sämtliche bei der Abnahme beanstandeten Mängel sowie fehlende Restarbeiten aufzunehmen. In das Abnahmeprotokoll können freilich nur erkennbare, nicht jedoch versteckte Mängel aufgenommen werden. Zwingend ist eine Protokollierung der Abnahme jedoch nicht. Die Vereinbarung des Abnahmeprotokolls schließt ferner eine spätere Einigung auf eine „unförmliche" Abnahme nicht aus. Dies gilt auch dann, wenn die Auflassung im Bauträgervertrag noch nicht erklärt wurde, da es sich um eine Abwicklungsmodalität handelt (a. A. Pause, Bauträgerkauf, Rn. 586).

**Verweigert** der Erwerber die Abnahme grundlos oder erscheint er mehrfach zu Abnahmeterminen nicht, musste ihn der Bauträger nach früherer Rechtslage auf Abnahme verklagen. Aus diesem Grund enthielten Bauträgerverträge häufig die Regelung, dass jedenfalls bei unentschuldigtem Fehlen bei einem zweiten Abnahmetermin das Objekt als abgenommen galt. Die diesbezügliche vertragliche Vereinbarung war jedoch ohne Beachtung der engen Voraussetzungen des § 308 Nr. 5 BGB (Einräumung einer angemessenen Frist zur Abgabe einer ausdrücklichen Erklärung und besonderer Hinweis auf die Folgen der Nichtabgabe; vgl. Schmidt, WE 1999, 49/52) unwirksam.

Nunmehr sieht das Gesetz vor, dass es der Abnahme gleichsteht, wenn der Erwerber die Immobilie nicht innerhalb einer vom Bauträger bestimmten angemessenen Frist abnimmt, obwohl er dazu verpflichtet ist. Voraussetzung des **Eintritts der Abnahmefiktion** ist somit, dass die Leistung abnahmereif ist. Dies bedeutet, dass das Werk fertiggestellt ist und keine wesentlichen Mängel vorliegen. Die Fristsetzung kann wiederum formfrei, also auch mündlich, erfolgen. Eine Frist von mindestens 12 Werktagen (vgl. § 12 Nr. 5 VOB/B) dürfte angemessen sein. Bei Setzen einer zu kurzen Frist gilt eine angemessene Frist.

**Hinweis:** Eine Fristsetzung hat auch dann zu erfolgen, wenn der Erwerber die Abnahme grundlos verweigert.

Der Bauträger hat noch eine weitere Möglichkeit, die Abnahme herbeizuführen und dadurch auch die Verjährungsfristen hinsichtlich der Rechte bei Sachmängeln in Lauf zu setzen. Er kann die Abnahme durch **Vorlage einer Fertigstellungsbescheinigung** (§ 641 a BGB) ersetzen. Hierzu können sich Bauträger und Erwerber auf einen bestimmten Gutachter einigen. Der Bauträger kann aber auch einseitig einen öffentlich bestellten und vereidigten Sachverständigen mit der Abnahme beauftragen. Der Gutachter muss die vollständige Fertigstellung und die Mängelfreiheit überprüfen und bescheinigen. Hierzu hat er einen Besichtigungstermin abzuhalten und die Beteiligten dazu unter Einhaltung einer Mindestfrist von zwei Wochen unter Angabe des Anlasses dazu einzuladen (§ 641 a Abs. 3 BGB). Die Fertigstellungsbescheinigung ist dem Bauträger zu erteilen. Eine Abschrift der Bescheinigung ist dem Erwerber zu übersenden. Erst mit der Übersendung treten die Wirkungen der Abnahme ein (§ 641 a Abs. 5 Satz 2 BGB). Der Zugang beim Erwerber bewirkt eine Abnahmefiktion (§ 641 a Abs. 1 BGB).

Die ausdrücklich vereinbarte Abnahme dürfte jedoch die Abnahmewirkung durch eine Fertigstellungsbescheinigung ausschließen (vgl. Palandt/Sprau, BGB, 64. Aufl. 2005, § 641 a Rn. 2). Anders ist dies nur bei einem entsprechenden **Vorbehalt.**

Demgegenüber muss sich der Bauträger die **Abnahmefiktion** (§ 640 Abs. 1 Satz 3) nicht ausdrücklich vorbehalten, wenn er eine förmliche Abnahme mit dem Erwerber vereinbart hat und dieser zur förmlichen Abnahme nicht erscheint (Pause, Bauträgerkauf, Rn. 586). Konsequenz der Gegenansicht wäre es, dass bei Vereinbarung einer förmlichen Abnahme ohne ausdrücklichen Vorbehalt der gesetzlichen Regelung der Bauträger den Erwerber auf Abnahme verklagen müsste. Dieses Ergebnis wollte der Gesetzgeber durch die Abnahmefiktion jedoch ausdrücklich vermeiden.

Auch beim Bauträgervertrag sind **Teilabnahmen** üblich, allerdings nicht hinsichtlich der den einzelnen Ratenzahlungen entsprechenden Gewerke. Betroffen sind vor allem das Sondereigentum und das Gemeinschaftseigentum bei Wohnungs- und Teileigentumseinheiten sowie ferner beim Haus- und Geschosswohnungsbau die Außenanlagen. Teilweise werden auch Garagen bei einem abweichenden Herstellungszeitpunkt gesondert abgenommen. Schließlich werden Sondernutzungsrechte, die einzelnen Miteigentümern am Gemeinschaftseigentum eingeräumt sind, meist gemeinsam mit dem betreffenden Sondereigentum abgenommen.

> **Hinweis:** Von diesen förmlichen Teilabnahmen zu unterscheiden sind auf Wunsch des Erwerbers vor Zahlung der jeweiligen Baufortschrittsrate durchgeführte Abnahmen ohne Rechtswirkung, die nur für die Fälligkeit der betreffenden Rate Bedeutung haben sollen. Derartige Kooperationspflichten lassen die Rechtslage unberührt und dienen nur der Streitvermeidung.

Schwierig gestaltet sich beim Geschosswohnungsbau die **Abnahme des Gemeinschaftseigentums**. Am einfachsten ist es, das Gemeinschaftseigentum mit dem jeweiligen Erwerber zusammen mit dem Sondereigentum oder gegebenenfalls auch zu einem späteren Zeitpunkt abzunehmen. Erfolgt die Abnahme von Sonder- und Gemeinschaftseigentum zu einem einheitlichen Zeitpunkt, so kann der Erwerber die Abnahme insgesamt wegen Mängel des Gemeinschaftseigentums verweigern. Eine einheitliche Abnahme mit jedem Erwerber empfiehlt sich vor allem bei kleineren Wohnungseigentumsanlagen. Bei großen Anlagen ist ebenfalls die einheitliche Abnahme von Sonder- und Gemeinschaftseigentum mit jedem einzelnen Erwerber möglich. Häufig wird seitens des Bauträgers jedoch ein einheitlicher Abnahmetermin für das gesamte Gemeinschaftseigentum mit sämtlichen Erwerbern gewünscht. Einen Anspruch hierauf hat der Bauträger nach der gesetzlichen Regelung aber nicht. Wünscht er dies, muss eine diesbezügliche Vereinbarung im Bauträgervertrag erfolgen. Denkbar ist es, dass sämtliche Eigentümer gemeinsam mit dem Bauträger nach der Fertigstellung des Gemeinschaftseigentums dieses abnehmen. Bei großen Anlagen ist dies jedoch wenig praktikabel. Aus diesem Grunde nimmt häufig ein gemeinsamer Beauftragter der Eigentümer das Gemeinschaftseigentum gemeinsam mit dem Bauträger ab. Hierzu kann er von den Erwerbern bevollmächtigt werden. Diese Vollmacht kann freilich das Recht des Erwerbers, selbst an der Abnahme teilzunehmen, nicht verdrängen. Mitunter werden mit der Abnahme der erste Verwalter, Verwaltungsbeiräte oder ein Sachverständiger oder beide zusammen beauftragt. Der Verwalter oder der Verwaltungsbeirat sind allerdings gesetzlich nicht verpflichtet, diese Aufgabe zu übernehmen. Die Bestimmung des Sachverständigen sollte durch die Eigentümergemeinschaft erfolgen. Eine Bestimmung durch den Bauträger ist unzulässig. Gleiches gilt wohl auch für die Bestimmung durch den Präsidenten der Industrie- und Handelskammer, wenn der Bauträger – wie dies regelmäßig der Fall ist – Mitglied einer IHK ist, da dann an der Unparteilichkeit dieser Kammer Zweifel bestehen können (vgl. OLG Düsseldorf, Urt. v. 1. 6. 1995 – 4 U 217/94; NJW 1996, 400; a. A. Pause, Bauträgerkauf, Rn. 599). Gleiches gilt für einen Verwalter, der mit dem Bauträger wirtschaftlich verflochten ist oder von diesem zum Verwalter bestellt wurde.

Hinsichtlich der **Kosten** des Beauftragten sollte der Bauträgervertrag eine Regelung enthalten. Ob die häufig propagierte Kostenteilung (so Pause, Bauträgerkauf, Rn. 599) wirklich gerecht ist, da der Erwerber ein gleich großes Interesse an der Abnahme habe, wie der Bauträger, ist fraglich. Auch das Argument, bei der Abnahme handle es sich um eine Hauptpflicht des Erwerbers, ist nicht zwingend. Der Bauträger könnte ohne Zusatzkosten mit jedem Erwerber einzeln das Gemeinschaftseigentum abnehmen. Will er dies nicht, insbesondere weil er einen einheitlichen Verjährungsbeginn für die entsprechenden Rechte bei Sachmängeln wünscht, kann die Tragung der Kosten durch den Bauträger durchaus angemessen sein. Beschließt umgekehrt die Eigentümergemeinschaft die Einschaltung eines Sachverständigen, da zwischen einzelnen Miteigentümern unterschiedliche Ansichten über die Abnahmefähigkeit des Gemeinschaftseigentums bestehen, kann die alleinige Kostentragung durch die Erwerber gerechtfertigt sein.

Ist beim Geschosswohnungsbau die Abnahme des Gemeinschaftseigentums durch sämtliche bisherigen Erwerber oder eine in ihrem Namen handelnde Person erfolgt, muss beim späteren Verkauf einer bisher nicht veräußerten Wohnungs- und Teileigentumseinheit, wenn diese noch neu ist, eine **Abnahme mit** diesem **„Nachzügler“** erfolgen. Haben sich nach Abnahme durch die bisherigen Erwerber nunmehr Mängel gezeigt, kann der Neuerwerber diese nunmehr geltend machen. Diese Lage ist unproblematisch, wenn auch den bisherigen Erwerbern die Rechte wegen Sachmängel noch zustehen. Zu einer Verlängerung der Verjährungsfrist der Rechte wegen Sachmängel führt die Konstellation des „Nachzüglererwerbers“ nur, wenn sich Mängel erst nach Verjährung der entsprechenden Rechte der „Altkäufer“ zeigen. Da Rechte bei Sachmängel nur bei neu hergestellten Objekten unabdingbar sind und die Eigenschaft „neu“ regelmäßig nur bei einem Verkauf innerhalb von zwei Jahren nach endgültiger Herstellung angenommen wird, verlängert sich die Verjährungsfrist maximal um zwei Jahre.

Schwieriger wird der Vorgang dann, wenn der Bauträger aus steuerlichen Gründen auch mehrere Jahre nach der eigentlichen Herstellung das Wohnungs- und Teileigentum noch als neu verkaufen möchte und deshalb mit der **Restfertigstellung des Sondereigentums wartet**. In diesem Fall ist fraglich, ob er das Sondereigentum als neu und das Gemeinschaftseigentum als gebraucht verkaufen kann. Bauträger und Notare versuchen, dieses Ergebnis dadurch zu erreichen, dass der Erwerber die für die Altkäufer geltende Verjährungsfrist der Rechte wegen Sachmängel auch für sich vertraglich anerkennt. Rechtstechnisch handelt es sich dabei um einen Verkauf des Gemeinschaftseigentums als gebraucht, so dass diesbezüglich keine Abnahme mehr erfolgt und lediglich dem Nachzügler die auch für Altkäufer geltende Verjährungsfrist eingeräumt wird.

**Hinweis:** Ob bei einem inserierten Verkauf einer neuen Eigentumswohnung der bauvertragliche Ausschluss der Rechte für Sachmängel wegen des Gemeinschaftseigentums hinreichend transparent ist, ist bisher nicht entschieden worden. Wünscht der Bauträger eine entsprechende Gestaltung, so sollte er von vornherein auf die „gespaltene" Rechtslage deutlich hinweisen. Der Erwerber sollte prüfen, welche steuerlichen Nachteile sich hieraus für ihn ergeben können, und hiervon seine Kaufentscheidung abhängig machen.

Dieselbe Problematik ergibt sich bei der Herstellung einer **Wohnungsanlage in mehreren Bauabschnitten**. Betrifft die Herstellungspflicht nur das betreffende Haus und bestimmte Außenanlagen, so ist eine Abnahme des ersten Hauses durch die Erwerber des zweiten nicht mehr erforderlich. Anders ist dies hinsichtlich der Außenanlagen, wenn diese von allen benutzt werden und erst nach Durchführung sämtliche Baumaßnahmen fertiggestellt werden.

Die Abnahme ist mit bedeutenden **Rechtsfolgen** verbunden. Sie gestaltet den Bauträgervertrag um. Mit ihr endet die Neuherstellungsphase. Mit der Abnahme geht die Gefahr des zufälligen Untergangs und der zufälligen Verschlechterung auf den Erwerber über (§§ 644, 645 BGB). Mit der Abnahme wird die vereinbarte Vergütung fällig (§ 641 BGB). Dies ist insbesondere dann von Bedeutung, wenn der Bauträgervertrag keine Abschlagsraten vorsieht oder die vereinbarten Raten gegen § 3 MaBV verstoßen. Ab der Abnahme läuft die Verjährungsfrist für Rechte bei Sachmängeln, die nunmehr fünf Jahre beträgt (§ 634 a BGB).

**Hinweis:** Nimmt der Erwerber die Immobilie in Kenntnis bestehender Sachmängel als vertragsgemäß ab, so verliert er seine Rechte wegen Sachmängel, ausgenommen die Ansprüche auf Schadensersatz in Geld (§§ 634 Nr. 4, 640 Abs. 2 BGB). Der Erwerber muss sich deshalb bei einem Mangel seine Rechte ausdrücklich vorbehalten.

Nach der Abnahme muss der Erwerber das **Vorliegen von Mängeln beweisen**; bis zu diesem Zeitpunkt obliegt es dem Bauträger, die Mangelfreiheit nachzuweisen.

**Hinweis:** Für Mängel, die sich der Erwerber bei der Abnahme vorbehält, besteht weiterhin die Beweislast des Bauträgers für die von ihm behauptete Mangelfreiheit.

Bei Wohnungs- und Teileigentumseinheiten entsteht durch die Übergabe der ersten Einheit an einen Erwerber die **Wohnungseigentümergemeinschaft** (s. dazu nur Hügel/Scheel, Rechtshandbuch Wohnungseigentum, 2003, Rn. 200). Erst ab diesem Zeitpunkt sind Beschlüsse der Wohnungseigentümergemeinschaft möglich. War der Bauträger bisher Alleineigentümer, konnte er keine Beschlüsse fassen. Erst ab der Besitzübergabe entstehen die Rechte und Pflichten der Eigentümergemeinschaft.

**Hinweis:** Verdeckte Bauträgerverträge, in denen der Bauträger allein einen „Beschluss" bezüglich der Renovierung des Gemeinschaftseigentums fasst und der Erwerber später an den vom Bauträger wirtschaftlich abhängigen Verwalter (Tochterunternehmen) Beträge zur Renovierung entrichtet, dienen der Umgehung des Sicherungssystems der MaBV. Entsprechende Vereinbarungen sind für den Erwerber höchst gefährlich. Notare, die derartige Vereinbarungen unter Hinweis darauf beurkunden, dass der Bauträger dies wünscht, verstoßen gegen ihre Pflichten. Der nicht existente WEG-Beschluss wird auch durch das spätere Entstehen einer Eigentümergemeinschaft nicht „geheilt".

## V. Haftung des Bauträgers, insbesondere für Mängel

### 1. Sach- und Rechtsmängelhaftung

#### a) Grundstücksmängel

Es ist zwischen **Sach- und Rechtsmängeln** zu unterscheiden, wobei beide in den Rechtsfolgen gleichgestellt sind (§ 435 Satz 1 BGB). Maßgeblicher Zeitpunkt für die Mangelfreiheit ist der Gefahrübergang, also die Übergabe des Objektes (§ 446 BGB).

Der Bauträger haftet für die **Lastenfreiheit** des Grundstücks im Zeitpunkt des Eigentumsübergangs. Der Bauträger muss sämtliche Belastungen beseitigen, die nicht ausdrücklich nach dem Vertrag vom Erwerber zu übernehmen sind (vgl. BayObLG, Beschl. v. 3. 11.

2004 – 2 Z BR 153/04, RNotZ 2005, 173 zur Vollmacht, Dienstbarkeiten zu bestellen).

**Hinweis:** Auch bei Kenntnis des Erwerbers von einer Belastung hat diese der Bauträger mangels abweichender vertraglicher Vereinbarung zu beseitigen (§ 435 BGB). Ein Rechtsmangel kann neben einer bestehenden Belastung im Grundbuch auch eine Baulast sowie ein Miet- oder Pachtverhältnis sein. Rechtsmängel können auch öffentlich-rechtliche Beschränkungen sein (vgl. OLG Düsseldorf, Urt. v. 28. 7. 2003 – 9 U 41/03, RNotZ 2004, 394 zur Gewähr für die Zulässigkeit der Nutzung).

Zu den **Sachmängeln eines Grundstücks** gehören vor allem so genannte Altlasten bzw. schädliche Bodenveränderungen, wobei bereits ein diesbezüglicher Verdacht, auch ohne behördliche Anordnung, einen diesbezüglichen Mangel darstellen kann (vgl. BGH, Urt. v. 12. 7. 1991 – V ZR 121/90, NJW 1991, 2900; BGH, Urt. v. 20. 10. 2000 – V ZR 285/99, NJW 2001, 64 und BGH, Urt. v. 4. 2. 2005 – V ZR 142/04, NJW 2005, 1366 zur Beseitigungspflicht; vgl. zum Kettenverkauf bei Altlasten BGH, Urt. v. 2. 4. 2004 – V ZR 267/03, EWiR 2004, 1065). Weitere Sachmängel sind eine von der vereinbarten Grundstücksgröße abweichende kleinere Grundstücksfläche sowie die nicht vorhandene, aber „zugesagte" freie Aussicht.

Häufige Sachmängel des Grundstücks sind **Baugrundprobleme,** die sich aus einer Auffüllung, einer schwierigen Grundwassersituation und dem Vorhandensein von Felsen sowie einer Kontaminierung aufgrund einer früheren Nutzung ergeben. Dieses Risiko trifft den Bauträger, der gegebenenfalls Mehrkosten der Gründung ohne Aufpreis tragen muss.

Die **Rechtsfolgen** eines Grundstücksmangels bestimmen sich nach Kaufvertragsrecht (§§ 434, 437 ff. BGB). Anders als nach früherer Rechtslage kann der Erwerber nunmehr auch Nacherfüllung durch Beseitigung des Mangels oder Neulieferung verlangen, wobei dem Erwerber das Wahlrecht zusteht (§§ 437, 439 Abs. 1 BGB). Nur wenn die Nacherfüllung unmöglich, unverhältnismäßig teuer oder unzumutbar ist, ist der Erwerber auf Minderung und gegebenenfalls auf Schadensersatz beschränkt. Statt der Nacherfüllung kann der Erwerber vom Vertrag zurücktreten (§§ 437 i. V. m. 440, 423, 426

BGB). Voraussetzung ist der Ablauf einer angemessenen Frist zur Nacherfüllung, die Verweigerung der Nacherfüllung oder das Fehlschlagen der Nachbesserung, wobei dies in der Regel beim zweiten erfolglosen Versuch der Fall ist. Wurde der Rücktritt erklärt, kann der Erwerber nicht mehr Minderung verlangen. Für die Minderung ist ebenfalls eine erfolglos abgelaufene Frist zur Nacherfüllung oder ein Ausnahmetatbestand Voraussetzung. Die Minderung erfolgt durch Erklärung gegenüber dem Bauträger. Sie besteht in der Herabsetzung der Gegenleistung entsprechend dem Verhältnis des Wertes der mangelfreien Sache zum Wert der Sache mit Mangel. Schadensersatz kann verlangt werden (§§ 440, 280, 281), wenn eine angemessene Frist zur Erfüllung abgelaufen ist (§ 281 Abs. 1 Satz 1 BGB). Ist der Mangelschaden zusätzlich nicht unerheblich (§ 281 Abs. 1 Satz 3 BGB), kann der Erwerber Schadensersatz statt der Leistung verlangen, das heißt den Vertrag rückabwickeln. Ein Mangelfolgeschaden kann ohne Fristsetzung gefordert werden, sofern der Bauträger den Schaden zu vertreten hat (§§ 280 Abs. 1 Satz 1, 276 BGB). Der Erwerber kann ferner den Ersatz vergeblicher Aufwendungen an Stelle des Schadensersatzes fordern (§ 284 BGB). Schadensersatzansprüche werden durch den Rücktritt vom Vertrag nicht ausgeschlossen (§ 325 BGB).

**Hinweis:** Die Rechte wegen Sachmängel des Grundstücks verjähren nach Kaufrecht innerhalb von 2 Jahren (§§ 437, 438 Abs. 1 Nr. 3, Abs. 3 und 4 BGB). Die Verjährungsfrist für Rechtsmängel bei nicht beseitigten Grundbucheintragungen beträgt demgegenüber dreißig Jahre (§ 438 Abs. 1 Nr. 1 BGB).

### b) Baumängel

Die Haftung für Mängel des bei Vertragsschluss noch nicht errichteten Bauwerks richtet sich nach Werkvertragsrecht (§§ 633 ff. BGB). Dies soll nach überwiegender Ansicht auch bei einem zum Zeitpunkt des Vertragsschlusses bereits **neu errichteten Bauwerk** gelten. Allein wegen der Länge der Verjährungsfrist für Rechte bei Sachmängeln ist freilich die Geltung der Vorschriften des Werkvertragsrechts nicht mehr geboten (vgl. S. 14). Die fünfjährige Haftung für Rechte bei Sachmängeln ist jedoch zwingend nur für neue und nicht für gebrauchte

Objekte. Ein neues Objekt liegt nach der Rechtsprechung noch vor, wenn es nicht älter als zwei Jahre ist (vgl. BGH, Urt. v. 5. 4. 1979 – VII ZR 308/77, NJW 1979, 1406). Voraussetzung für die Bejahung des Merkmals „neu“ ist, dass das Objekt höchstens vor zwei Jahren fertiggestellt wurde und seitdem leer steht. Aber auch kurze Zeiten einer Eigen- bzw. Fremdnutzung sollen an der Einstufung als „neu“ nichts ändern. Umstritten ist, ob bei einem Leerstand auch nach längeren Zeiträumen noch die Neuheit bejaht werden kann.

Bei **sanierten Altbauten** ist sowohl bei einer Teilsanierung als auch bei einer völligen Entkernung hinsichtlich der Bauleistungen Werkvertragsrecht anwendbar. Dies gilt problemlos für eine Totalsanierung, und zwar dann auch hinsichtlich der bestehenbleibenden Teile (BGH, Urt. v. 5. 7. 1987 - VII ZR 366/85, NJW 1988, 490 und BGH, Urt. v. 21. 4. 1988 - VII ZR 146/87, NJW 1988, 1972; BGH, Urt. v. 6. 10. 2005 – VII ZR 117/04, NJW 2006, 214).

Bei einer **Teilsanierung** ist zunächst umstritten, ob die Sanierungsarbeiten Werkleistungen darstellen oder ob bei völlig untergeordneten Leistungen (vgl. S. 14 und 145) nur Kaufrecht Anwendung findet (vgl. LG Landshut, Urt. v. 11. 11. 1992 - 13 S 1540/92, NJW 1993, 407 u. BayObLG, Beschl. v. 1. 10. 2004 – 3Z BR 129/04, NZM 2005, 264). Liegen werkvertraglich zu beurteilende Leistungen des Bauträgers vor, so ist zweitens zu prüfen, ob eine (teilweise) neu hergestellte Sache entsteht oder es sich weiterhin insgesamt um einen Altbau handelt (vgl. OLG Hamburg, Urt. v. 26. 2. 1997 – 5 U 102/95, BauR 1997, 835). Wenn im konkreten Fall vom Erwerb einer neu hergestellten Sache auszugehen ist, kann der Bauträger seine werkvertragliche Haftung für die Bauleistung und die Untersuchung der Altbausubstanz nicht ausschließen (so Pause, Bauträgerkauf, Rn. 637).

> **Hinweis:** Wenn bei einem Sanierungsobjekt die Wohnungen als neu verkauft werden, kann sich der Bauträger nicht darauf berufen, dass die Sanierung unter Verwendung von Altbausubstanz geschah und er für sie nicht haften möchte. Die Haftung für Sachmängel bestimmt sich vielmehr hinsichtlich des Gesamtobjekts nach den Vorschriften der Sachmängelhaftung über neu hergestellte Sachen.

Wird lediglich ein sanierter Altbau veräußert, bei dem vereinbarungsgemäß in die **Altbausubstanz** nicht eingegriffen wird, so muss der Bauträger diese dennoch untersuchen und ihre Verwendbarkeit für die neu herzustellenden Teile prüfen. Einzustehen ist deshalb vom Bauträger nur die Tauglichkeit der Altbausubstanz hinsichtlich der darauf „aufbauenden" Sanierungsleistungen (Pause, BTR 2004, 142).

**Mängelfreiheit hinsichtlich der Bauleistungen** liegt nur vor, wenn das Gebäude die vereinbarte Beschaffenheit hat oder bei deren Fehlen sich für die vertragliche Verwendung eignet. Hilfsweise kann auf die gewöhnliche Verwendungseignung abgestellt werden. Im Rahmen der **Beschaffenheitsvereinbarung** steht es den Beteiligten weitgehend frei, die Qualität des Bauträgerobjektes zu definieren. Es kommt hingegen nicht darauf an, ob ein bestimmter Mangel die Gebrauchstauglichkeit aufhebt oder mindert. Dies gilt bei jedem Verstoß gegen eine Beschaffenheitsvereinbarung und nicht nur bei besonders schwerwiegenden Mängeln. Hilfsweise genügt es, wenn die gewöhnliche Verwendungseignung, das heißt die Eignung für eine übliche Verwendung, eingehalten wird.

Nach altem Recht konnte zusätzlich eine bestimmte Eigenschaft zugesichert werden. Beispiel ist der Mietertrag. Nachdem es Eigenschaftszusicherungen rechtlich nicht mehr gibt, kann der Bauträger diesbezüglich nur noch **Garantien** abgeben. Diese geht umfangsmäßig über die zugesicherte Eigenschaft hinaus, indem sie eine verschuldensunabhängige Einstandspflicht begründet. Hinsichtlich des Umfangs der Garantie können keine Haftungsausschlüsse oder -einschränkungen vereinbart werden (§ 639 BGB). Allerdings können der Bauträger und der Erwerber im Bauträgervertrag, den Umfang des Einstehens sowohl hinsichtlich der Umstände, an die die Garantie anknüpft, als auch hinsichtlich der Folgen der Garantie im Übrigen Vereinbarungen treffen (vgl. § 444 BGB).

Eine Bauleistung ist mangelhaft, wenn sie nicht den **anerkannten Regeln der Technik** entspricht. Unter ihnen werden diejenigen Regeln verstanden, die wissenschaftlich als richtig anerkannt sind und sich in der Baupraxis als zutreffend bewährt haben (vgl. Kniffka, in: Kniffka/Koeble, Kompendium, 6. Teil Rn. 45). Es handelt sich insbesondere um die DIN sowie die Richtlinien der Fachverbände, denen eine Vermutung der Richtigkeit zukommt.

**Hinweis:** Auch die Vermutung der Richtigkeit von DIN-Normen kann widerlegt werden, wenn nachgewiesen wird, dass ihr Inhalt nicht mehr den üblichen technischen Standards entspricht (BGH, Urt. v. 9. 7. 2002 – X ZR 242/99, NJW-RR 2002, 1533 und BGH, Urt. v. 10. 11. 2005 – VII ZR 147/04, NJW-RR 2006, 240). Beispiel ist die DIN-Vorschrift für Schallschutz.

Ob zu den üblichen Standards von Einfamilienhäusern, die auf vermessenen Einzelgrundstücken stehen, eigene Ver- und Entsorgungsleitungen gehören (so Pause, Bauträgerkauf, Rn. 666), ist fraglich. Eine Aliud-Leistung, das heißt eine andere Ausführung als die vereinbarte, stellt einen **Mangel** dar. Weitere Beispiele sind die Baurechtswidrigkeit, die verschwiegene Denkmalschutzeigenschaft und baurechtliche Nutzungseinschränkungen (z. B. die Nutzung nur als Ferienwohnung und nicht zum Dauerwohnen). Inwieweit Steuervorteile und bestimmte Mieterträge Inhalt einer Beschaffenheitsvereinbarung mit der Folge sein können, dass ihr Nichtvorliegen einen Mangel darstellt, ist umstritten. Eine diesbezügliche Garantieübernahme ist jedenfalls möglich.

Besondere Bedeutung hat die **Abweichung der errichteten Wohnfläche** von der vereinbarten. Da die Angabe der Wohnfläche zur Herstellungspflicht des Erwerbers gehört, muss auch die Berechnungsgrundlage angegeben werden (BGH, Urt. v. 22. 12. 2000 – VII ZR 310/99, BGHZ 146, 250 = NJW 2001, 818 = NZBau 2001, 132 = BauR 2001, 391 u. BGH, Urt. v. 8. 1. 2004 – VII ZR 181/02, NJW 2004, 2156 = NZBau 2004, 269 = NZM 2004, 393 = BauR 2004, 847). Früher wurde hierzu bei Wohnungen meist auf die II. Berechnungsverordnung Bezug genommen. An ihre Stelle ist die Wohnflächenverordnung vom 25. 11. 2003 getreten. Häufig wurde in Bauträgerverträgen vereinbart, dass eine Flächenabweichung von bis zu 3 % keinen Einfluss auf den vereinbarten Kaufpreis haben soll. Ob diese 3 %-Klausel allgemein weiterhin Gültigkeit hat, ist fraglich, da dem Bauträger nicht einseitig ein pauschaler Änderungsvorbehalt hinsichtlich der vertraglichen Leistungen eingeräumt werden kann (vgl. S. 38ff.; ohne Bedenken allerdings Pause, Bauträgerkauf, Rn. 678).

Liegt ein Mangel vor, hat der Erwerber **Anspruch auf Nacherfüllung** (§ 635 BGB). Der Bauträger kann also den Mangel beseitigen oder, was praktisch beim Bauträgervertrag freilich ausscheidet, das Werk neu herstellen. Er hat das Wahlrecht zwischen Mängelbeseitigung und Neuherstellung. Neben der Mängelbeseitigung kann Schadensersatz für Folgeschäden verlangt werden, bei denen eine Nacherfüllung unmöglich ist. Beispiel hierfür sind Kosten für ein Sachverständigengutachten. Der Bauträger kann die Nacherfüllung nur verweigern, wenn sie unmöglich ist, mit unverhältnismäßigem Aufwand bzw. Kosten verbunden ist oder ihm die Leistungserbringung persönlich unzumutbar ist (§§ 275, 635 Abs. 3 BGB). Unverhältnismäßigkeit scheidet aus, wenn der Mangel die Funktionstauglichkeit der Immobilie für den Erwerber erheblich beeinträchtigt. Gleiches gilt wenn der Bauträger vorsätzlich statt des vereinbarten Materials ein billigeres oder weniger taugliches Material verwendet hat. Auch wenn eine Nacherfüllung unverhältnismäßig ist, besteht der Schadensersatzanspruch wegen Folgeschäden.

> **Hinweis:** Der Schadensersatzanspruch wegen Folgeschäden entfällt nicht infolge einer Unverhältnismäßigkeit der Nachbesserung (BGH, Urt. v. 7. 3. 2002 – VII ZR 1/00, NJW 2002, 3543).

Der Erwerber kann bis zur Mängelbeseitigung die Erfüllung noch ausstehender Entgeltforderungen verweigern und darf hierzu die Gegenleistung als **Druckmittel** einbehalten.

> **Hinweis:** Das Gesetz gesteht dem Erwerber zu, bei Mängeln den dreifachen Betrag der Mängelbeseitigungskosten einzubehalten (§ 641 Abs. 3 BGB). Dieses Recht besteht auch bei den Raten nach § 3 Abs. 2 MaBV. Wesentliche Mängel führen ferner dazu, dass die Fertigstellungsrate insgesamt nicht fällig wird. Bei Verzug des Erwerbers mit der Abnahme besteht das Zurückbehaltungsrecht nur in der einfachen Höhe der Mangelbeseitigungskosten (BGH, Urt. v. 4. 4. 2002 – VII ZR 252/01, NJW-RR 2002, 1025).

In Bauträgerverträgen wurde häufig vereinbart, dass der Bauträger für Sachmängel **nur subsidiär haftet**. Der Erwerber muss sich nach dieser Regelung erst an den Subunternehmer wenden, bevor er den Bauträger in Anspruch nehmen kann. Teilweise wurde sogar gefordert, dass erst nach Erfolglosigkeit einer Klage gegen den Subunternehmer der Bauträger in Anspruch genommen werden konnte. Überwiegend ließ jedoch bereits die Leistungsverweigerung durch den Subunternehmer die Subsidiarität der Haftung des Bauträger entfallen.

**Hinweis:** Eine Subsidiaritätsklausel ist unwirksam (BGH, Urt. v. 21. 3. 2002 – VII ZR 493/00, NJW 2002, 2470 ). Der Erwerber ist an diese Vereinbarung, auch wenn er sie mitunterzeichnet hat, nicht gebunden. Auch eine Klausel, die vorsieht, dass der Erwerber die Bezugsfertigkeits- und die Fertigstellungsrate bei behaupteten Mängeln, auf ein Anderkonto des Urkundsnotars oder ein Konto der Bauträgerbank hinterlegen muss, ist nichtig (BGH, Urt. v. 11. 10. 1984 – VII ZR 248/83, NJW 1985, 852).

Der Erwerber muss dem Bauträger zur Nacherfüllung eine angemessene Frist setzen. Eine zu kurz bemessene Frist setzt eine angemessene Frist in Lauf. Die **Fristsetzung** ist nur entbehrlich, wenn der Bauträger die Nacherfüllung ernsthaft und endgültig verweigert oder die Nacherfüllung wegen Unmöglichkeit ausgeschlossen ist, der Bauträger die Nacherfüllung wegen unverhältnismäßiger Kosten verweigert, die Nacherfüllung fehlgeschlagen ist, sie dem Erwerber unzumutbar ist oder besondere Umstände vorliegen, die die sofortige Geltendmachung des Rücktritts oder des Schadensersatzanspruches oder die sofortige Durchführung der Selbstvornahme rechtfertigen (§§ 635 Abs. 3, 636, 637, 281, 323 BGB).

Die Nacherfüllung ist fehlgeschlagen, wenn und soweit der Nacherfüllungsversuch gescheitert ist (vgl. § 440 Satz 2 BGB). Allerdings werden mitunter weitere **Nachbesserungsversuche** als zumutbar angesehen. Unzumutbar für den Erwerber ist eine Nachbesserung, wenn der Bauträger insgesamt unbrauchbare Arbeit geleistet hat oder die von ihm gewählte Form der Mängelbeseitigung nach den anerkannten Regeln der Technik ungeeignet ist (BGH, Urt. v. 29. 6. 2006 – VII ZR 274/04, ZfIR 2006, 617).

Das **Recht zur Selbstvornahme** steht dem Erwerber nach Ablauf der gesetzten Frist zu (vgl. Herresthal/Riehm, NJW 2005, 1457 ff.). Ein Verzug des Bauträgers ist nicht erforderlich. Unerheblich ist auch, ob der Unternehmer die Nichtvornahme der Nacherfüllung zu vertreten hat. Das Selbstvornahmerecht ist dagegen ausgeschlossen, wenn der Bauträger die Nacherfüllung zu Recht verweigern kann (§ 637 Abs. 1 BGB). Ist dies nicht der Fall, kann der Erwerber bei Selbstbeseitigung Ersatz der erforderlichen Aufwendungen verlangen (§ 637 BGB). Der Aufwendungsersatzanspruch umfasst die eigentlichen Kosten der Mängelbeseitigung sowie sämtliche Vor- und Nebenarbeiten und die Wiederherstellungskosten (z. B. Wandanstrich). Andere Vermögensnachteile sind nur im Wege des Schadensersatzes ausgleichspflichtig. Ein Abzug „neu für alt" kommt bei Mängelbeseitigungskosten regelmäßig nicht in Betracht. Der Bauträger muss zur Mängelbeseitigung einen Vorschuss leisten (§ 637 Abs. 3 BGB). Dieser muss die gesamten vorgenannten Kosten abdecken. Eine spätere Nachforderung ist jedoch nicht ausgeschlossen. Ein im Bauträgervertrag vereinbartes Aufrechnungsverbot steht der Verrechnung der Aufwendungen mit ausstehenden Restforderungen des Bauträgers nicht entgegen (§ 309 Nr. 3 BGB; teilweise abweichend BGH, Urt. v. 14. 12. 1988 – I ZR 235/86, NJW-RR 1989, 481/482). Durch die gerichtliche Geltendmachung des Vorschusses wird die Verjährung der Mängelrechte gehemmt.

> **Hinweis:** Führt der Erwerber die Selbstvornahme ohne Fristsetzung oder vor Ablauf der Frist durch, entfällt der Aufwendungsersatzanspruch.

Der Erwerber kann nach Ablauf der Nacherfüllungsfrist auch **Minderung** verlangen (§ 638 BGB). Mit Ausübung dieses Rechts erlöschen die anderen Rechte wegen Sachmängel. Eine Minderung ist auch wegen unwesentlicher Mängel möglich. Der geminderte Kaufpreis entspricht gemäß § 638 Abs. 3 BGB (vgl. OLG Koblenz, Urt. v. 5. 6. 2006 – 5 U 239/04, BauR 2006, 1758).

$$\frac{\text{Verkehrswert mit Mangel} \times \text{vereinbarte Vergütung}}{\text{Verkehrswert ohne Mangel}}$$

Eine vereinfachte Berechnung unter Berücksichtigung der Mängelbeseitigungskosten, wenn Nacherfüllung möglich ist, sowie eines merkantilen und/oder verbleibenden technischen Minderwertes kann bei der Abwicklung in der Praxis Streit vermeiden.

> **Hinweis:** Die Bagatellgrenze des § 323 Abs. 5 Satz 2 BGB gilt nicht bei der Minderung!

Der Erwerber ist nach fruchtlosem Ablauf einer Nacherfüllungsfrist auch berechtigt, vom Vertrag **zurückzutreten**, wenn die Pflichtverletzung nicht unerheblich ist (§§ 634 Nr. 3, 636, 323 Abs. 5 BGB). Beim Wohnungs- und Teileigentum kann jeder Erwerber auch wegen Mängel des Gemeinschaftseigentums den Rücktritt erklären.

> **Hinweis:** Mit Ausübung des Rücktritts erlöschen auch die Sicherungsfunktion der Auflassungsvormerkung und die Verpflichtung der Bauträgerbank zur Lastenfreistellung. Das Zurückbehaltungsrecht des Erwerbers hinsichtlich seiner (wirkungslosen) Auflassungsvormerkung schützt ihn kaum. In der Insolvenz verliert der Erwerber die von ihm geleisteten Abschlagszahlungen (vgl. S. 129 f.).

Die **Rückabwicklung** erfolgt nach den §§ 346 ff. BGB. Danach sind die empfangenen Leistungen zurückzugewähren und gezogene Nutzungen herauszugeben. Hierzu gehören auch ersparte Schuldzinsen des Bauträgers und Gebrauchsvorteile des Erwerbers. Der Nutzungsvorteil entspricht nicht der fiktiven Miete, sondern einer linearen Abschreibung aus dem Gesamtpreis (BGH, Urt. v. 26. 6. 1991 – VIII ZR 198/90, NJW 1991, 2485). Erzielte Mieteinnahmen stellen dagegen einen Nutzungsvorteil dar (BGH, Urt. v. 9.2. 2006 – VII ZR 228/04, NZBau 2006, 312). Notwendige Verwendungen einschließlich gewöhnlicher Erhaltungskosten sind zu ersetzen. Zusätzliche Aufwendungen sind zu ersetzen, wenn der Bauträger durch sie bereichert ist (§ 347 Abs. 2 BGB).

Die Ausübung des Rücktritts schließt das Recht, **Schadensersatz** zu verlangen, nicht aus. Der Erwerber kann ferner Ersatz der Vertragskosten und sonstiger vergeblicher Aufwendungen verlangen, daneben allerdings nicht mehr entgangene steuerliche Vorteile (OLG Braunschweig, Urt. v. 12. 5. 2005 – 8 U 121/03 und BGH, Beschl. v. 29. 6. 2006 – VII ZR 142/05, IMR 2006, 99). Die Grunderwerbsteuer wird ohnehin zurückerstattet (§ 16 GrEStG).

**Hinweis:** Sonderwunschverträge mit Handwerkern werden durch die Rückabwicklung des Bauträgervertrages nicht automatisch unwirksam.

Eine Kündigung des Bauträgervertrages nach § 649 BGB scheidet dagegen aus (BGH, Urt. v. 21. 11. 1985 – VII ZR 366/83, BGHZ 96, 275 = NJW 1986, 925 = BauR 1986, 208). Dagegen scheint eine **Kündigung** entsprechend § 314 BGB zulässig zu sein, wenn der Bauträger einen wichtigen Grund für die sofortige Vertragsbeendigung gibt. Beispiel ist die völlige Unbrauchbarkeit eines einsturzgefährdeten Gebäudes. In diesem Fall steht dem Bauträger ein Anspruch auf anteilige Vergütung zu, der allerdings bei Wertlosigkeit des Werkes ins Leere geht.

Der Erwerber kann **Schadensersatz statt der Leistung** fordern, nämlich Beseitigung des durch den Mangel selbst verursachten Schadens. Er erhält dann die Mängelbeseitigungskosten und den durch den Mangel bedingten technischen und merkantilen Minderwert. Diese Beträge muss der Erwerber nicht zur Mängelbeseitigung verwenden. Der Erwerber kann auch **Schadensersatz statt der ganzen Leistung**, also die Rückabwicklung des Vertrages fordern, wenn ein erheblicher Mangel besteht (§ 281 Abs. 1 Satz 3 BGB). Der Anspruch richtet sich auf Herstellung des gleichen wirtschaftlichen Erfolgs, wie er ohne die Schlechterfüllung des Bauträgers eingetreten wäre. Die Errichtung eines neuen Bauwerks kann der Erwerber nur fordern, wenn die Aufwendungen dafür nicht unverhältnismäßig sind (analog § 251 Abs. 2 BGB, BGH, Urt. v. 29. 6. 2006 – VII ZR 86/05, ZfIR 2006, 618). Mit der Wahl dieser Vorgehensweise erlischt der Erfüllungsanspruch (§ 281 Abs. 4 BGB). Auch hier verliert der Erwerber den Schutz der eingetragenen Auflassungsvormerkung. Der Schadensersatz statt der ganzen Leistung führt zu einer Rückabwicklung des Vertrages. Der Erwerber muss das mangelhafte Objekt „zurückgeben“.

**Hinweis:** Auch beim Schadensersatz statt der ganzen Leistung steht dem Erwerber lediglich eine Geldforderung zu, die bei der Insolvenz des Bauträgers zum Verlust der gezahlten Abschlagsraten führt.

Verlangt der Erwerber nur **Schadensersatz neben der Erfüllung**, beschränkt sich sein Anspruch auf diejenigen Folgeschäden und Verzögerungsschäden, die durch die nicht ordnungsgemäße Erfüllung eingetreten sind. Hierzu gehören beispielsweise die Kosten einer zwischenzeitlichen Unterbringung, Sachverständigenkosten, Rechtsverfolgungskosten etc. Auch eine vom Mieter des Erwerbers zu Recht vorgenommene Mietminderung stellt einen Schaden dar. Umstritten ist dies nur für die entgangene Eigennutzung (vgl. S. 128).

Der Erwerber kann schließlich anstelle des Schadensersatzes den **Ersatz seiner Aufwendungen** vom Bauträger verlangen (§§ 634, 284 BGB).

Um den Bauträger bei **Mängeln am Gemeinschaftseigentum** bei Wohnungs- und Teileigentum vor einer doppelten Inanspruchnahme zu schützen, können die über die Nacherfüllung hinausgehenden Mängelansprüche erst und nur auf Grund einer Beschlussfassung verfolgt werden; die Wahl zwischen Minderung und Schadensersatz soll nur mit Ermächtigung der Gemeinschaft möglich sein (BGH, Urt. v. 25. 2. 1999 – VII ZR 208/97, NJW 1999, 1705 und BGH, Urt. v. 23. 6. 2005 – VII ZR 200/04, NJW 2005, 3420; vgl. Hügel, NotBZ 2004, 377 ff.; vgl. Greiner, BTR 2004, 242 ff. und Köhler, MDR 2005, 1148 f.). Die Zahlung hat an die Gemeinschaft zu erfolgen. Lediglich der Rücktritt und der auf Rückabwicklung gerichtete Schadensersatzanspruch statt der ganzen Leistung stehen dem individuellen Erwerber zu (OLG Brandenburg, Urt. v. 4. 12. 2003 – 8 U 55/03, BauRB 2005, 561). Dieser kann auch ohne Mitwirkung der übrigen Wohnungseigentümer eine Nachfrist zur Beseitigung der Mängel setzen und die Erstattung von hierfür aufgewendeten Kosten verlangen (BGH, Urt. v. 21. 7. 2005 – VII ZR 304/03, NZM 2005, 792 und BGH, Urt. v. 23. 2. 2006 – VII ZR 84/05, IBR 2006, 322). Einer Mitwirkung oder einer Beschlussfassung der Wohnungseigentümergemeinschaft bedarf es nicht. Der Bauträger ist bei der Beschlussfassung von der Abstimmung ausgeschlossen (§ 25 Abs. 5 BGB).

Die **Verjährungsfrist** für Ansprüche wegen Baumängel beträgt fünf Jahre (§ 634 a BGB). Sie kann auch für Verschleißteile und für vom Feuer berührte Teile nicht abgekürzt werden. Diesbezügliche Vorschläge (so Brych, NJW 1986, 302/303 und Grziwotz, NJW 1989, 193/195) haben sich nicht durchgesetzt. Die Vereinbarung einer angemessenen Frist, die über die bei beweglichen Teilen geltende Verjährungsfrist hinaus geht, aber andererseits den Zweck der „Gewährleistungsfrist", nämlich dem Rechtsfrieden zu dienen, entsprochen hätte, ist durch § 309 Nr. 8 b ff) BGB wohl ausgeschlossen.

Besonderheiten gelten bei **Arglist des Bauträgers**. Diese liegt vor, wenn er im Zeitpunkt der Abnahme die Mangelfreiheit des Objektes vorspiegelt bzw. eine bestehende Mangelhaftigkeit pflichtwidrig nicht offenbart. Auch Angaben ins Blaue hinein können den Vorwurf der Arglist rechtfertigen. Der Bauträger muss über Mängel vollständig aufklären; es genügt nicht, wenn er einen Mangel als unerheblich darstellt oder gar beschönigt. Der Bauträger kann sich auch nicht durch seine Organisation entschuldigen. Errichtet er ein Bauwerk arbeitsteilig, muss er die organisatorischen Voraussetzungen schaffen, um die Mangelhaftigkeit des Bauwerks beurteilen zu können. Wären Mängel bei richtiger Organisation entdeckt worden, so trifft ihn eine Haftung wie bei Arglist (BGH, Urt. v. 12. 3. 1992 – VII ZR 5/91, NJW 1992, 1754). Bei Arglist verjähren Mängelansprüche in der dreijährigen Regelverjährungsfrist (§§ 195, 199 BGB). Sie beginnt mit dem Schluss des Jahres, in dem der Anspruch entstanden ist und Kenntnis von ihm besteht. Die Verjährung tritt jedoch ohne Rücksicht auf die Kenntnis in zehn Jahren ein (§ 199 Abs. 3 BGB).

## 2. Vertragliche Haftungsbeschränkungen

Für Grundstücke ist ein Haftungsausschluss wie für gebrauchte Immobilien möglich. Nicht möglich ist es, die Haftung für Vorsatz hinsichtlich des Schadensersatzes auszuschließen (§ 276 Abs. 3 BGB). Auch bei Arglist und bei einer übernommenen Garantie kann die Haftung nicht ausgeschlossen oder beschränkt werden (§ 444 BGB). Der Haftungsausschluss betrifft in AGB- und Verbraucherverträgen nicht Schäden aus der Verletzung des Lebens, des Körpers oder der Gesundheit (§ 309 Nr. 7 a BGB) sowie für sonstige Schäden bei vorsätzlichen oder grob fahrlässigen Pflichtverletzungen (§ 309 Nr. 7 b BGB).

Für die **Altbausubstanz** ist ein Haftungsausschluss unzulässig, wenn eine Neuherstellung erfolgt oder diese vertraglich zumindest vereinbart ist. Wird ein saniertes Objekt verkauft, so kann die Haftung für Sachmängel des Grundstücks und der Altbausubstanz in dem oben genannten Umfang ausgeschlossen werden. Allerdings sind hiervon Mängel ausgeschlossen, die auf Grund einer Pflichtverletzung hinsichtlich der Untersuchungs- und Planungspflicht bezüglich der Altbausubstanz eintreten. Hinsichtlich der Bauleistungen im Rahmen der Sanierung ist ein Haftungsausschluss unzulässig (vgl. S. 110).

Bei **neuen Gebäuden** ist ein Haftungsausschluss im AGB- und Verbrauchervertrag unzulässig. Im Individualvertrag oder auf Wunsch des Erwerbers ist eine Beschränkung möglich. Dies darf allerdings nicht versteckt geschehen, sondern muss unter ausführlicher Belehrung über die einschneidenden Rechtsfolgen erfolgen.

Haftet der Bauträger für Sachmängel, so kann er nicht einen Haftungsausschluss bei gleichzeitiger Abtretung seiner Ansprüche gegen Subunternehmer erreichen. Eine **Subsidiaritätsklausel**, die bei einer Inanspruchnahme des Bauträgers die Geltendmachung der an den Erwerber abgetretenen Ansprüche gegen Subunternehmer verlangt, ist unwirksam (BGH, Urt. v. 21. 3. 2002 – VII ZR 493/00, NJW 2002, 2470). Zulässig ist dagegen eine sicherungshalber erfolgte Abtretung der Ansprüche gegen Subunternehmer, insbesondere für den Fall, dass sich Ansprüche gegen den Bauträger wegen dessen Zahlungsunfähigkeit nicht mehr durchsetzen lassen (s. Großnack, BauR 2006, 1394). In diesem Fall gehen auch akzessorische Sicherheiten auf den Erwerber über. Dies hat besondere Bedeutung für Bürgschaften, die Subunternehmer stellen.

**Hinweis:** Häufig geht die Abtretung der Ansprüche gegen Handwerker ins Leere, wenn der Bauträger insolvent ist, da er dann die Werklohnforderungen nicht erfüllt hat und den Handwerkern die Einrede des nicht erfüllten Vertrages bei einer Inanspruchnahme aus dem abgetretenen Recht zusteht.

Unter Bezugnahme auf § 309 Nr. 8 b bb) BGB, der das Klauselverbot der Beschränkung der Sachmängelrechte auf Nacherfüllung für nicht anwendbar erklärt, wenn eine Bauleistung Gegenstand der Mängelhaftung ist, wurde auch beim Bauträgervertrag der **Ausschluss des Rücktrittsrechtes** (früher Wandelung) für zulässig erklärt (z. B. Brambring, NJW 1978, 777/780 und Kanzleiter, DNotZ 1987, 651). Der BGH hat dies für unzulässig erklärt (BGH, Urt. v. 8. 11. 2001 – VII ZR 373/99, NJW 2002, 511). Dies wird damit begründet, dass der Grund der Einschränkung des Klauselverbots die Unmöglichkeit der Rückabwicklung beim Bauvertrag sei; dieses Problem bestehe jedoch beim Bauträgervertrag vor der Eigentumsumschreibung nicht. Insofern sollte der Ausschluss des Rücktrittsrechtes im Bauträgervertrag unterbleiben (anders noch Grziwotz, NJW 1989, 193/194). Die Aufrechnung mit nicht rechtskräftig festgestellten Gegenansprüchen des Erwerbers kann vertraglich nicht ausgeschlossen werden (BGH, Urt. v. 31. 3. 2005 – VII ZR 180/04, NJW-RR 2005, 919).

### 3. Schiedsgutachten- und Schiedsgerichtsklauseln

Schiedsgutachtenklauseln können in einem Prozess über streitige Sachmängel zur Kostenersparnis führen. Auch der Richter kann als Jurist das Vorliegen eines Baumangels nämlich nicht selbständig beurteilen. Deshalb wird im Prozess ein **Gutachter** hiermit beauftragt. Einigen sich die Vertragsteile bei Vorliegen eines Mangels aktuell im Wege des Vergleichs auf einen Gutachter, so dürfte diese Vereinbarung zulässig sein (vgl. Wagner, BTR 2004, 69 ff.).

Umstritten ist hingegen, ob eine Schiedsgutachterklausel von vornherein im Bauträgervertrag für den Fall des Streits über das Bestehen eines Mangels vereinbart werden kann. Dies dürfte, wenn der Rechtsweg ausgeschlossen oder die spätere gerichtliche Nachprüfung eingeschränkt wird (vgl. § 319 BGB), unzulässig sein. Außerdem kann wegen der Doppelbelastung mit den Kosten des vorprozessualen Sachverständigengutachtens und eines späteren zweiten Gutachtens im Prozess die Vereinbarung unangemessen sein, wenn der Bauträger nicht die Schiedsgutachtenkosten trägt (vgl. BGH, Urt. v. 10. 10. 1991 – VII ZR 2/91, NJW 1992, 433; vgl.

auch BGH, Beschl. v. 24. 11. 2005 – VII ZB 76/05, NJW-RR 2006, 212). Dagegen dürfte eine **fakultative Schiedsgutachtenklausel** möglich sein. Durch diese Klausel wird die sofortige Klage nicht ausgeschlossen; die Parteien sind nicht gezwungen, ein Schiedsgutachten einzuholen. Auch in einem späteren Prozess ist das Gericht an die Feststellungen des privaten Schiedsgutachters nicht gebunden.

Ein Schiedsgericht entscheidet anstelle des staatlichen Gerichts (§§ 1025 ff. ZPO). Auch in einem AGB-Vertrag kann eine **Schiedsgerichtsabrede** enthalten sein. Sie muss wegen des Beurkundungszwangs beim Bauträgervertrag nicht mehr in einer zusätzlichen Vereinbarung geregelt und gesichert unterzeichnet werden. Das Schiedsgericht stellt, wenn es die Grundsätze der §§ 1025 ff. ZPO einhält, keine unzulässige Rechtschutzerschwerung für den Verbraucher dar. Zum Schiedsrichter darf nicht eine Person bestellt werden, die mit dem Bauträger verbunden ist. Dies kann beispielsweise bei Benennung des Schiedsrichters durch den Präsidenten der Industrie- und Handelskammer der Fall sein (OLG Düsseldorf, Urt. v. 1. 6. 1995–4 U 217/94, NJW 1996, 400).

## VI. Prospekthaftung

Das Rechtinstitut der Prospekthaftung schützt Anleger, die auf die **Richtigkeit und Vollständigkeit** der im Prospekt enthaltenen **Informationen** vertrauen. Hierdurch wird es ermöglicht, Ansprüche gegen Personen und Firmen geltend zu machen, die nicht im Bauträgervertrag Vertragspartner werden. Es handelt sich um Ansprüche gegen an dem Anlegermodell Beteiligte aus typisiertem Vertrauen (ausführlich Koeble, in: Kniffka/Koeble, Kompendium, 11. Teil, Rn. 311 ff. u. Wagner, BTR 2003, 79 ff.). Betroffen sind diejenigen Personen, die durch ihr nach außen in Erscheinung getretenes Mitwirken am Prospekt einen besonderen Vertrauenstatbestand schaffen und damit eine Garantenstellung übernehmen. Mitverantwortung treffen ferner die Initiatoren und Gründer der Bauträgergesellschaft und von Vertriebsgesellschaften. Eng damit verbunden ist die Haftung der Vermittler von Kapitalanlagen, die Angaben über das

Anlageobjekt machen oder entsprechende Prospekte mit Angaben versenden, und zwar unabhängig davon, ob sie selbst den Prospekt verfasst haben. Schließlich können auch Personen, die bei der Gestaltung des Prospekts mitgewirkt haben oder in das Vertriebssystem integriert sind und die durch ihr nach außen in Erscheinung tretendes Mitwirken einen besondere Vertrauenstatbestand schaffen, haften. Dies trifft auf Rechtsanwälte, Wirtschaftsprüfer und Steuerberater zu, die im Prospekt als Mitwirkende am Modell aufgeführt sind und deren Funktion darin besonders betont wird. Dies kann auch für einen eingeschalteten Notar gelten. Beispiel ist die Erklärung im Prospekt, dass die „garantierten steuerlichen Verluste" von einer renommierten Wirtschaftsprüfungskanzlei, die namentlich genannt wird, berechnet wurden. Auch die besonders seriöse Abwicklung über Notaranderkonto eines bestimmten Notars, die Risiken ausschließen soll, kann haftungsbegründend wirken.

Die Haftung betrifft unrichtige, unvollständige oder irreführende Angaben im Prospekt. Der **Prospektbegriff** ist dabei weit auszulegen und umfasst nicht nur vorgelegte Unterlagen, sondern auch Zeitungsanzeigen und Werbezettel. Betroffen sind Angaben in technischer und wirtschaftlicher Hinsicht, wenn sie kein zutreffendes Bild über die Anlage vermitteln. Bei Steuersparmodellen gilt dies selbstverständlich auch für den erzielbaren Steuervorteil, bei dem nicht verschwiegen werden darf, auf Grund welcher Steuerprogression er beispielsweise errechnet wurde. Gleiches gilt für Angaben über erzielbare Mieteinnahmen. Besondere Bedeutung hat bei der Prospekthaftung das Verschweigen. So darf beispielsweise bei einer Toplage im Zentrum einer Stadt nicht „unterschlagen" werden, dass es sich dabei um ein Sanierungsgebiet mit städtebaulichen Problemen handelt.

Die Haftung besteht nur, wenn dem in Anspruch Genommenen ein Verschulden vorzuwerfen ist. Dieses wird allerdings vermutet, so dass eine Umkehr der **Beweislast** eintritt. Demgegenüber muss der Erwerber den ihm entstandenen Schaden nachweisen und die Ursächlichkeit der fehlerhaften Angaben für diesen Schaden. Ausreichend ist es, wenn Tatsachen dafür vorgetragen werden, dass bei Kenntnis der Umstände nicht dieses Objekt, sondern ein anderes Objekt erworben worden wäre oder eine andere Anlageform gewählt worden wäre. Versuche, die Haftung formularmäßig auszuschließen, gehen regelmäßig ins Leere.

**Hinweis:** Lediglich aufklärende Hinweise im Prospekt können dazu führen, dass eine Haftung vermieden wird. Dabei müssen die Risikohinweise kurz und verständlich sein und dürfen nicht ihrerseits Risiken beschönigen. Die Verjährungsfrist für Prospekthaftungsansprüche beträgt drei Jahre (BGH, Urt. v. 13. 11. 2003 – VII ZR 26/03, BauRB 2004, 62).

Auch ein Bauträger kann wegen unzutreffender Angaben in seinem Prospekt haften. Dies betrifft nicht nur den Bauträger als Vertragspartner, sondern bei Gesellschaften auch die **handelnden Organe** selbst, also insbesondere bei einer Bauträger-GmbH deren Geschäftsführer. Voraussetzung ist, dass dieser besonderes persönliches Vertrauen in Anspruch genommen hat, also beispielsweise gegenüber dem Erwerber geäußert hat, dass er sich persönlich für die Erfüllung des Bauträgervertrages „verbürge" oder er als Architekt persönlich für mangelfreie Herstellung des Objekts einstehe (§ 311 BGB). Erteilen der Bauträger oder seine Organe im Zusammenhang mit den Vertragsverhandlungen falsche Informationen oder werden erhebliche Hinweise unterlassen, kann dies zur Schadensersatzpflicht neben den Leistungspflichten (§ 280 Abs. 1 BGB) führen. Die Angaben in Prospekten enthalten regelmäßig Beschaffenheitsvereinbarungen; insofern bestehen Ansprüche wegen Sachmängel. Auch wenn die Prospektangaben nicht Vertragsinhalt wurden, können sie bei der Auslegung des Leistungsumfangs berücksichtigt werden (BGH, Urt. v. 7. 5. 1987 – VII ZR 366/85, NJW-RR 1987, 1046). Zudem besteht bei unzutreffenden oder irreführenden Angaben in Prospekten eine **Hinweispflicht** des Bauträgers, deren Verletzung zu einer Schadensersatzpflicht führt (§§ 241 Abs. 2, 311 Abs. 2 i. V. m. § 280 ff. BGB).

# F. Abwicklungsprobleme

## I. Nicht rechtzeitige Fertigstellung

Für den Erwerber ist meist die Bezugsfertigkeit besonders wichtig. Stellt der Bauträger das Vertragsobjekt in dem geschuldeten Umfang nicht zum vereinbarten Termin fertig, gerät er, wenn ein bestimmter Termin vereinbart ist, in **Verzug** (§ 286 Abs. 1 Satz 1 BGB). Verzug liegt freilich nur bei Überschreitung des vertraglich vereinbarten Termins, nicht bei einem lediglich unverbindlich angestrebten vor. Wird ein voraussichtlicher Fertigstellungstermin genannt, ist eine Leistungszeit (§ 271 BGB) vereinbart; sie darf allerdings überschritten werden. Der Bauträger hat in diesem Fall unverzüglich nach einer Mahnung das Bauvorhaben fertig zu stellen. Der Spielraum ist freilich nicht unbegrenzt; angemessen ist eine Überschreitung des voraussichtlichen Termins um maximal einen Monat. Bei einem kalendermäßig festgelegten Termin gerät der Bauträger automatisch in Verzug, wenn er die zu erbringende Leistung nicht rechtzeitig erbringt. Eine Mahnung des Erwerbers ist nicht notwendig. Anders ist dies, wenn den Bauträger an der Überschreitung des Fertigstellungstermins kein Verschulden trifft (BGH, Urt. v. 22. 5. 2003 – VII ZR 469/01, NJW-RR 2003, 1238). Gleiches gilt, wenn kein vertraglicher Termin festgelegt oder nur ein unverbindlicher Termin angegeben wurde (BGH, Urt. v. 8. 3. 2001 – VII ZR 470/99, NJW-RR 2001, 806).

Der Bauträger haftet nur für eine schuldhafte Überschreitung des Fertigstellungstermins (§ 286 Abs. 4 BGB). Allerdings obliegt es ihm zu beweisen, dass ihm kein Verschulden zur Last zu legen ist (BGH, Urt. v. 8. 3. 2001 – VII ZR 470/99, NJW-RR 2001,806). Der Bauträger kann sich nicht dadurch exkulpieren, dass ihm eine behördliche Genehmigung oder Bescheinigung, wie z. B. die Baugenehmigung, die Abgeschlossenheitsbescheinigung, eine beantragte Abweichung von baurechtlichen Vorschriften oder eine straßenverkehrsrechtliche Erlaubnis, nicht rechtzeitig erteilt wurde (vgl. BGH, Urt. v. 17. 1. 2002 – VII ZR 490/00, NJW 2002, 1568). Auch schlechte Witterungsverhältnisse muss der Bauträger von vornherein bei seiner Planung einkalkulieren; anders ist dies bei Naturkatastrophen.

Bei Verzug des Bauträgers kann der Erwerber vom Vertrag zurücktreten (§ 323 BGB), Schadensersatz statt der Leistung (§ 281 BGB) oder Ersatz des Verzögerungsschadens verlangen (§ 280 BGB). Dies gilt sowohl hinsichtlich der Bauverpflichtung als auch hinsichtlich der Eigentums- und Besitzverschaffungsverpflichtung. Demgegenüber forderte das bis zum 31. 12. 2001 geltende Recht hinsichtlich der verspäteten Herstellung des Werkes nach § 636 BGB a. F. die Setzung einer Nachfrist mit Ablehnungsandrohung; ein Verschulden war aber nicht erforderlich. Dagegen richtete sich der Verzug mit der Eigentums- und Besitzverschaffungsverpflichtung nach den allgemeinen Vorschriften der § 286, 326 BGB a. F. Der **Rücktritt** setzt nunmehr voraus, dass dem Bauträger vergeblich eine angemessene Frist zur Nacherfüllung gesetzt wurde. Dies ist allerdings entbehrlich, wenn dieser die Leistung ernsthaft und endgültig verweigert hat. Der Rücktritt kann ausnahmsweise bereits vor dem vereinbarten Fertigstellungstermin erklärt werden, wenn schon absehbar ist, dass eine fristgerechte Fertigstellung nicht mehr möglich ist. Ein Beispiel hierfür ist, dass mit den Arbeiten noch nicht begonnen wurde oder diese einen Stand haben, der die Erbringung der vereinbarten Bauleistungen in der verbleibenden Zeit unmöglich macht. Auch ein wiederholtes Bestreiten eines erheblichen Mangels führt zum Verzug ohne Mahnung (BGH, Urt. v. 9. 7. 2002 – X ZR 242/99, NJW-RR 2002, 1533). Der „Totalrücktritt" verwandelt den Bauträgervertrag in ein Rückabwicklungsverhältnis; die Leistungspflichten erlöschen.

**Hinweis:** Da auch der Eigentumsverschaffungsanspruch des Erwerbers erlischt, wird die akzessorische Auflassungsvormerkung gegenstandslos, so dass der Erwerber bei Insolvenz des Bauträgers nicht mehr gesichert ist (vgl. Schmidt, BauR 2000, 971/978).

Das Zurückbehaltungsrecht des Erwerbers gegenüber dem Grundbuchberichtigungsanspruch des Bauträgers schützt diesen nur ungenügend, da das **Zurückbehaltungsrecht** in der Insolvenz des Bauträgers nicht besteht (Schmitz, Die Bauinsolvenz, Rn. 457). Anders als nach alter Rechtslage kann trotz der Rücktrittserklärung Schadensersatz gefordert werden (§ 325 BGB). Allerdings hilft dieses Recht dem Erwerber in der Insolvenz wenig.

Der Rücktritt und eine erklärte „außerordentliche Kündigung" des Bauträgervertrages werden in der Regel als **Teilrücktrittserklärung** hinsichtlich der noch nicht erbrachten Teile des Bauträgervertrages auszulegen sein (vgl. Boldt, NZBau 2002, 660 ff.). Die Vertragsbeendigung „für die Zukunft" sollte allerdings klar zum Ausdruck kommen. Bei diesem Teilrücktritt muss der Erwerber für die bereits erbrachten Leistungen Wertersatz leisten. Dieser orientiert sich an der vereinbarten Vergütung (§ 346 Abs. 2 S. 2 BGB).

> **Hinweis:** Anders als beim Totalrücktritt verliert der Erwerber beim Teilrücktritt „für die Zukunft" nicht den Schutz der zu seinen Gunsten im Grundbuch eingetragenen Auflassungsvormerkung.

Fordert der Erwerber **Schadensersatz statt der Leistung** muss er dem Bauträger eine angemessene Frist zur Nacherfüllung setzen. Voraussetzung ist Verzug mit einer nicht nur unerheblichen Pflichtverletzung (§ 281 Abs. 1 Satz 3 BGB). Bei unwesentlichen Rechtsverletzungen und bei kurzfristigen Terminüberschreitungen ist deshalb dieses Recht nicht gegeben. Der Erwerber ist schadensrechtlich so zu stellen, wie er bei ordnungsgemäßer Leistung gestanden hätte. Er kann allerdings auch vom Vertrag Abstand nehmen und Schadensersatz statt der ganzen Leistung, das heißt insbesondere auch die Rückerstattung bezahlter Raten, fordern. In diesem Fall verliert er wie beim Rücktritt den Schutz der Auflassungsvormerkung. Fordert der Erwerber Schadensersatz statt der Leistung, ist der Anspruch auf Herstellung des Objekts ausgeschlossen (§ 281 Abs. 4 BGB). Der Erwerber kann ferner die sich als nutzlos erweisenden Aufwendungen als Schaden fordern. Der Verzögerungsschaden besteht in den Kosten einer vorübergehenden Anmietung einer Wohnung, der Unterbringung in einer Ersatzunterkunft, der Einlagerung von Möbeln, der Kosten eines mehrfachen Umzugs und in den Mehraufwendungen für die Finanzierung (z. B. Bereitstellungskosten und Zinsaufwand während des Verzugs). Der Erwerber kann auch entgangene Mieteinnahmen als Verzögerungsschaden geltend machen. Umgekehrt muss sich der Erwerber etwaige Vorteile (z. B. die Zinseinnahmen aus dem Eigenkapital und den Nutzungsvorteil durch einen Selbstbezug, vgl. BGH, Urt. v. 6. 10. 2005 – VII ZR 325/03, NJW 2006, 53) anrechnen lassen.

Umstritten ist, ob bei einem geplanten Selbstbezug der entgangene **Nutzungsausfall** eine Entschädigung darstellt, wenn dem Erwerber durch die weitere Nutzung des bisher bewohnten Eigenheims oder die Unterbringung bei Angehörigen keine Kosten entstehen. Wenn lediglich die Terrasse, der Garten oder sonstige Außenanlagen nicht benutzbar sind, dürfte ein Schaden nach der bisherigen Rechtsprechung zu verneinen sein (vgl. BGH, Urt. v. 5. 3. 1993 – V ZR 87/91, NJW 1993, 1793; offen bei Ferienwohnung BGH, Urt. v. 27. 1. 2005 – VII ZR 276/03, BauRB 2005, 161). Umstritten ist dies bei einer Garage oder einem Kfz-Stellplatz (BGH, Urt. v. 10. 10. 1985 – VII ZR 292/84, NJW 1986, 427; vgl. Medicus, NJW 1989, 1889/1992 u. Pause, Bauträgerkauf, Rn. 494). Sind Wohnräume nicht bewohnbar, bei denen die ständige Verfügbarkeit für die eigenwirtschaftliche Lebenshaltung eine wichtige Rolle spricht, so scheint die überwiegende Ansicht weiterhin einen Vermögensschaden bei einer Selbstnutzung einer Wohnung im Rahmen vertraglicher Ansprüche zu verneinen (BGH, Urt. v. 9. 7. 1986 – GSZ 1/86, NJW 1987, 50).

**Hinweis:** Ist der Erwerber wegen der Kündigung einer Mietwohnung oder der Veräußerung der bisherigen Eigentumswohnung auf die pünktliche Fertigstellung angewiesen, kann zu seiner Sicherung eine angemessene Vertragsstrafe vereinbart werden.

Eine Vertragsstrafe kann, da sie ein Druckmittel darstellt, höher als der zu erwartende Schaden sein. Die **Vertragsstrafe** stellt im Falle der Nichterfüllung den Mindestschaden dar, der ohne tatsächlichen Nachweis gefordert werden kann. Die Geltendmachung eines nachgewiesenen höheren Schadens ist daneben nicht ausgeschlossen (§§ 340 Abs. 2, 341 Abs. 2 BGB). Nimmt der Erwerber allerdings das Objekt später an, muss er sich bei der Abnahme – nicht früher oder später – die Forderung der Vertragsstrafe vorbehalten (§ 341 Abs. 3 BGB; vgl. BGH, Urt. v. 9. 10. 1986 – VII ZR 184/85, NJW

1987, 381). Der Verzicht auf die Vertragsstrafe durch eine vorbehaltslose Annahme tritt auch ein, wenn ein Verzichtswille oder ein entsprechendes Erklärungsbewusstsein des Erwerbers nicht besteht.

## II. Steckenbleiben des Objekts (Insolvenz)

Wird der Bauträger zahlungsunfähig und bleibt deshalb das Objekt stecken, ergeben sich zahlreiche Probleme. Zunächst ist danach zu unterscheiden, welches Stadium erreicht ist. Im Wesentlichen handelt es sich um **drei** unterschiedliche **Konstellationen**: Den Zeitraum zwischen Insolvenzantrag und Eröffnung des Insolvenzverfahrens, die Abwicklung nach der Eröffnung der Insolvenz und die Vorgehensweise nach Abweisung eines Insolvenzantrags mangels Masse.

### 1. Risiken bei gestelltem Insolvenzantrag

Einen Insolvenzantrag kann der Bauträger selbst, aber auch seine Gläubiger stellen (§ 13 ff. InsO). Zu diesen gehört auch der Erwerber. Er kann somit als Gläubiger einen Insolvenzantrag stellen. Die Antragstellung bewirkt noch **kein Verfügungsverbot** des Bauträgers, sofern nicht das Insolvenzgericht ausnahmsweise als Sicherungsmaßnahme einen vorläufigen Insolvenzverwalter bestimmt und diesem die Verwaltungs- und Verfügungsbefugnis über das Vermögen des Bauträgers überträgt (§§ 21 Abs. 2 Nr. 2, 22 Abs. 1 InsO). Auch wenn das Gericht von dieser Möglichkeit keinen Gebrauch macht, ist der regelmäßig zahlungsunfähige Bauträger ohne seine Bank handlungsunfähig.

Der Erwerber sollte sich in dieser Phase vor übereilten Handlungen hüten. Empfehlenswert ist es insbesondere beim Geschosswohnungsbau, mit der Bauträgerbank über eine **etwaige Lösung** zu verhandeln. Dies kann allerdings nur in Abstimmung mit den weiteren Erwerbern erfolgen. Gleichzeitig sollte mit den Handwerkern über einen Weiterbau einschließlich einer etwaigen Mängelbeseitigung am stecken gebliebenen Objekt verhandelt werden. Außerdem ist wegen der meist entstehenden Mehrkosten des Fertigbauens über Einsparungsmöglichkeiten nachzudenken. Zusätzlich müssen die

Erwerber die Finanzierbarkeit der Fertigstellung durch Überprüfung des Bauten- und Zahlungsstandes sowie gegebenenfalls der zur Verfügung stehenden Eigenmittel überprüfen (vgl. Wudy, MittBayNot 2000, 489/495 u. Schmitz, in: Grziwotz/Koeble, Handbuch Bauträgerrecht, 5. Teil Rn. 4).

> **Hinweis:** Der Erwerber sollte sich in dieser Phase keinesfalls durch einen Rücktritt oder einen Schadensersatz statt der Leistung vom Vertrag lösen, da er sonst seine grundbuchmäßige Sicherung auf Übertragung der errichteten, wenn auch stecken gebliebenen Immobilie im erreichten Bauzustand verliert.

## 2. Abwicklung nach Insolvenzeröffnung

Der Erwerber hat in der Insolvenz des Bauträgers einen kaufvertraglichen Schutz. Er kann vom Insolvenzverwalter die **Übertragung der stecken gebliebenen Immobilie** an sich verlangen. Auch wenn dieser die Weitererfüllung des Bauträgervertrages ablehnt, geht der Schutz der Auflassungsvormerkung nicht verloren (§ 106 Satz 2 InsO). Der Erwerber wird so gestellt, als ob er bereits Eigentümer des Grundstücks wäre und der Bauträger als einfacher Bauunternehmer auf einem dem Erwerber gehörenden Grundstück gebaut hätte (zutreffend BGH, Urt. v. 21. 11. 1985 – VII ZR 366/83, NJW 1986, 925/927). Der Erwerber wird davor geschützt, dass er seine geleisteten Kaufpreisraten verliert und dafür nur eine minimale Insolvenzquote erhält. Wie ein Eigentümer, er auf eigenem Grund und Boden baut, verbleibt ihm jedoch das Mängel- und Fertigstellungsrisiko. Vermögensverluste, die sich aus einer mangelhaften Herstellung, der nicht termingerechten Fertigstellung und etwaigen Mehrkosten der Restfertigstellung ergeben, hat der Gesetzgeber nicht abgesichert; sie treffen den Erwerber ebenso wie einen „normalen Häuslebauer".

> **Hinweis:** Durch die Auflassungsvormerkung wird nur die Pflicht zur Eigentumsverschaffung, nicht jedoch die Pflicht zur Herstellung des Bauwerks und der Anspruch auf lastenfreie Übertragung von Eigentum gesichert. Für den Bauträgervertrag bedeutet dies, dass er in einen insolvenzfesten und einen dem Wahlrecht des Insolvenzverwalters unterworfenen Teil gespalten wird.

Entscheidend für die Sicherung der Grundstücksübertragung ist, dass die Eintragung der Auflassungsvormerkung vor Eröffnung des Insolvenzverfahrens erfolgt. Demgegenüber hat eine Auflassungsvormerkung, die nach Eröffnung des Insolvenzverfahrens beantragt wird, keinerlei Schutzwirkungen mehr. Ist der **Eintragungsantrag** vor Eintritt der Verfügungsbeschränkung (§ 80 Abs. 1 InsO) beim Grundbuch eingegangen (§ 13 Abs. 2 GBO), beeinträchtigt die Entziehung der Verfügungsbefugnis nicht die Wirksamkeit des Antrags. Umstritten ist, ob dies nur für den Antrag des Erwerbers oder auch für den Antrag des Bauträgers gilt (vgl. Schöner/Stöber, Grundbuchrecht, 12. Aufl. 2001, Rn. 120). Vorsichtshalber sollte deshalb der Antrag stets auch im Namen des Erwerbers gestellt werden. Folge ist, dass die Verfügungsbefugnis als fortbestehend fingiert wird (§ 878 BGB).

Der Insolvenzverwalter ist deshalb nach zwischenzeitlicher Eröffnung des Insolvenzverfahrens nicht berechtigt, wegen der noch ausstehenden Eintragung der Auflassungsvormerkung die Erfüllung des Bauträgervertrages gemäß § 103 InsO insgesamt abzulehnen. Eine **Anfechtung** auf Grund der Anfechtungsbestimmungen der Insolvenzordnung ist dagegen zulässig. Diese haben jedoch bei einer Ratenzahlung entsprechend den Sicherungsvorkehrungen des § 3 MaBV keine Bedeutung (zutreffend Schmitz, in: Grziwotz/Koeble, Handbuch Bauträgerrecht, 5. Teil, Rn. 19). Der Erwerber zahlt nämlich regelmäßig erst nach Eintragung der Auflassungsvormerkung. Wurde diese rechtzeitig eingetragen oder beantragt und erfolgt die Eigentumsumschreibung erst in den letzten drei Monaten vor dem Insolvenzantrag (§ 130 InsO) oder danach, schützt wiederum die Vormerkung den Erwerber. Eine Anfechtung der Auflassungsvormerkung wird ebenfalls praktisch nur dann relevant, wenn der Erwerber entgegen dem Schutz des § 3 MaBV vor Eintragung der Auflassungsvormerkung Abschlagszahlungen leistet und er danach im Zeitraum des § 130 InsO die Eintragung der Vormerkung erreicht (§ 140 InsO). In diesem Fall hat der Erwerber die Auflassungsvormerkung zur Löschung zu bewilligen. Hinsichtlich der ohne Sicherung bezahlten Raten erhält er lediglich die Insolvenzquote.

Als Ausgleich für die Verpflichtung des Insolvenzverwalters, das stecken gebliebene Objekt an den Erwerber zu übertragen, sieht das Gesetz dessen Verpflichtung vor, den anteiligen Kaufpreis zu entrichten. Fraglich ist, ob hierzu die erste Abschlagszahlung von 30 % ausreicht. In dieser Rate sind neben den **reinen Grundstückskosten** auch die Erschließungsbeiträge und sonstige Anliegerbeiträge, Honorare für Architekten, Ingenieure und Statiker sowie die Kosten der Baugenehmigung enthalten. Überschreitet die Summe aus dem reinen Grundstückspreis und diesen zusätzlichen Kosten der Baureifmachung den Betrag der ersten Rate, so ist fraglich, ob der Insolvenzverwalter den Restbetrag, der hinsichtlich des anteiligen Grundstückswerts fehlt, Zug um Zug gegen die Eigentumsübertragung fordern kann. Übersteigt der reine Grundstückswert nicht die Rate von 30 %, ist die Forderung des Insolvenzverwalters nach Zahlung des Restbetrages ohnehin nicht gerechtfertigt (teilweise abweichend Schmitz, Die Bauinsolvenz, Rn. 452). Etwas anderes gilt jedenfalls dann, wenn der reine Grundstückswert die erste Rate übersteigt. Nach h. M. wird der Wert der vormerkungsgesicherten Leistung gemäß §§ 315, 316 BGB ermittelt (so Schmitz, in: Grziwotz/Koeble, Handbuch Bauträgerrecht, 5. Teil Rn. 22). Allerdings sind weiterhin die vertraglichen Maßstäbe zu beachten (Kesseler, RNotZ 2004, 176/193 ff.).

Die Eröffnung des Insolvenzverfahrens führt zu einer **„Abrechnungssituation“ hinsichtlich des Bauvertrags**. Der Insolvenzverwalter kann somit die offene Werklohnforderung durchsetzen. Ein Insolvenzverwalter kann jedoch die Grundstücksübereignung nicht deshalb verweigern, weil der Erwerber wegen Mängel der Bauleistungen einen Teil der vereinbarten Gegenleistung zurückhält. Umgekehrt kann der Erwerber, der einen Grundstücksanteil noch nicht bezahlt hat, nicht mit Forderungen wegen der Bauleistungen aufrechnen (so Schmitz, in: Grziwotz/Koeble, Handbuch Bauträgerrecht, 5. Teil, Rn. 37; a. A. wohl Wudy, ZNotP 2001, 142). Das Zurückbehaltungsrecht des Erwerbers bezüglich der Gegenleistung für den „kaufrechtlichen Teil“ bleibt hiervon unberührt. Es wird auch durch das Wahlrecht des Insolvenzverwalters hinsichtlich der Vertragserfüllung nicht ausgeschlossen.

**Hinweis:** Die scheinbar hervorragende Sicherung des Erwerbers auf Eigentumsverschaffung in der Insolvenz hat jedoch einen Haken: Sie wirkt nicht gegenüber der vorrangig eingetragenen Bauträgerbank. Insoweit kommt es darauf an, unter welchen Voraussetzungen sich das Kreditinstitut gegenüber dem Erwerber in der Freistellungsverpflichtung zur Löschung ihrer Grundschuld verpflichtet hat (vgl. S. 70ff.).

Hinsichtlich der Bauleistungen hat der Insolvenzverwalter bei einem beiderseitigen zur Zeit der Eröffnung des Insolvenzverfahrens noch nicht vollständig erfüllten Vertrag das **Wahlrecht**, ob er die Erfüllung wählt oder diese ablehnt.

**Hinweis:** Auch wenn noch beseitigungsfähige Mängel vorliegen, ist der Bauträgervertrag noch nicht erfüllt, so dass in diesem Fall das Wahlrecht des Insolvenzverwalters besteht.

Durch die Eröffnung des Insolvenzverfahrens wird der Bauträgervertrag **nicht automatisch umgestaltet** (so noch die frühere Erlöschenstheorie). Die noch ausstehenden Erfüllungsansprüche, soweit es sich nicht um Ansprüche auf die Gegenleistung für schon erbrachte Leistungen handelt, können nur nicht durchgesetzt werden. Wählt der Insolvenzverwalter die Erfüllung des Vertrages, so aktualisieren sich die zunächst suspendierten Rechte wieder (BGH, Urt. v. 25. 4. 2002 – IV ZR 313/99, BauR 2002, 1264). Lehnt der Insolvenzverwalter die Erfüllung des Vertrages ab (§ 103 Abs. 2 Satz 1 InsO) steht dem Erwerber eine Schadensersatzforderung zu.

Der Erwerber kann dem Insolvenzverwalter, sofern dieser nicht von sich aus die diesbezügliche **Erklärung** abgibt, eine Frist zur Erklärung hinsichtlich des weiteren Schicksals des Vertrages setzen. Die Aufforderung des Erwerbers zur Nacherfüllung wird regelmäßig eine Aufforderung an den Insolvenzverwalter beinhalten, sich hinsichtlich der Erfüllung des Vertrages zu erklären. Wählt der Insolvenzverwalter hierauf nicht unverzüglich die Erfüllung, verliert er sein Wahlrecht; es bleibt zudem bei der Suspendierung des Vertrages durch die Insolvenz. Der Erwerber kann statt der Geltendmachung von Schadensersatz auch bis zur Beendigung des Insolvenzverfahrens warten und mit dem Bauträger den Vertrag weiter fortsetzen.

Wählt der Insolvenzverwalter die **weitere Erfüllung des Bauträgervertrages**, so muss er auch vorhandene Mängel beseitigen. Dies führt zu eine Belastung der Insolvenzmasse. Wegen dieser Risiken wird diese Vorgehensweise in der Praxis selten gewählt. Stattdessen machen Insolvenzverwalter den Erwerbern häufig ein Angebot hinsichtlich der Restabwicklung, das heißt der noch ausstehenden Leistungen. Dabei wird die Erfüllung der Ansprüche des Erwerbers wegen bestehender Sachmängel und eines bereits entstandenen Verzugsschadens ausgeschlossen. Häufig tritt der Insolvenzverwalter als „Gegenleistung" Rechte wegen Sachmängel gegen Handwerker an die Erwerber ab. Freilich werden diese Rechte kaum Bedeutung haben, da die Handwerker bei ausstehendem Werklohn den abgetretenen Rechten die Einrede des nicht erfüllten Vertrages entgegen halten können.

Regelmäßig hat der Insolvenzverwalter beim Bauträgervertrag kein Interesse, den Vertrag zu erfüllen. Ist im Grundbuch eine **Bauträgerbank** erstrangig eingetragen, ergibt sich für die Insolvenzmasse nur dann ein Vorteil, wenn nicht der gesamte Kaufpreis an die globalfinanzierende Bank fließt. Hat sich diese in der Freistellungserklärung und der entsprechenden Vereinbarung im Bauträgervertrag das Wahlrecht nach § 3 Abs. 1 Satz 3 MaBV (vgl. S. 74 f.) vorbehalten, wird dieses nicht selten als Druckmittel gegen Erwerber eingesetzt, um diese zu einem Nachgeben zu veranlassen (vgl. Reisach, Bauträgerrecht und Baufinanzierung, S. 266).

Lehnt der Insolvenzverwalter die Erfüllung ab, so steht dem Erwerber ein **Schadensersatzanspruch** zu. Diesen kann er nur als Insolvenzgläubiger (§ 103 Abs. 2 Satz 1 InsO) zur Insolvenztabelle anmelden. Er erhält meist nur eine minimale Befriedigung seiner Forderung. Allerdings kann der Schadensersatzanspruch eine vom Insolvenzverwalter noch geltend gemachte Vergütungsforderung, die sich aus dem vom Bauträger bis zur Eröffnung des Insolvenzverfahrens erbrachten Bauleistungen ergibt, abwehren. Beide Forderungen werden in ein Abrechnungsverhältnis eingestellt. Demgegenüber ist dem Erwerber nach Insolvenzeröffnung die Aufrechnung mit einer Forderung verwehrt, wenn die Forderung der Insolvenzmasse unbedingt und fällig wird, bevor die Aufrechnung erfolgen kann (§ 95 Abs. 1 Satz 3 InsO). Allerdings gilt dies nicht für synallagmatisch miteinander verbundene Forderungen (§ 320 BGB), sondern nur für Forderungen, die nicht im Gegenseitigkeitsverhältnis stehen. Dies hat eine nicht zu unterschätzende praktische Bedeutung. Der Nacherfüllungsanspruch kann deshalb der Restwerklohnforderung des Insolvenzverwalters entgegen gehalten werden, auch wenn er erst nach fruchtloser Fristsetzung und Fälligkeit der Insolvenzforderung in einen Geldzahlungsanspruch umgewandelt wird. Anders ist dies bei Freistellungsansprüchen des Erwerbers gegen den Bauträger, die erst nach Insolvenzeröffnung entstehen, wenn man diese nicht in das Gegenseitigkeitsverhältnis des Bauträgerrechts einstellt (vgl. S. 132).

**Hinweis:** Der Insolvenzverwalter kann Forderungen gegen den Erwerber „normal" geltend machen; der Erwerber kann seine Ansprüche gegen den „Bauträger" nur gegen die Insolvenzmasse und nach den Vorschriften des Insolvenzrechts verfolgen (§§ 87, 174 ff. InsO). Wichtig ist, dass die Forderung an den Insolvenzverwalter schriftlich angemeldet wird, wobei Grund und Höhe der Forderung erläutert werden müssen. Bestreitet der Insolvenzverwalter vorläufig die Berechtigung der Forderung, muss der Erwerber nach den diesbezüglichen Gründen fragen. Erst wenn der Insolvenzverwalter die Forderung endgültig bestreitet, hat der Erwerber die Möglichkeit der Feststellungsklage (§ 180 Abs. 1 InsO).

Ein **Freistellungsanspruch** gegen den Bauträger berechtigt den Erwerber nach Zahlung an den Dritten, vom Bauträger Rückerstattung zu fordern. In der späteren Insolvenz kann dieser Anspruch jedoch lediglich zur Insolvenztabelle angemeldet werden. Besteht vor Insolvenzeröffnung ein Freistellungsanspruch, der sich erst nach Verfahrenseröffnung in einen Zahlungsanspruch umwandelt, so ist eine Verrechnungsmöglichkeit nicht gegeben. Auch ein Zurückbehaltungsrecht ist in der Insolvenz des Bauträgers unbeachtlich (vgl. BGH, Urt. v. 7. 3. 2002 – IX ZR 457/99, NJW 2002, 2313/2315 und BGH, Urt. v. 23. 5. 2003 – V ZR 279/00, NZI 2003, 605.

**Hinweis:** Gegenüber der freistellungsverpflichtenden Bank kann die Zahlung an den Dritten als Abzugsposten geltend gemacht werden, da ihr gegenüber der Erwerber nur zur Zahlung der geschuldeten Vertragssumme verpflichtet ist. Ein Zahlungsanspruch, der vor Insolvenzeröffnung gegeben war, kann später verrechnet werden.

In der Praxis große Bedeutung haben bei Wohnungs- und Teileigentum **Mängel am Gemeinschaftseigentum**. Der diesbezügliche „kleine" Schadensersatzanspruch auf Ausgleich der Nachteile steht der Gemeinschaft zu. Haben einige Erwerber den Anspruch bereits verloren, da ihm die Einrede der Verjährung entgegensteht, ist umstritten, ob ein Nachzügler-Erwerber den gesamten Schaden geltend machen kann oder nur einen Anspruch entsprechend seiner Erwerbsquote (so BGH, Urt. v. 22. 12. 1995 – V ZR 52/95, NJW 1996, 1056; ebenso noch Schmitz, Die Bauinsolvenz, Rn. 454). Da der Nachzügler vor Insolvenzeröffnung einen Anspruch auf vollständige Mängelbeseitigung am Gemeinschaftseigentum gehabt hätte und die Nachbesserung allen Erwerbern zu Gute gekommen wäre, genügt es, wenn sämtliche Wohnungseigentümer beschlussmäßig ihr Einverständnis damit erklären, dass der Nachzügler den in einen Schadensersatzanspruch umgewandelten Erfüllungsanspruch geltend macht. Der Beschluss muss nicht vor der Insolvenzeröffnung gefasst werden; dies kann auch danach erfolgen (BGH, Urt. v. 25. 2. 1999 – VII ZR 208/97, NJW 1999, 1705 und nunmehr auch Schmitz, in: Grziwotz/Koeble, Handbuch Bauträgerrecht, 5. Teil, Rn. 79). Damit profitieren die „Alt-Erwerber" von dem Nachzügler-Erwerber; ohne diesen hätten sie lediglich eine Insolvenzforderung gehabt.

Einen **Schaden des Erwerbers** stellen insbesondere die Mehrkosten der Restfertigstellung dar. Zu ihnen gehört das Honorar für die Planung und die Ausführung der beauftragten Architekten, die Werklohnforderungen der Handwerker und auch die Architektenleistungen der Ausschreibung und Vergabe der Restarbeiten. Weitere Schadensposition ist der bereits vor Insolvenzeröffnung eingetretene Verzögerungsschaden (Mietkosten, höhere bzw. doppelte Umzugskosten, steuerliche Nachteile, wie z. B. das Entfallen der Eigenheimzulagenförderung, Bereitstellungszinsen hinsichtlich eines Kredites).

Auch in der Insolvenz des Bauträgers beschränkt sich die Restabwicklung nicht auf die Beziehung zwischen Erwerber und Insolvenzverwalter. Regelmäßig ist die **Finanzierungsbank des Bauträgers** durch ein im Grundbuch eingetragenes Grundpfandrecht gesichert. Auch in der Insolvenz muss der Erwerber darauf achten, dass die Lastenfreistellung sichergestellt ist. Hierzu dient die Freistellungsverpflichtung (vgl. S. 70ff.), die das Steckenbleiben des Bauvorhabens mitregelt. Der Erwerber soll nicht besser und nicht schlechter als ohne Einschaltung einer Finanzierungsbank seitens des Bauträgers gestellt werden. Die diesbezügliche Regelung der MaBV erreicht dies jedoch nur ansatzweise.

Im Übrigen wird ein **Steckenbleiben des Bauvorhabens** erst nach Eröffnung des Insolvenzverfahrens und Erfüllungsablehnung durch den Insolvenzverwalter angenommen. Gleiches soll bei Ablehnung des Insolvenzantrags mangels Masse und bei der Einstellung der Bauarbeiten für mehrere Monate gelten. Ob der Erwerber bei einem einheitlichen Vertrag wie dem Bauträgervertrag vor Insolvenzeröffnung bei Untätigkeit des Bauträgers diesem eine angemessene Frist zur Vertragserfüllung setzen und nach fruchtlosem Fristablauf allein die werkvertragliche Komponente des Bauträgervertrags kündigen kann (so Schmitz, in: Grziwotz/Koeble, Handbuch Bauträgerrecht, 5. Teil, Rn. 102), ist fraglich (wohl bejaht von OLG Stuttgart, Urt. v. 18. 8. 2004 – 5 U 62/03, MittBayNot 2005, 162). Nach zutreffender, wenn auch nicht herrschender Meinung (vgl. Grziwotz, ZIP 2002, 825) ist ein Steckenbleiben bereits dann anzunehmen, wenn der Bauträger die Arbeiten nicht vorübergehend, sondern aus Sicht zum Zeitpunkt des Steckenbleibens (ex ante) endgültig einstellt.

Das **Bankenwahlrecht** (vgl. S. 74f.) führt dazu, dass der Erwerber schlechter steht, als wenn keine Bauträgerbank im Grundbuch eingetragen wäre. Ist das Bankenwahlrecht (§ 3 Abs. 1 Satz 3 MaBV) im Bauträgervertrag vorgesehen und wird es auch in der Freistellungserklärung von der Bank so gewählt, so kann die Bank entscheiden, bei welcher Alternative sie den geringsten Verlust hat.

**Hinweis:** Entgegen einer vielfach geäußerten Ansicht steht dem Erwerber beim Steckenbleiben des Bauträgerobjektes kein Anspruch gegen die Bauträgerbank auf Rückzahlung des „Kaufpreises" zu.

**Allein** die **Bauträgerbank kann wählen**, ob sie das Objekt freistellt oder den anteiligen Wert der Leistungen des Erwerbers diesem erstattet. Eine Rückabwicklung des Vertrages gegen die Erstattung der geleisteten Raten ist nur einvernehmlich zu erreichen, wenn nicht ausnahmsweise ein diesbezüglicher Anspruch bereits im Bauträgervertrag mit Zustimmung der finanzierenden Bauträgerbank vereinbart wurde.

Erfolgreich kann der Erwerber gegen die Bauträgerbank vor allem bei einem **Einwendungsdurchgriff** (§§ 358 Abs. 3 Satz 3, 359 BGB) vorgehen. Voraussetzung ist, dass es sich beim Bauträger und dem Kreditinstitut, das den Erwerber finanziert, um verbundene Unternehmen handelt. Eine wirtschaftliche Einheit zwischen dem Bauträgervertrag und dem Kreditvertrag des Erwerbers ist ferner anzunehmen, wenn die Bank über die reine Darlehensvergabe hinaus den Erwerb des Bauträgerobjekts durch Zusammenwirken mit dem Bauträger fördert. Beispiel ist, dass der Bauträger oder dessen Vertrieb ohne Einschaltung der Bank auch die Finanzierung des Erwerbers auf Formularen der Bank „durchführt". Übernimmt die Bank Funktionen des Bauträgers, indem sie bei der Planung, Werbung oder Durchführung des Projekts mitwirkt, insbesondere dieses auch durch die eigene Immobilienabteilung vermittelt, so liegt ebenfalls ein verbundenes Geschäft vor. Schließlich kann die Bank durch Fehlinformationen, z. B. dass sie das Objekt geprüft habe, und unzutreffende Aussagen über dessen Solidität oder Rendite macht, den Bauträger begünstigen, so dass sie aus Sicht des Erwerbers mit ihm eine Einheit bildet. Es muss sich um einen Fall eines institutionalisierten Zusammenwirkens der kreditgebenden Bank mit dem Bauträger oder Vertreiber des finanzierten Objektes handeln. Eine wirtschaftliche Einheit wird unwiderleglich vermutet, wenn der Kreditvertrag nicht aufgrund eigener Initiative des Erwerbers des Objektes zustande kam, sondern deshalb, weil der Vertriebsbeauftragte des Bauträgers dem Interessenten zugleich mit den Anlageunterlagen einen Kreditantrag des Finanzierungsinstituts vorgelegt hatte, das sich zuvor dem Bauträger und dem Vertriebsbeauftragten gegenüber zur Finanzierung bereit erklärt hatte (BGH, Urt. v. 25. 4. 2006 – XI ZR 193/04, ZIP 2006, 940 und BGH, Urt. v. 25. 4. 2006 – XI ZR 29/05, ZIP 2006, 987).

Die Regelungen über den **Einwendungsdurchgriff** beim verbundenen Geschäft gelten erst für Verträge, die ab dem 1. 8. 2002 geschlossen wurden (§ 506 Abs. 2 BGB i. d. F. bis 30. 6. 2005). Bis zum Ablauf des 30. 6. 2005 konnte das Widerrufsrecht zudem durch besondere schriftliche Vereinbarung mit dem Kreditgeber ausgeschlossen werden, wovon Banken überwiegend Gebrauch gemacht haben. Die Widerrufsfrist für den Darlehensvertrag beträgt zwei Wochen (§§ 495, 355 BGB). Über das Widerrufsrecht und die Widerrufsfrist muss der Erwerber belehrt werden (§ 355 BGB i. V. m. § 14 BGB-InfoV). Der Lauf der Widerrufsfrist beginnt erst, wenn der Erwerber ordnungsgemäß belehrt wurde. Mit Ausübung des Widerrufsrechts wird der Darlehensvertrag rückabgewickelt. Die finanzierende Bank hat dem Erwerber Zins- und Tilgungsleistungen zu erstatten, während der Erwerber seinerseits den Nettokreditbetrag sowie dessen marktübliche Verzinsung schuldet. Voraussetzung ist allerdings, dass der Kreditbetrag an den Erwerber oder auf dessen Weisung an den Bauträger bezahlt wurde (EuGH, Urt. v. 25. 10. 2005 – Rs. C – 350/03, ZIP 2005, 1959; BGH, Urt. v. 21. 3. 2006 – XI ZR 204/03, ZIP 2006, 846 und EuGH, Urt. v. 25. 10. 2005 – Rs. C – 229/04, ZfIR 2005, 821; vgl. Hoppe/Lang, ZfIR 2005, 800 ff.). Die Bank kann nicht darauf verweisen, dass sie das empfangene Geld bereits an den Bauträger bzw. die Handwerker gezahlt hat. Beim verbundenen Geschäft erfasst der Widerruf des Realkreditvertrages auch den Bauträgervertrag (§ 358 Abs. 1 BGB). Umstritten ist, ob der Bauträger Raten anfordern darf, bevor das Erlöschen des Widerrufsrechts geklärt ist (bejahend Volmer, MittBayNot 2002, 336/341; a. A. Blank, Bauträgervertrag, Rn. 134).

Beim Widerruf eines verbundenen Vertrages kann der Erwerber **Einwendungen aus dem Bauträgervertrag** auch dem Darlehensanspruch der Bank entgegen halten. Dies gilt nicht für Ansprüche gegen Gründungsgesellschafter, Fondsinitiatoren, maßgebliche Betreiber, Manager und Prospektherausgeber. Der Erwerber ist – wie oben dargestellt – befugt, die Rückzahlung des Darlehens zu verweigern. Er ist darüber hinaus berechtigt, die von ihm selbst auf das Darlehen gezahlten Beträge von der Bank zurückzuverlangen (BGH, Urt. v. 25. 4. 2006 – XI ZR 193/04, WM 2006, 1003 und BGH, Urt. v. 25. 4. 2006 – XI ZR 29/05, ZIP 2006, 987). Auch ein Leistungsverweigerungsrecht kann für die Finanzierungsbank einschneidende Folgen haben, wenn das Darlehen noch nicht oder kaum zurückgeführt wurde und ein Nachzügler-Erwerber Mängel am Gemeinschaftseigentum gegenüber dem Bauträger nach einem entsprechenden Beschluss der Eigentümergemeinschaft geltend macht.

Aber auch bei einem realkreditfinanzierten Eigentumswohnungskauf, der nicht als verbundenes Geschäft behandelt werden kann, kann sich der Erwerber in Fällen eines institutionalisierten Zusammenwirkens der kreditgebenden Bank mit dem Bauträger oder Vertreiber des Objekts mit Erfolg auf einen Aufklärungspflichten auslösenden konkreten Wissensvorsprung der finanzierenden Bank im Zusammenhang mit einer arglistigen Täuschung des Erwerbers durch unrichtige Angaben des Vermittlers, Bauträgers oder Prospekts über das Anlageobjekt berufen. Die eine eigene Aufklärungspflicht auslösende Kenntnis der Bank von einer solchen arglistigen Täuschung wird widerleglich vermutet, wenn der Bauträger, die von ihm beauftragten Vermittler und die finanzierende Bank in institutionalisierter Art und Weise zusammenwirken, auch die Finanzierung der Kapitalanlage vom Verkäufer oder Vermittler angeboten wurde und die Unrichtigkeit der Angaben des Bauträgers oder der für ihn tätigen Vermittler nach den Umständen des Falles evident ist, so dass sich aufdrängt, die Finanzierungsbank habe sich der Erkenntnis der **arglistigen Täuschung** geradezu verschlossen (BGH, Urt. v. 16. 5. 2006 – XI ZR 6/04, NJW 2006, 2099, „Schrottimmobilien“ ).

Die Auflassungsvormerkung bietet wegen ihrer Akzessorität, das heißt ihrer Abhängigkeit vom gesicherten Eigentumsverschaffungsanspruch, keinen Schutz, wenn der Bauträgervertrag unwirksam ist. In nicht seltenen Fällen werden trotz der Belehrung des Notars auf Wunsch des Bauträgers, der insbesondere in der Krise Mittel an seiner Bank „vorbeischleusen“ will, und des Erwerbers, der Grunderwerbsteuer und Kosten sparen will, Schwarzgeldabreden getroffen. Diese Abrede macht den Vertrag insgesamt unwirksam. Der Insolvenzverwalter kann bei Kenntnis dieser **Schwarzgeldabrede**, die sich häufig aus Unterlagen des Bauträgers ergibt, vom Erwerber die Löschung der Auflassungsvormerkung verlangen. Dem Erwerber steht kein Zurückbehaltungsrecht hinsichtlich der von ihm gezahlten Raten zu; diesbezüglich erhält er lediglich eine Insolvenzforderung und verliert deshalb meist seine gesamten Zahlungen. Glück hat er nur dann, wenn ihm gegen die Bauträgerbank ein Bereicherungsanspruch auf Rückzahlung seiner Abschlagszahlungen zusteht (BGH, Urt. v. 10. 2. 2005 – VII ZR 184/04, BauRB 2005, 160).

Auch ein ungeschicktes Vorgehen des Erwerbers bei verzögerter Bauherstellung in der Krise des Bauträgers kann ihm seine **Sicherungsrechte nehmen**. Tritt der Erwerber bei einem Verzug des Bauträgers vom Vertrag zurück, entfällt wiederum die Sicherungsfunktion der Auflassungsvormerkung. Gleiches gilt bei der Wahl des Schadensersatzes statt der ganzen Leistung. Setzt der Erwerber dem Bauträger lediglich eine Nachfrist und kündigt er den Schadensersatz statt der Leistung an, kann er nach Ablauf der Frist nochmals überlegen, ob er sich wirklich vom Vertrag lösen möchte.

**Hinweis:** Rechtsanwälte können sich schadensersatzpflichtig machen, wenn sie in der Krise des Bauträgers einen Rücktritt vom Vertrag oder die Geltendmachung des Schadensersatzes statt der Leistung empfehlen. Oft empfiehlt sich in dieser Situation ein Zuwarten.

### 3. Bauträgerabwicklung nach Abweisung des Insolvenzantrags

Wird ein Insolvenzantrag mangels Masse abgewiesen (§ 26 Abs. 1 InsO) kann der Bauträger **über sein Vermögen wieder frei verfügen**. Die Sperre für eine Einzelvollstreckung entfällt. Für den Erwerber ist die Situation allerdings nahezu katastrophal. Der Bauträger, der nichts mehr zu verlieren hat, kann bis zur Grenze der Strafbarkeit sämtliche Ansprüche des Erwerbers als unberechtigt zurückweisen. Der Erwerber muss dann gegen den Bauträger klagen. Selbst wenn er den Prozess gewinnt, ist er zur Tragung der Gerichtskosten verpflichtet. Insbesondere die Klage auf Auflassung richtet sich nach dem objektiven Wert des Bauträgerobjekts und kommt – auch bei einem Versäumnisurteil – teuer.

**Hinweis:** Aus taktischen Gründen kann es für den Erwerber sinnvoll sein, die geringen Kosten eines Insolvenzverfahrens in Kauf zu nehmen und den diesbezüglichen Vorschuss zu leisten, um die Kosten eines teuren Prozesses zu vermeiden. Wird ein Abwickler einer wegen Vermögenslosigkeit aufgelösten GmbH eingesetzt, kann auch diesbezüglich die freiwillige Zahlung eines Vorschusses das kleinere Übel sein.

## 4. Insolvenz und MaBV-Bürgschaft

Wenn dem Erwerber als Sicherheit eine Bürgschaft nach § 7 MaBV ausgehändigt wird, ist er im Falle der Insolvenz auf die **Rechte aus der Bürgschaft** beschränkt. Er kann somit lediglich die Rückzahlung der von ihm erbrachten Leistungen verlangen; ein Übereignungsanspruch steht ihm nicht zu. Das Bankenwahlrecht (vgl. S. 74 f.) besteht auch in der Insolvenz.

## 5. Insolvenz und (teilweise) Rückerstattung der Grunderwerbsteuer

Wählt der Insolvenzverwalter die Erfüllung des Vertrages bleibt es bei der Grunderwerbsteuerfestsetzung. Lehnt der Insolvenzverwalter demgegenüber die Restabwicklung ab, entsteht ein Anspruch auf teilweise Rückerstattung der Grunderwerbsteuer. Dies gilt auch bei Abschluss einer so genannten Restabwicklungsvereinbarung, bei der der Insolvenzverwalter nur noch bereit ist, einen Teil der fehlenden Leistungen aus der Insolvenzmasse zu erbringen. In der Vereinbarung sollte jedoch klargestellt werden, dass der Erwerber auch einseitig die Kaufpreisreduzierung hätte herbeiführen können. Bei Nichteröffnung des Insolvenzverfahrens mangels Masse ist dem Erwerber nur möglich, sich hinsichtlich der werkvertraglichen Komponente vom Vertrag zu lösen; er kann anschließend die teilweise Rückerstattung bzw. teilweise Nichtfestsetzung der Grunderwerbsteuer beantragen (§ 16 Abs. 3 Nr. 2 GrEStG; ausführlich Gottwald/Steer, MittBayNot 2005, 278 ff.)

# G. Sonderformen des Bauträgervertrages

## I. Der Tausch mit dem Bauträger

Mitunter hat der Erwerber nicht die erforderlichen Eigenmittel, um einen Kauf vom Bauträger zu finanzieren, verfügt aber über ein unbebautes Grundstück oder einen Altbau, den er als Gegenleistung an den Bauträger veräußern könnte. Der Bauträger lässt sich auf derartige Gestaltungen häufig deshalb ein, weil er seinerseits den Preis für den Grunderwerb sparen möchte und möglicherweise auch Interesse an dem betreffenden Objekt hat. Wichtig für die Gestaltung des Vertrages ist die **Unterscheidung** zwischen dem **Vertragstyp**, bei dem der Bauträger auf dem erworbenen Grundstück baut oder die erworbene Immobilie saniert, und dem Vertrag, bei dem der Bauträger dem Erwerber lediglich gestattet, einen Teil des Entgelts durch Übertragung einer Immobilie zu entrichten.

### 1. Grundstück gegen Haus oder Wohnung

Der **„eigentliche" Tausch** mit dem Bauträger funktioniert in der Weise, dass der Erwerber dem Bauträger ein bebautes oder unbebautes Grundstück zur Verfügung stellt und der Bauträger hierauf Reihenhäuser oder Eigentumswohnungen errichtet oder ein bestehendes Objekt saniert und in Wohnungseigentum aufteilt und dem Veräußerer ein „Eigenheim" überträgt. Häufig erfolgt hierbei eine Aufzahlung des Erwerbers. Da die MaBV nur von Vermögenswerten des Erwerbers spricht, ist auf diese Gestaltung das Sicherungssystem der MaBV anwendbar.

> **Hinweis:** Das reine Abschlagszahlungsmodell des § 3 MaBV funktioniert bei dieser Gestaltung nicht, da der Bauträger das Eigentum an der Immobilie des Erwerbers erlangt, bevor er seinerseits Leistungen erbringt.

Eine Sicherung lässt sich nur durch **Aushändigung einer Bürgschaft** in Höhe des Wertes der Immobilie erreichen. Umstritten ist (vgl. S. 87), ob hierfür eine Bürgschaft nach § 7 MaBV ausreicht oder zumindest eine Vertragserfüllungsbürgschaft gestellt werden muss. Die Bürgschaft ist bis zur vollständigen Fertigstellung des Objektes aufrecht zu erhalten. Eine Abschmelzung entsprechend dem Baufortschritt dürfte nicht in Betracht kommen. Am einfachsten ist die Abwicklung, wenn erst nach vollständiger Fertigstellung die Verrechnung des Erwerbspreises mit dem Wert der Immobilie erfolgt. Erst zu diesem Zeitpunkt sollte dann auch eine etwaige Aufzahlung erfolgen.

## 2. Grundstück statt Geld

Die oben dargestellten Probleme ergeben sich nicht, wenn der Erwerber lediglich statt einer Geldzahlung eine andere Leistung, nämlich die Übertragung eines Grundstücks, erbringt. Dieses Grundstück dient nicht zur Durchführung des Bauvorhabens, aus dem der Erwerber selbst ein Objekt erwirbt. Bei dieser Gestaltung kann eine Verpflichtung des Erwerbers zur Übertragung des Grundstücks bestehen, es kann ihm aber auch lediglich gestattet sein, statt einer Geldzahlung eine Immobilie an den Bauträger zu übertragen. In beiden Fällen ist lediglich die **Geldzahlung gegen die Übertragung des Grundstücks ausgetauscht** worden. Es muss dabei sichergestellt sein, dass der Erwerber keine ungesicherte Vorausleistung erbringt. Deshalb muss der Grundstückswert einvernehmlich festgelegt und bestimmt werden, im Rahmen welcher Raten die Übertragung erfolgt. Meist wird in diesen Fällen keine Finanzierungsbank des Bauträgers eingeschaltet sein. Ist dies dennoch der Fall, so muss auch diese mit der Leistung einverstanden sein. Häufig fordert sie dazu eine Pfandunterstellung des eingetauschten Grundstücks, damit durch dessen Beleihung die Handwerkerforderungen, die mit einem Grundstücksanteil nicht zufrieden sein werden, erfüllt werden können. Scheitert der Bauträgervertrag, so ergeben sich meist unlösbare Rückabwicklungsprobleme.

> **Hinweis:** Diese Konstellation ist vertraglich nicht ohne Risiken und Probleme für beide Vertragsteile zu lösen. Einfacher ist es, wenn der Erwerber sein Grundstück veräußert und mit dem Kaufpreis die Gegenleistung des Bauträgervertrags bezahlt. Die Veräußerung kann dabei auch an den

Bauträger erfolgen, der dann allerdings eine Zwischenfinanzierung benötigt. Beide Verträge, nämlich der Grundstückskauf und der Bauträgervertrag, sind bei dieser Empfehlung unabhängig voneinander. Dies gilt auch beim Steckenbleiben des Bauträgerobjekts.

## II. Sanierungsmodelle

Häufig werden in Großstädten **ältere Häuser** von Bauträgern erworben, renoviert, auf den neuesten Standard gebracht und nach Aufteilung in Wohnungs- und Teileigentum veräußert. In großem Umfang war dies nach der Wiedervereinigung in den neuen Bundesländern der Fall. Mitunter liegen derartige Objekte in einem Sanierungsgebiet und im Bereich einer Milieuschutzsatzung. Hieraus ergeben sich **Einschränkungen** für die beabsichtigten Baumaßnahmen. In Hamburg können im Bereich einer Milieuschutzsatzung zusätzliche Genehmigungspflichten bestehen (§ 172 BauGB). Außerdem besteht bei vermieteten Objekten ein Schutz der Mieter. Diese haben bei einer Veräußerung „ihrer" Wohnung ein gesetzliches Vorkaufsrecht (§ 577 BGB).

Bei Sanierungsobjekten müssen die Leistungen des Bauträgers genau konkretisiert werden. Es handelt sich in der Regel um Bauträgerverträge, also nicht um einfache Kaufverträge. Nur bei ganz unerheblichen Leistungen, wie z. B. einem Neuanstrich, kann jedenfalls von der Anwendung der Vorschriften der MaBV abgesehen werden (BayObLG, Beschl. v. 1. 10. 2004 – 3 Z BR 129/04, BauRB 2005, 69). Auch in diesen Fällen sollte jedoch der Käufer darauf achten, dass er zumindest Teile des Kaufpreises erst entrichtet, wenn die betreffenden Arbeiten durchgeführt wurden. Das **Risiko einer ungesicherten Vorausleistung** hängt nämlich nicht von dem Vertragstyp ab.

**Hinweis:** Auch bei einem Kaufvertrag darf die Ablösung einer Finanzierungsgrundschuld des Veräußerers nicht aus dem vollen Kaufpreis erfolgen, bevor die Renovierungsarbeiten durchgeführt sind. Ein Einbehalt in Höhe der etwaigen Kosten einer „Selbstvornahme" sollte gemacht werden.

Gerade bei Sanierungsobjekten sind **Umgehungsmodelle** häufig. Ein nahezu beliebtes Modell in Großstädten ist der Verkauf der unrenovierten Wohnung unter Eintritt in die Verpflichtung der Wohnungseigentümer zur Durchführung der Sanierung mit einem Tochterunternehmen des Veräußerers. Besteht im Zeitpunkt des Verkaufs noch keine Wohnungseigentümergemeinschaft (vgl. S. 107), so ist diese Verpflichtung nichtig, da es einen entsprechenden Beschluss noch nicht geben kann. Handelt es sich um eine Verpflichtung in der Teilungserklärung oder gibt es bereits eine Eigentümergemeinschaft, so sollte der Erwerber vorsichtig sein, da das verdeckte Bauträgermodell meist mit einem Verzicht auf die Sicherungen der MaBV verbunden ist. Der „Quasi"-Bauträger möchte ohne eine Finanzierung möglichst schnell das zur Sanierung erforderliche Geld auf dem Konto der Wohnungseigentümergemeinschaft haben, da er häufig selbst keine bankmäßige Finanzierung mehr erhält. Der mit ihm wirtschaftlich verbundene Verwalter verfügt dann über die Mittel der Eigentümergemeinschaft, die er häufig nicht nach einer Sicherung, sondern unabhängig davon an das verbundene Bauunternehmen auszahlt.

**Hinweis:** Verdeckte Bauträgersanierungsmodelle sind für Erwerber besonders gefährlich, da sie häufig mit einem Verzicht auf sämtliche Sicherungen des Bauträgervertrages verbunden sind. Die Landesnotarkammer Bayern sieht deshalb die Beurkundung derartiger Modelle als Pflichtverletzung des Notars an. Allerdings werden verdeckte Bauträgerverträge bundesweit noch beurkundet.

Bei der Altbausanierung gilt der **Ratenzahlungsplan der MaBV** (vgl. S. 79ff.) **entsprechend**. Bei der Rate für den Grundstücksanteil handelt es sich um eine vorhandene Leistung, so dass der Anteil für das Grundstück als erste Rate fällig gestellt werden kann (OLG Hamm, Urt. v. 19.6. 2002 – 11 U 4/02, MittBayNot 2003, 53; a. A. wohl Marcks, MaBV, § 3 Rn. 47). Der Beginn der Sanierungsarbeiten ist nicht erforderlich. Bei einem Sanierungsobjekt wird zwar kein Rohbau erstellt, es sind jedoch meist Leistungen zu erbringen, die zum Gewerk der Rohbauarbeiten gehören. Nach ihrer Durchführung ist die Rohbaurate fällig. Ob der in § 3 Abs. 2 MaBV vorgesehene Höchstsatz angemessen ist, ist besonders zu prüfen. Der Bauträger kann zudem die vorhandenen Gewerke zu einer Rate zusammenfassen und diese als erste fordern. Diese „bereits erbrachten“ Leistungen müssen hinsichtlich ihrer Angemessenheit im Hinblick auf die Höchstsätze der MaBV überprüft werden. Insbesondere kann ein Abzug „alt statt neu“ geboten sein. Werden bei Sanierungsarbeiten Leistungen aus dem Katalog des § 3 Abs. 2 MaBV nicht erbracht, sind diese Raten auf die übrigen Raten zu verteilen; sie können nicht mit der ersten „Bestandsrate“ gefordert werden.

**Hinweis:** Auch wenn keine Außenanlagen herzustellen sind, da es sich beispielsweise um ein Sanierungsobjekt im Altstadtbereich einer Großstadt handelt, kann die Fertigstellungsrate nicht zur ersten Rate gerechnet werden, da sie auch Restarbeiten und eine etwaige Mängelbeseitigung sichern soll (a. A. Brambring, DNotZ 1995, 88/89; wie hier Basty, Bauträgervertrag, Rn. 469).

# Anhang – Gesetzestexte

## 1. Bürgerliches Gesetzbuch (BGB) – Auszug

In der Fassung der Bekanntmachung vom 2. Januar 2002[1] (BGBl. I S. 42, ber. S. 2909 und BGBl. 2003 I S. 738), FNA 400–2, zuletzt geänd. durch G v. 5. 9. 2006 (BGBl. I S. 2098)

**§ 305 Einbeziehung Allgemeiner Geschäftsbedingungen in den Vertrag.** (1) [1]Allgemeine Geschäftsbedingungen sind alle für eine Vielzahl von Verträgen vorformulierten Vertragsbedingungen, die eine Vertragspartei (Verwender) der anderen Vertragspartei bei Abschluss eines Vertrags stellt. [2]Gleichgültig ist, ob die Bestimmungen einen äußerlich gesonderten Bestandteil des Vertrags bilden oder in die Vertragsurkunde selbst aufgenommen werden, welchen Umfang sie haben, in welcher Schriftart sie verfasst sind und welche Form der Vertrag hat. [3]Allgemeine Geschäftsbedingungen liegen nicht vor, soweit die Vertragsbedingungen zwischen den Vertragsparteien im Einzelnen ausgehandelt sind.

(2) Allgemeine Geschäftsbedingungen werden nur dann Bestandteil eines Vertrags, wenn der Verwender bei Vertragsschluss

1. die andere Vertragspartei ausdrücklich oder, wenn ein ausdrücklicher Hinweis wegen der Art des Vertragsschlusses nur unter unverhältnismäßigen Schwierigkeiten möglich ist, durch deutlich sichtbaren Aushang am Orte des Vertragsschlusses auf sie hinweist und
2. der anderen Vertragspartei die Möglichkeit verschafft, in zumutbarer Weise, die auch eine für den Verwender erkennbare körperliche Behinderung der anderen Vertragspartei angemessen berücksichtigt, von ihrem Inhalt Kenntnis zu nehmen,

und wenn die andere Vertragspartei mit ihrer Geltung einverstanden ist.

(3) Die Vertragsparteien können für eine bestimmte Art von Rechtsgeschäften die Geltung bestimmter Allgemeiner Geschäftsbedingungen unter Beachtung der in Absatz 2 bezeichneten Erfordernisse im Voraus vereinbaren.

---

1 Neubekanntmachung des BGB v. 18. 8. 1896 (RGBl. S. 195) in der ab 1. 1. 2002 geltenden Fassung.

**§ 307 Inhaltskontrolle.** (1) [1]Bestimmungen in Allgemeinen Geschäftsbedingungen sind unwirksam, wenn sie den Vertragspartner des Verwenders entgegen den Geboten von Treu und Glauben unangemessen benachteiligen. [2]Eine unangemessene Benachteiligung kann sich auch daraus ergeben, dass die Bestimmung nicht klar und verständlich ist.

(2) Eine unangemessene Benachteiligung ist im Zweifel anzunehmen, wenn eine Bestimmung

1. mit wesentlichen Grundgedanken der gesetzlichen Regelung, von der abgewichen wird, nicht zu vereinbaren ist oder
2. wesentliche Rechte oder Pflichten, die sich aus der Natur des Vertrags ergeben, so einschränkt, dass die Erreichung des Vertragszwecks gefährdet ist.

(3) [1]Die Absätze 1 und 2 sowie die §§ 308 und 309 gelten nur für Bestimmungen in Allgemeinen Geschäftsbedingungen, durch die von Rechtsvorschriften abweichende oder diese ergänzende Regelungen vereinbart werden. [2]Andere Bestimmungen können nach Absatz 1 Satz 2 in Verbindung mit Absatz 1 Satz 1 unwirksam sein.

**§ 308 Klauselverbote mit Wertungsmöglichkeit.** In Allgemeinen Geschäftsbedingungen ist insbesondere unwirksam

1. (Annahme- und Leistungsfrist)
   eine Bestimmung, durch die sich der Verwender unangemessen lange oder nicht hinreichend bestimmte Fristen für die Annahme oder Ablehnung eines Angebots oder die Erbringung einer Leistung vorbehält; ausgenommen hiervon ist der Vorbehalt, erst nach Ablauf der Widerrufs- oder Rückgabefrist nach § 355 Abs. 1 und 2 und § 356 zu leisten;
2. (Nachfrist)
   eine Bestimmung, durch die sich der Verwender für die von ihm zu bewirkende Leistung abweichend von Rechtsvorschriften eine unangemessen lange oder nicht hinreichend bestimmte Nachfrist vorbehält;
3. (Rücktrittsvorbehalt)
   die Vereinbarung eines Rechts des Verwenders, sich ohne sachlich gerechtfertigten und im Vertrag angegebenen Grund von seiner Leistungspflicht zu lösen; dies gilt nicht für Dauerschuldverhältnisse;
4. (Änderungsvorbehalt)
   die Vereinbarung eines Rechts des Verwenders, die versprochene Leistung zu ändern oder von ihr abzuweichen, wenn nicht die Vereinbarung der Änderung oder Abweichung unter Berücksichtigung

der Interessen des Verwenders für den anderen Vertragsteil zumutbar ist;

5. (Fingierte Erklärungen)
   eine Bestimmung, wonach eine Erklärung des Vertragspartners des Verwenders bei Vornahme oder Unterlassung einer bestimmten Handlung als von ihm abgegeben oder nicht abgegeben gilt, es sei denn, dass
   a) dem Vertragspartner eine angemessene Frist zur Abgabe einer ausdrücklichen Erklärung eingeräumt ist und
   b) der Verwender sich verpflichtet, den Vertragspartner bei Beginn der Frist auf die vorgesehene Bedeutung seines Verhaltens besonders hinzuweisen;

   dies gilt nicht für Verträge, in die Teil B der Verdingungsordnung für Bauleistungen insgesamt einbezogen ist;
6. (Fiktion des Zugangs)
   eine Bestimmung, die vorsieht, dass eine Erklärung des Verwenders von besonderer Bedeutung dem anderen Vertragsteil als zugegangen gilt;
7. (Abwicklung von Verträgen)
   eine Bestimmung, nach der der Verwender für den Fall, dass eine Vertragspartei vom Vertrag zurücktritt oder den Vertrag kündigt,
   a) eine unangemessen hohe Vergütung für die Nutzung oder den Gebrauch einer Sache oder eines Rechts oder für erbrachte Leistungen oder
   b) einen unangemessen hohen Ersatz von Aufwendungen verlangen kann;
8. (Nichtverfügbarkeit der Leistung)
   die nach Nummer 3 zulässige Vereinbarung eines Vorbehalts des Verwenders, sich von der Verpflichtung zur Erfüllung des Vertrags bei Nichtverfügbarkeit der Leistung zu lösen, wenn sich der Verwender nicht verpflichtet,
   a) den Vertragspartner unverzüglich über die Nichtverfügbarkeit zu informieren und
   b) Gegenleistungen des Vertragspartners unverzüglich zu erstatten.

**§ 309 Klauselverbote ohne Wertungsmöglichkeit.** Auch soweit eine Abweichung von den gesetzlichen Vorschriften zulässig ist, ist in Allgemeinen Geschäftsbedingungen unwirksam

1. (Kurzfristige Preiserhöhungen)
   eine Bestimmung, welche die Erhöhung des Entgelts für Waren oder

Leistungen vorsieht, die innerhalb von vier Monaten nach Vertragsschluss geliefert oder erbracht werden sollen; dies gilt nicht bei Waren oder Leistungen, die im Rahmen von Dauerschuldverhältnissen geliefert oder erbracht werden;

2. (Leistungsverweigerungsrechte)
eine Bestimmung, durch die
   a) das Leistungsverweigerungsrecht, das dem Vertragspartner des Verwenders nach § 320 zusteht, ausgeschlossen oder eingeschränkt wird oder
   b) ein dem Vertragspartner des Verwenders zustehendes Zurückbehaltungsrecht, soweit es auf demselben Vertragsverhältnis beruht, ausgeschlossen oder eingeschränkt, insbesondere von der Anerkennung von Mängeln durch den Verwender abhängig gemacht wird;
3. (Aufrechnungsverbot)
eine Bestimmung, durch die dem Vertragspartner des Verwenders die Befugnis genommen wird, mit einer unbestrittenen oder rechtskräftig festgestellten Forderung aufzurechnen;
4. (Mahnung, Fristsetzung)
eine Bestimmung, durch die der Verwender von der gesetzlichen Obliegenheit freigestellt wird, den anderen Vertragsteil zu mahnen oder ihm eine Frist für die Leistung oder Nacherfüllung zu setzen;
5. (Pauschalierung von Schadensersatzansprüchen)
die Vereinbarung eines pauschalierten Anspruchs des Verwenders auf Schadensersatz oder Ersatz einer Wertminderung, wenn
   a) die Pauschale den in den geregelten Fällen nach dem gewöhnlichen Lauf der Dinge zu erwartenden Schaden oder die gewöhnlich eintretende Wertminderung übersteigt oder
   b) dem anderen Vertragsteil nicht ausdrücklich der Nachweis gestattet wird, ein Schaden oder eine Wertminderung sei überhaupt nicht entstanden oder wesentlich niedriger als die Pauschale;
6. (Vertragsstrafe)
eine Bestimmung, durch die dem Verwender für den Fall der Nichtabnahme oder verspäteten Abnahme der Leistung, des Zahlungsverzugs oder für den Fall, dass der andere Vertragsteil sich vom Vertrag löst, Zahlung einer Vertragsstrafe versprochen wird;
7. (Haftungsausschluss bei Verletzung von Leben, Körper, Gesundheit und bei grobem Verschulden)
   a) (Verletzung von Leben, Körper, Gesundheit)
   ein Ausschluss oder eine Begrenzung der Haftung für Schäden

aus der Verletzung des Lebens, des Körpers oder der Gesundheit, die auf einer fahrlässigen Pflichtverletzung des Verwenders oder einer vorsätzlichen oder fahrlässigen Pflichtverletzung eines gesetzlichen Vertreters oder Erfüllungsgehilfen des Verwenders beruhen;

b) (Grobes Verschulden)
ein Ausschluss oder eine Begrenzung der Haftung für sonstige Schäden, die auf einer grob fahrlässigen Pflichtverletzung des Verwenders oder auf einer vorsätzlichen oder grob fahrlässigen Pflichtverletzung eines gesetzlichen Vertreters oder Erfüllungsgehilfen des Verwenders beruhen;

die Buchstaben a und b gelten nicht für Haftungsbeschränkungen in den nach Maßgabe des Personenbeförderungsgesetzes genehmigten Beförderungsbedingungen und Tarifvorschriften der Straßenbahnen, Obusse und Kraftfahrzeuge im Linienverkehr, soweit sie nicht zum Nachteil des Fahrgasts von der Verordnung über die Allgemeinen Beförderungsbedingungen für den Straßenbahn- und Obusverkehr sowie den Linienverkehr mit Kraftfahrzeugen vom 27. Februar 1970 abweichen; Buchstabe b gilt nicht für Haftungsbeschränkungen für staatlich genehmigte Lotterie- oder Ausspielverträge;

8. (Sonstige Haftungsausschlüsse bei Pflichtverletzung)
   a) (Ausschluss des Rechts, sich vom Vertrag zu lösen)
   eine Bestimmung, die bei einer vom Verwender zu vertretenden, nicht in einem Mangel der Kaufsache oder des Werkes bestehenden Pflichtverletzung das Recht des anderen Vertragsteils, sich vom Vertrag zu lösen, ausschließt oder einschränkt; dies gilt nicht für die in der Nummer 7 bezeichneten Beförderungsbedingungen und Tarifvorschriften unter den dort genannten Voraussetzungen;
   b) (Mängel)
   eine Bestimmung, durch die bei Verträgen über Lieferungen neu hergestellter Sachen und über Werkleistungen
      aa) (Ausschluss und Verweisung auf Dritte)
      die Ansprüche gegen den Verwender wegen eines Mangels insgesamt oder bezüglich einzelner Teile ausgeschlossen, auf die Einräumung von Ansprüchen gegen Dritte beschränkt oder von der vorherigen gerichtlichen Inanspruchnahme Dritter abhängig gemacht werden;
      bb) (Beschränkung auf Nacherfüllung)

die Ansprüche gegen den Verwender insgesamt oder bezüglich einzelner Teile auf ein Recht auf Nacherfüllung beschränkt werden, sofern dem anderen Vertragsteil nicht ausdrücklich das Recht vorbehalten wird, bei Fehlschlagen der Nacherfüllung zu mindern oder, wenn nicht eine Bauleistung Gegenstand der Mängelhaftung ist, nach seiner Wahl vom Vertrag zurückzutreten;

cc) (Aufwendungen bei Nacherfüllung)
die Verpflichtung des Verwenders ausgeschlossen oder beschränkt wird, die zum Zwecke der Nacherfüllung erforderlichen Aufwendungen, insbesondere Transport-, Wege-, Arbeits- und Materialkosten, zu tragen;

dd) (Vorenthalten der Nacherfüllung)
der Verwender die Nacherfüllung von der vorherigen Zahlung des vollständigen Entgelts oder eines unter Berücksichtigung des Mangels unverhältnismäßig hohen Teils des Entgelts abhängig macht;

ee) (Ausschlussfrist für Mängelanzeige)
der Verwender dem anderen Vertragsteil für die Anzeige nicht offensichtlicher Mängel eine Ausschlussfrist setzt, die kürzer ist als die nach dem Doppelbuchstaben ff zulässige Frist;

ff) (Erleichterung der Verjährung)
die Verjährung von Ansprüchen gegen den Verwender wegen eines Mangels in den Fällen des § 438 Abs. 1 Nr. 2 und des § 634 a Abs. 1 Nr. 2 erleichtert oder in den sonstigen Fällen eine weniger als ein Jahr betragende Verjährungsfrist ab dem gesetzlichen Verjährungsbeginn erreicht wird; dies gilt nicht für Verträge, in die Teil B der Verdingungsordnung für Bauleistungen insgesamt einbezogen ist;

9. (Laufzeit bei Dauerschuldverhältnissen)
bei einem Vertragsverhältnis, das die regelmäßige Lieferung von Waren oder die regelmäßige Erbringung von Dienst- oder Werkleistungen durch den Verwender zum Gegenstand hat,
   a) eine den anderen Vertragsteil länger als zwei Jahre bindende Laufzeit des Vertrags,
   b) eine den anderen Vertragsteil bindende stillschweigende Verlängerung des Vertragsverhältnisses um jeweils mehr als ein Jahr oder
   c) zu Lasten des anderen Vertragsteils eine längere Kündigungsfrist

als drei Monate vor Ablauf der zunächst vorgesehenen oder stillschweigend verlängerten Vertragsdauer;
dies gilt nicht für Verträge über die Lieferung als zusammengehörig verkaufter Sachen, für Versicherungsverträge sowie für Verträge zwischen den Inhabern urheberrechtlicher Rechte und Ansprüche und Verwertungsgesellschaften im Sinne des Gesetzes über die Wahrnehmung von Urheberrechten und verwandten Schutzrechten;

10. (Wechsel des Vertragspartners)
eine Bestimmung, wonach bei Kauf-, Dienst- oder Werkverträgen ein Dritter anstelle des Verwenders in die sich aus dem Vertrag ergebenden Rechte und Pflichten eintritt oder eintreten kann, es sei denn, in der Bestimmung wird
    a) der Dritte namentlich bezeichnet oder
    b) dem anderen Vertragsteil das Recht eingeräumt, sich vom Vertrag zu lösen;

11. (Haftung des Abschlussvertreters)
eine Bestimmung, durch die der Verwender einem Vertreter, der den Vertrag für den anderen Vertragsteil abschließt,
    a) ohne hierauf gerichtete ausdrückliche und gesonderte Erklärung eine eigene Haftung oder Einstandspflicht oder
    b) im Falle vollmachtsloser Vertretung eine über § 179 hinausgehende Haftung

    auferlegt;

12. (Beweislast)
eine Bestimmung, durch die der Verwender die Beweislast zum Nachteil des anderen Vertragsteils ändert, insbesondere indem er
    a) diesem die Beweislast für Umstände auferlegt, die im Verantwortungsbereich des Verwenders liegen, oder
    b) den anderen Vertragsteil bestimmte Tatsachen bestätigen lässt;

    Buchstabe b gilt nicht für Empfangsbekenntnisse, die gesondert unterschrieben oder mit einer gesonderten qualifizierten elektronischen Signatur versehen sind;

13. (Form von Anzeigen und Erklärungen)
eine Bestimmung, durch die Anzeigen oder Erklärungen, die dem Verwender oder einem Dritten gegenüber abzugeben sind, an eine strengere Form als die Schriftform oder an besondere Zugangserfordernisse gebunden werden.

**§ 310 Anwendungsbereich.** (1) [1]§ 305 Abs. 2 und 3 und die §§ 308 und 309 finden keine Anwendung auf Allgemeine Geschäftsbedingungen, die gegenüber einem Unternehmer, einer juristischen Person des öffentlichen Rechts oder einem öffentlich-rechtlichen Sondervermögen verwendet werden. [2]§ 307 Abs. 1 und 2 findet in den Fällen des Satzes 1 auch insoweit Anwendung, als dies zur Unwirksamkeit von in den §§ 308 und 309 genannten Vertragsbestimmungen führt; auf die im Handelsverkehr geltenden Gewohnheiten und Gebräuche ist angemessen Rücksicht zu nehmen.

(2) [1]Die §§ 308 und 309 finden keine Anwendung auf Verträge der Elektrizitäts-, Gas-, Fernwärme- und Wasserversorgungsunternehmen über die Versorgung von Sonderabnehmern mit elektrischer Energie, Gas, Fernwärme und Wasser aus dem Versorgungsnetz, soweit die Versorgungsbedingungen nicht zum Nachteil der Abnehmer von Verordnungen über Allgemeine Bedingungen für die Versorgung von Tarifkunden mit elektrischer Energie, Gas, Fernwärme und Wasser abweichen. [2]Satz 1 gilt entsprechend für Verträge über die Entsorgung von Abwasser.

(3) Bei Verträgen zwischen einem Unternehmer und einem Verbraucher (Verbraucherverträge) finden die Vorschriften dieses Abschnitts mit folgenden Maßgaben Anwendung:

1. Allgemeine Geschäftsbedingungen gelten als vom Unternehmer gestellt, es sei denn, dass sie durch den Verbraucher in den Vertrag eingeführt wurden;
2. § 305 c Abs. 2 und die §§ 306 und 307 bis 309 dieses Gesetzes sowie Artikel 29 a des Einführungsgesetzes zum Bürgerlichen Gesetzbuche finden auf vorformulierte Vertragsbedingungen auch dann Anwendung, wenn diese nur zur einmaligen Verwendung bestimmt sind und soweit der Verbraucher auf Grund der Vorformulierung auf ihren Inhalt keinen Einfluss nehmen konnte;
3. bei der Beurteilung der unangemessenen Benachteiligung nach § 307 Abs. 1 und 2 sind auch die den Vertragsschluss begleitenden Umstände zu berücksichtigen.

(4) [1]Dieser Abschnitt findet keine Anwendung bei Verträgen auf dem Gebiet des Erb-, Familien- und Gesellschaftsrechts sowie auf Tarifverträge, Betriebs- und Dienstvereinbarungen. [2]Bei der Anwendung auf Arbeitsverträge sind die im Arbeitsrecht geltenden Besonderheiten angemessen zu berücksichtigen; § 305 Abs. 2 und 3 ist nicht anzuwenden. [3]Tarifverträge, Betriebs- und Dienstvereinbarungen stehen Rechtsvorschriften im Sinne von § 307 Abs. 3 gleich.

**§ 311 b Verträge über Grundstücke, das Vermögen und den Nachlass.** (1) [1]Ein Vertrag, durch den sich der eine Teil verpflichtet, das Eigentum an einem Grundstück zu übertragen oder zu erwerben, bedarf der notariellen Beurkundung. [2]Ein ohne Beachtung dieser Form geschlossener Vertrag wird seinem ganzen Inhalt nach gültig, wenn die Auflassung und die Eintragung in das Grundbuch erfolgen.

(2) Ein Vertrag, durch den sich der eine Teil verpflichtet, sein künftiges Vermögen oder einen Bruchteil seines künftigen Vermögens zu übertragen oder mit einem Nießbrauch zu belasten, ist nichtig.

(3) Ein Vertrag, durch den sich der eine Teil verpflichtet, sein gegenwärtiges Vermögen oder einen Bruchteil seines gegenwärtigen Vermögens zu übertragen oder mit einem Nießbrauch zu belasten, bedarf der notariellen Beurkundung.

(4) [1]Ein Vertrag über den Nachlass eines noch lebenden Dritten ist nichtig. [2]Das Gleiche gilt von einem Vertrag über den Pflichtteil oder ein Vermächtnis aus dem Nachlass eines noch lebenden Dritten.

(5) [1]Absatz 4 gilt nicht für einen Vertrag, der unter künftigen gesetzlichen Erben über den gesetzlichen Erbteil oder den Pflichtteil eines von ihnen geschlossen wird. [2]Ein solcher Vertrag bedarf der notariellen Beurkundung.

**§ 433 Vertragstypische Pflichten beim Kaufvertrag.** (1) [1]Durch den Kaufvertrag wird der Verkäufer einer Sache verpflichtet, dem Käufer die Sache zu übergeben und das Eigentum an der Sache zu verschaffen. [2]Der Verkäufer hat dem Käufer die Sache frei von Sach- und Rechtsmängeln zu verschaffen.

(2) Der Käufer ist verpflichtet, dem Verkäufer den vereinbarten Kaufpreis zu zahlen und die gekaufte Sache abzunehmen.

**§ 434 Sachmangel.** (1) [1]Die Sache ist frei von Sachmängeln, wenn sie bei Gefahrübergang die vereinbarte Beschaffenheit hat. [2]Soweit die Beschaffenheit nicht vereinbart ist, ist die Sache frei von Sachmängeln,

1. wenn sie sich für die nach dem Vertrag vorausgesetzte Verwendung eignet, sonst
2. wenn sie sich für die gewöhnliche Verwendung eignet und eine Beschaffenheit aufweist, die bei Sachen der gleichen Art üblich ist und die der Käufer nach der Art der Sache erwarten kann.

[3]Zu der Beschaffenheit nach Satz 2 Nr. 2 gehören auch Eigenschaften, die der Käufer nach den öffentlichen Äußerungen des Verkäufers, des Herstellers (§ 4 Abs. 1 und 2 des Produkthaftungsgesetzes) oder sei-

nes Gehilfen insbesondere in der Werbung oder bei der Kennzeichnung über bestimmte Eigenschaften der Sache erwarten kann, es sei denn, dass der Verkäufer die Äußerung nicht kannte und auch nicht kennen musste, dass sie im Zeitpunkt des Vertragsschlusses in gleichwertiger Weise berichtigt war oder dass sie die Kaufentscheidung nicht beeinflussen konnte.

(2) [1]Ein Sachmangel ist auch dann gegeben, wenn die vereinbarte Montage durch den Verkäufer oder dessen Erfüllungsgehilfen unsachgemäß durchgeführt worden ist. [2]Ein Sachmangel liegt bei einer zur Montage bestimmten Sache ferner vor, wenn die Montageanleitung mangelhaft ist, es sei denn, die Sache ist fehlerfrei montiert worden.

(3) Einem Sachmangel steht es gleich, wenn der Verkäufer eine andere Sache oder eine zu geringe Menge liefert.

**§ 435 Rechtsmangel.** [1]Die Sache ist frei von Rechtsmängeln, wenn Dritte in Bezug auf die Sache keine oder nur die im Kaufvertrag übernommenen Rechte gegen den Käufer geltend machen können. [2]Einem Rechtsmangel steht es gleich, wenn im Grundbuch ein Recht eingetragen ist, das nicht besteht.

**§ 436 Öffentliche Lasten von Grundstücken.** (1) Soweit nicht anders vereinbart, ist der Verkäufer eines Grundstücks verpflichtet, Erschließungsbeiträge und sonstige Anliegerbeiträge für die Maßnahmen zu tragen, die bis zum Tage des Vertragsschlusses bautechnisch begonnen sind, unabhängig vom Zeitpunkt des Entstehens der Beitragsschuld.

(2) Der Verkäufer eines Grundstücks haftet nicht für die Freiheit des Grundstücks von anderen öffentlichen Abgaben und von anderen öffentlichen Lasten, die zur Eintragung in das Grundbuch nicht geeignet sind.

**§ 437 Rechte des Käufers bei Mängeln.** Ist die Sache mangelhaft, kann der Käufer, wenn die Voraussetzungen der folgenden Vorschriften vorliegen und soweit nicht ein anderes bestimmt ist,

1. nach § 439 Nacherfüllung verlangen,
2. nach den §§ 440, 323 und 326 Abs. 5 von dem Vertrag zurücktreten oder nach § 441 den Kaufpreis mindern und
3. nach den §§ 440, 280, 281, 283 und 311 a Schadensersatz oder nach § 284 Ersatz vergeblicher Aufwendungen verlangen.

**§ 438 Verjährung der Mängelansprüche.** (1) Die in § 437 Nr. 1 und 3 bezeichneten Ansprüche verjähren

1. in 30 Jahren, wenn der Mangel

a) in einem dinglichen Recht eines Dritten, auf Grund dessen Herausgabe der Kaufsache verlangt werden kann, oder
b) in einem sonstigen Recht, das im Grundbuch eingetragen ist,
besteht,
2. in fünf Jahren
a) bei einem Bauwerk und
b) bei einer Sache, die entsprechend ihrer üblichen Verwendungsweise für ein Bauwerk verwendet worden ist und dessen Mangelhaftigkeit verursacht hat, und
3. im Übrigen in zwei Jahren.

(2) Die Verjährung beginnt bei Grundstücken mit der Übergabe, im Übrigen mit der Ablieferung der Sache.

(3) [1]Abweichend von Absatz 1 Nr. 2 und 3 und Absatz 2 verjähren die Ansprüche in der regelmäßigen Verjährungsfrist, wenn der Verkäufer den Mangel arglistig verschwiegen hat. [2]Im Falle des Absatzes 1 Nr. 2 tritt die Verjährung jedoch nicht vor Ablauf der dort bestimmten Frist ein.

(4) [1]Für das in § 437 bezeichnete Rücktrittsrecht gilt § 218. [2]Der Käufer kann trotz einer Unwirksamkeit des Rücktritts nach § 218 Abs. 1 die Zahlung des Kaufpreises insoweit verweigern, als er auf Grund des Rücktritts dazu berechtigt sein würde. [3]Macht er von diesem Recht Gebrauch, kann der Verkäufer vom Vertrag zurücktreten.

(5) Auf das in § 437 bezeichnete Minderungsrecht finden § 218 und Absatz 4 Satz 2 entsprechende Anwendung.

**§ 474 Begriff des Verbrauchsgüterkaufs.** (1) [1]Kauft ein Verbraucher von einem Unternehmer eine bewegliche Sache (Verbrauchsgüterkauf), gelten ergänzend die folgenden Vorschriften. [2]Dies gilt nicht für gebrauchte Sachen, die in einer öffentlichen Versteigerung verkauft werden, an der der Verbraucher persönlich teilnehmen kann.

(2) Die §§ 445 und 447 finden auf die in diesem Untertitel geregelten Kaufverträge keine Anwendung.

**§ 475 Abweichende Vereinbarungen.** (1) [1]Auf eine vor Mitteilung eines Mangels an den Unternehmer getroffene Vereinbarung, die zum Nachteil des Verbrauchers von den §§ 433 bis 435, 437, 439 bis 443, sowie von den Vorschriften dieses Untertitels abweicht, kann der Unternehmer sich nicht berufen. [2]Die in Satz 1 bezeichneten Vorschriften finden auch Anwendung, wenn sie durch anderweitige Gestaltungen umgangen werden.

(2) Die Verjährung der in § 437 bezeichneten Ansprüche kann vor Mitteilung eines Mangels an den Unternehmer nicht durch Rechtsgeschäft erleichtert werden, wenn die Vereinbarung zu einer Verjährungsfrist ab dem gesetzlichen Verjährungsbeginn von weniger als zwei Jahren, bei gebrauchten Sachen von weniger als einem Jahr führt.

(3) Die Absätze 1 und 2 gelten unbeschadet der §§ 307 bis 309 nicht für den Ausschluss oder die Beschränkung des Anspruchs auf Schadensersatz.

**§ 631 Vertragstypische Pflichten beim Werkvertrag.** (1) Durch den Werkvertrag wird der Unternehmer zur Herstellung des versprochenen Werkes, der Besteller zur Entrichtung der vereinbarten Vergütung verpflichtet.

(2) Gegenstand des Werkvertrags kann sowohl die Herstellung oder Veränderung einer Sache als auch ein anderer durch Arbeit oder Dienstleistung herbeizuführender Erfolg sein.

**§ 632 Vergütung.** (1) Eine Vergütung gilt als stillschweigend vereinbart, wenn die Herstellung des Werkes den Umständen nach nur gegen eine Vergütung zu erwarten ist.

(2) Ist die Höhe der Vergütung nicht bestimmt, so ist bei dem Bestehen einer Taxe die taxmäßige Vergütung, in Ermangelung einer Taxe die übliche Vergütung als vereinbart anzusehen.

(3) Ein Kostenanschlag ist im Zweifel nicht zu vergüten.

**§ 632 a Abschlagszahlungen.** [1]Der Unternehmer kann von dem Besteller für in sich abgeschlossene Teile des Werkes Abschlagszahlungen für die erbrachten vertragsmäßigen Leistungen verlangen. [2]Dies gilt auch für erforderliche Stoffe oder Bauteile, die eigens angefertigt oder angeliefert sind. [3]Der Anspruch besteht nur, wenn dem Besteller Eigentum an den Teilen des Werkes, an den Stoffen oder Bauteilen übertragen oder Sicherheit hierfür geleistet wird.

**§ 633 Sach- und Rechtsmangel.** (1) Der Unternehmer hat dem Besteller das Werk frei von Sach- und Rechtsmängeln zu verschaffen.

(2) [1]Das Werk ist frei von Sachmängeln, wenn es die vereinbarte Beschaffenheit hat. [2]Soweit die Beschaffenheit nicht vereinbart ist, ist das Werk frei von Sachmängeln,

1. wenn es sich für die nach dem Vertrag vorausgesetzte, sonst
2. für die gewöhnliche Verwendung eignet und eine Beschaffenheit aufweist, die bei Werken der gleichen Art üblich ist und die der Besteller nach der Art des Werkes erwarten kann.

[3]Einem Sachmangel steht es gleich, wenn der Unternehmer ein anderes als das bestellte Werk oder das Werk in zu geringer Menge herstellt.

(3) Das Werk ist frei von Rechtsmängeln, wenn Dritte in Bezug auf das Werk keine oder nur die im Vertrag übernommenen Rechte gegen den Besteller geltend machen können.

**§ 634 Rechte des Bestellers bei Mängeln.** Ist das Werk mangelhaft, kann der Besteller, wenn die Voraussetzungen der folgenden Vorschriften vorliegen und soweit nicht ein anderes bestimmt ist,
1. nach § 635 Nacherfüllung verlangen,
2. nach § 637 den Mangel selbst beseitigen und Ersatz der erforderlichen Aufwendungen verlangen,
3. nach den §§ 636, 323 und 326 Abs. 5 von dem Vertrag zurücktreten oder nach § 638 die Vergütung mindern und
4. nach den §§ 636, 280, 281, 283 und 311 a Schadensersatz oder nach § 284 Ersatz vergeblicher Aufwendungen verlangen.

**§ 634 a Verjährung der Mängelansprüche.** (1) Die in § 634 Nr. 1, 2 und 4 bezeichneten Ansprüche verjähren
1. vorbehaltlich der Nummer 2 in zwei Jahren bei einem Werk, dessen Erfolg in der Herstellung, Wartung oder Veränderung einer Sache oder in der Erbringung von Planungs- oder Überwachungsleistungen hierfür besteht,
2. in fünf Jahren bei einem Bauwerk und einem Werk, dessen Erfolg in der Erbringung von Planungs- oder Überwachungsleistungen hierfür besteht, und
3. im Übrigen in der regelmäßigen Verjährungsfrist.

(2) Die Verjährung beginnt in den Fällen des Absatzes 1 Nr. 1 und 2 mit der Abnahme.

(3) [1]Abweichend von Absatz 1 Nr. 1 und 2 und Absatz 2 verjähren die Ansprüche in der regelmäßigen Verjährungsfrist, wenn der Unternehmer den Mangel arglistig verschwiegen hat. [2]Im Falle des Absatzes 1 Nr. 2 tritt die Verjährung jedoch nicht vor Ablauf der dort bestimmten Frist ein.

(4) [1]Für das in § 634 bezeichnete Rücktrittsrecht gilt § 218. [2]Der Besteller kann trotz einer Unwirksamkeit des Rücktritts nach § 218 Abs. 1 die Zahlung der Vergütung insoweit verweigern, als er auf Grund des Rücktritts dazu berechtigt sein würde. [3]Macht er von diesem Recht Gebrauch, kann der Unternehmer vom Vertrag zurücktreten.

(5) Auf das in § 634 bezeichnete Minderungsrecht finden § 218 und Absatz 4 Satz 2 entsprechende Anwendung.

**§ 635 Nacherfüllung.** (1) Verlangt der Besteller Nacherfüllung, so kann der Unternehmer nach seiner Wahl den Mangel beseitigen oder ein neues Werk herstellen.

(2) Der Unternehmer hat die zum Zwecke der Nacherfüllung erforderlichen Aufwendungen, insbesondere Transport-, Wege-, Arbeits- und Materialkosten zu tragen.

(3) Der Unternehmer kann die Nacherfüllung unbeschadet des § 275 Abs. 2 und 3 verweigern, wenn sie nur mit unverhältnismäßigen Kosten möglich ist.

(4) Stellt der Unternehmer ein neues Werk her, so kann er vom Besteller Rückgewähr des mangelhaften Werkes nach Maßgabe der §§ 346 bis 348 verlangen.

**§ 636 Besondere Bestimmungen für Rücktritt und Schadensersatz.** Außer in den Fällen der §§ 281 Abs. 2 und 323 Abs. 2 bedarf es der Fristsetzung auch dann nicht, wenn der Unternehmer die Nacherfüllung gemäß § 635 Abs. 3 verweigert oder wenn die Nacherfüllung fehlgeschlagen oder dem Besteller unzumutbar ist.

**§ 637 Selbstvornahme.** (1) Der Besteller kann wegen eines Mangels des Werkes nach erfolglosem Ablauf einer von ihm zur Nacherfüllung bestimmten angemessenen Frist den Mangel selbst beseitigen und Ersatz der erforderlichen Aufwendungen verlangen, wenn nicht der Unternehmer die Nacherfüllung zu Recht verweigert.

(2) [1]§ 323 Abs. 2 findet entsprechende Anwendung. [2]Der Bestimmung einer Frist bedarf es auch dann nicht, wenn die Nacherfüllung fehlgeschlagen oder dem Besteller unzumutbar ist.

(3) Der Besteller kann von dem Unternehmer für die zur Beseitigung des Mangels erforderlichen Aufwendungen Vorschuss verlangen.

**§ 638 Minderung.** (1) [1]Statt zurückzutreten, kann der Besteller die Vergütung durch Erklärung gegenüber dem Unternehmer mindern. [2]Der Ausschlussgrund des § 323 Abs. 5 Satz 2 findet keine Anwendung.

(2) Sind auf der Seite des Bestellers oder auf der Seite des Unternehmers mehrere beteiligt, so kann die Minderung nur von allen oder gegen alle erklärt werden.

(3) [1]Bei der Minderung ist die Vergütung in dem Verhältnis herabzusetzen, in welchem zur Zeit des Vertragsschlusses der Wert des Werkes in mangelfreiem Zustand zu dem wirklichen Wert gestanden haben würde. [2]Die Minderung ist, soweit erforderlich, durch Schätzung zu ermitteln.

(4) [1]Hat der Besteller mehr als die geminderte Vergütung gezahlt, so ist der Mehrbetrag vom Unternehmer zu erstatten. [2]§ 346 Abs. 1 und § 347 Abs. 1 finden entsprechende Anwendung.

**§ 640 Abnahme.** (1) [1]Der Besteller ist verpflichtet, das vertragsmäßig hergestellte Werk abzunehmen, sofern nicht nach der Beschaffenheit des Werkes die Abnahme ausgeschlossen ist. [2]Wegen unwesentlicher Mängel kann die Abnahme nicht verweigert werden. [3]Der Abnahme steht es gleich, wenn der Besteller das Werk nicht innerhalb einer ihm vom Unternehmer bestimmten angemessenen Frist abnimmt, obwohl er dazu verpflichtet ist.

(2) Nimmt der Besteller ein mangelhaftes Werk gemäß Absatz 1 Satz 1 ab, obschon er den Mangel kennt, so stehen ihm die in § 634 Nr. 1 bis 3 bezeichneten Rechte nur zu, wenn er sich seine Rechte wegen des Mangels bei der Abnahme vorbehält.

**§ 641 Fälligkeit der Vergütung.** (1) [1]Die Vergütung ist bei der Abnahme des Werkes zu entrichten. [2]Ist das Werk in Teilen abzunehmen und die Vergütung für die einzelnen Teile bestimmt, so ist die Vergütung für jeden Teil bei dessen Abnahme zu entrichten.

(2) [1]Die Vergütung des Unternehmers für ein Werk, dessen Herstellung der Besteller einem Dritten versprochen hat, wird spätestens fällig, wenn und soweit der Besteller von dem Dritten für das versprochene Werk wegen dessen Herstellung seine Vergütung oder Teile davon erhalten hat. [2]Hat der Besteller dem Dritten wegen möglicher Mängel des Werkes Sicherheit geleistet, gilt dies nur, wenn der Unternehmer dem Besteller Sicherheit in entsprechender Höhe leistet.

(3) Kann der Besteller die Beseitigung eines Mangels verlangen, so kann er nach der Abnahme die Zahlung eines angemessenen Teils der Vergütung verweigern, mindestens in Höhe des Dreifachen der für die Beseitigung das Mangels erforderlichen Kosten.

(4) Eine in Geld festgesetzte Vergütung hat der Besteller von der Abnahme des Werkes an zu verzinsen, sofern nicht die Vergütung gestundet ist.

**§ 641 a Fertigstellungsbescheinigung.** (1) [1]Der Abnahme steht es gleich, wenn dem Unternehmer von einem Gutachter eine Bescheinigung darüber erteilt wird, dass

1. das versprochene Werk, im Falle des § 641 Abs. 1 Satz 2 auch ein Teil desselben, hergestellt ist und
2. das Werk frei von Mängeln ist, die der Besteller gegenüber dem Gut-

achter behauptet hat oder die für den Gutachter bei einer Besichtigung feststellbar sind,

(Fertigstellungsbescheinigung). 2Das gilt nicht, wenn das Verfahren nach den Absätzen 2 bis 4 nicht eingehalten worden ist oder wenn die Voraussetzungen des § 640 Abs. 1 Satz 1 und 2 nicht gegeben waren; im Streitfall hat dies der Besteller zu beweisen. 3§ 640 Abs. 2 ist nicht anzuwenden. 4Es wird vermutet, dass ein Aufmaß oder eine Stundenlohnabrechnung, die der Unternehmer seiner Rechnung zugrundelegt, zutreffen, wenn der Gutachter dies in der Fertigstellungsbescheinigung bestätigt.

(2) 1Gutachter kann sein
1. ein Sachverständiger, auf den sich Unternehmer und Besteller verständigt haben, oder
2. ein auf Antrag des Unternehmers durch eine Industrie- und Handelskammer, eine Handwerkskammer, eine Architektenkammer oder eine Ingenieurkammer bestimmter öffentlich bestellter und vereidigter Sachverständiger.

2Der Gutachter wird vom Unternehmer beauftragt. 3Er ist diesem und dem Besteller des zu begutachtenden Werkes gegenüber verpflichtet, die Bescheinigung unparteiisch und nach bestem Wissen und Gewissen zu erteilen.

(3) 1Der Gutachter muss mindestens einen Besichtigungstermin abhalten; eine Einladung hierzu unter Angabe des Anlasses muss dem Besteller mindestens zwei Wochen vorher zugehen. 2Ob das Werk frei von Mängeln ist, beurteilt der Gutachter nach einem schriftlichen Vertrag, den ihm der Unternehmer vorzulegen hat. 3Änderungen dieses Vertrags sind dabei nur zu berücksichtigen, wenn sie schriftlich vereinbart sind oder von den Vertragsteilen übereinstimmend gegenüber dem Gutachter vorgebracht werden. 4Wenn der Vertrag entsprechende Angaben nicht enthält, sind die allgemein anerkannten Regeln der Technik zugrunde zu legen. 5Vom Besteller geltend gemachte Mängel bleiben bei der Erteilung der Bescheinigung unberücksichtigt, wenn sie nach Abschluss der Besichtigung vorgebracht werden.

(4) 1Der Besteller ist verpflichtet, eine Untersuchung des Werkes oder von Teilen desselben durch den Gutachter zu gestatten. 2Verweigert er die Untersuchung, wird vermutet, dass das zu untersuchende Werk vertragsgemäß hergestellt worden ist; die Bescheinigung nach Absatz 1 ist zu erteilen.

(5) [1]Dem Besteller ist vom Gutachter cine Abschrift der Bescheinigung zu erteilen. [2]In Ansehung von Fristen, Zinsen und Gefahrübergang treten die Wirkungen der Bescheinigung erst mit ihrem Zugang beim Besteller ein.

**§ 651 Anwendung des Kaufrechts[2].** [1]Auf einen Vertrag, der die Lieferung herzustellender oder zu erzeugender beweglicher Sachen zum Gegenstand hat, finden die Vorschriften über den Kauf Anwendung. [2]§ 442 Abs. 1 Satz 1 findet bei diesen Verträgen auch Anwendung, wenn der Mangel auf den vom Besteller gelieferten Stoff zurückzuführen ist. [3]Soweit es sich bei den herzustellenden oder zu erzeugenden beweglichen Sachen um nicht vertretbare Sachen handelt, sind auch die §§ 642, 643, 645, 649 und 650 mit der Maßgabe anzuwenden, dass an die Stelle der Abnahme der nach den §§ 446 und 447 maßgebliche Zeitpunkt tritt.

## 2. Zivilprozessordnung (ZPO) – Auszug

In der Fassung der Bekanntmachung vom 5. Dezember 2005[3] (BGBl. I S. 3202, ber. 2006 S. 431), FNA 310–4, zuletzt geänd. durch G v. 19. 4. 2006 (BGBl. I S. 866)

**§ 794 Weitere Vollstreckungstitel.** (1) [1]Die Zwangsvollstreckung findet ferner statt:

1. aus Vergleichen, die zwischen den Parteien oder zwischen einer Partei und einem Dritten zur Beilegung des Rechtsstreits seinem ganzen Umfang nach oder in Betreff eines Teiles des Streitgegenstandes vor einem deutschen Gericht oder vor einer durch die Landesjustizverwaltung eingerichteten oder anerkannten Gütestelle abgeschlossen sind, sowie aus Vergleichen, die gemäß § 118 Abs. 1 Satz 3 oder § 492 Abs. 3 zu richterlichem Protokoll genommen sind;
2. aus Kostenfestsetzungsbeschlüssen;

2a. aus Beschlüssen, die in einem vereinfachten Verfahren über den Unterhalt Minderjähriger den Unterhalt festsetzen, einen Unterhaltstitel abändern oder den Antrag zurückweisen;

---

2 Diese Vorschrift dient der Umsetzung der Richtlinie 1999/44/EG des Europäischen Parlaments und des Rates vom 25. Mai 1999 zu bestimmten Aspekten des Verbrauchsgüterkaufs und der Garantien für Verbrauchsgüter (ABl. EG Nr. L 171 S. 12).

3 Neubekanntmachung der ZPO idF der Bek. v. 12. 9. 1950 (BGBl. I S. 533) in der ab 21. 10. 2005 geltenden Fassung.

2b. (weggefallen)
3. aus Entscheidungen, gegen die das Rechtsmittel der Beschwerde stattfindet, dies gilt nicht für Entscheidungen nach § 620 Nr. 1, 3 und § 620 b in Verbindung mit § 620 Nr. 1, 3;
3a. aus einstweiligen Anordnungen nach den §§ 127 a, 620 Nr. 4 bis 10, dem § 621 f und dem § 621 g Satz 1, soweit Gegenstand des Verfahrens Regelungen nach der Verordnung über die Behandlung der Ehewohnung und des Hausrats sind, sowie nach dem § 644;
4. aus Vollstreckungsbescheiden;
4a. aus Entscheidungen, die Schiedssprüche für vollstreckbar erklären, sofern die Entscheidungen rechtskräftig oder für vorläufig vollstreckbar erklärt sind;
4b. aus Beschlüssen nach § 796 b oder § 796 c;
5. aus Urkunden, die von einem deutschen Gericht oder von einem deutschen Notar innerhalb der Grenzen seiner Amtsbefugnisse in der vorgeschriebenen Form aufgenommen sind, sofern die Urkunde über einen Anspruch errichtet ist, der einer vergleichsweisen Regelung zugänglich, nicht auf Abgabe einer Willenserklärung gerichtet ist und nicht den Bestand eines Mietverhältnisses über Wohnraum betrifft, und der Schuldner sich in der Urkunde wegen des zu bezeichnenden Anspruchs der sofortigen Zwangsvollstreckung unterworfen hat.

(2) Soweit nach den Vorschriften der §§ 737, 743, des § 745 Abs. 2 und des § 748 Abs. 2 die Verurteilung eines Beteiligten zur Duldung der Zwangsvollstreckung erforderlich ist, wird sie dadurch ersetzt, dass der Beteiligte in einer nach Absatz 1 Nr. 5 aufgenommenen Urkunde die sofortige Zwangsvollstreckung in die seinem Recht unterworfenen Gegenstände bewilligt.

## 3. Verordnung über Abschlagszahlungen bei Bauträgerverträgen

Vom 23. Mai 2001 (BGBl. I S. 981), FNA 402–28–2

Auf Grund des § 27 a des AGB-Gesetzes in der Fassung der Bekanntmachung vom 29. Juni 2000 (BGBl. I S. 946) verordnet das Bundesministerium der Justiz im Einvernehmen mit dem Bundesministerium für Wirtschaft und Technologie:

**§ 1 Zulässige Abschlagszahlungsvereinbarungen.** [1]In Werkverträgen, die die Errichtung eines Hauses oder eines vergleichbaren Bauwerks auf einem Grundstück zum Gegenstand haben und zugleich die Verpflichtung des Unternehmers enthalten, dem Besteller das Eigentum an dem Grundstück zu übertragen oder ein Erbbaurecht zu bestellen oder zu übertragen, kann der Besteller zur Leistung von Abschlagszahlungen entsprechend § 3 Abs. 2 der Makler- und Bauträgerverordnung unter den Voraussetzungen ihres § 3 Abs. 1 verpflichtet werden. [2]Unter den Voraussetzungen des § 7 der Makler- und Bauträgerverordnung kann der Besteller auch abweichend von ihrem § 3 Abs. 1 und 2 zur Leistung von Abschlagszahlungen verpflichtet werden. [3]Die Stellung weitergehender Sicherheiten für die Abschlagszahlungen braucht nicht vorgesehen zu werden.

**§ 2 Betroffene Verträge.** [1]Diese Verordnung ist auch auf zwischen dem 1. Mai 2000 und dem 29. Mai 2001 abgeschlossene Verträge anzuwenden. [2]Dies gilt nicht, soweit zwischen den Vertragsparteien ein rechtskräftiges Urteil ergangen oder ein verbindlich gewordener Vergleich abgeschlossen worden ist.

**§ 3 Inkrafttreten.** Diese Verordnung tritt am Tage nach der Verkündung in Kraft.

## 4. Verordnung über die Pflichten der Makler, Darlehens- und Anlagenvermittler, Bauträger und Baubetreuer (Makler- und Bauträgerverordnung – MaBV) – Auszug

In der Fassung der Bekanntmachung vom 7. November 1990 (BGBl. I S. 2479), zuletzt geänd. durch G v. 21. 6. 2005 (BGBl. I S. 1666), FNA 7104-6

**§ 3 Besondere Sicherungspflichten für Bauträger.** (1) [1]Der Gewerbetreibende darf in den Fällen des § 34 c Abs. 1 Satz 1 Nr. 2 Buchstabe a der Gewerbeordnung, sofern dem Auftraggeber Eigentum an einem Grundstück übertragen oder ein Erbbaurecht bestellt oder übertragen werden soll, Vermögenswerte des Auftraggebers zur Ausführung des Auftrages erst entgegennehmen oder sich zu deren Verwendung ermächtigen lassen, wenn

1. der Vertrag zwischen dem Gewerbetreibenden und dem Auftraggeber rechtswirksam ist und die für seinen Vollzug erforderlichen Genehmigungen vorliegen, diese Voraussetzungen durch eine schriftliche Mitteilung des Notars bestätigt und dem Gewerbetreibenden keine vertraglichen Rücktrittsrechte eingeräumt sind,

2. zur Sicherung des Anspruchs des Auftraggebers auf Eigentumsübertragung oder Bestellung oder Übertragung eines Erbbaurechts an dem Vertragsobjekt eine Vormerkung an der vereinbarten Rangstelle im Grundbuch eingetragen ist; bezieht sich der Anspruch auf Wohnungs- oder Teileigentum oder ein Wohnungs- oder Teilerbbaurecht, so muß außerdem die Begründung dieses Rechts im Grundbuch vollzogen sein,
3. die Freistellung des Vertragsobjekts von allen Grundpfandrechten, die der Vormerkung im Range vorgehen oder gleichstehen und nicht übernommen werden sollen, gesichert ist, und zwar auch für den Fall, daß das Bauvorhaben nicht vollendet wird,
4. die Baugenehmigung erteilt worden ist oder, wenn eine Baugenehmigung nicht oder nicht zwingend vorgesehen ist,
   a) von der zuständigen Behörde bestätigt worden ist, daß
      aa) die Baugenehmigung als erteilt gilt oder
      bb) nach den baurechtlichen Vorschriften mit dem Vorhaben begonnen werden darf, oder,
   b) wenn eine derartige Bestätigung nicht vorgesehen ist, von dem Gewerbetreibenden bestätigt worden ist, daß
      aa) die Baugenehmigung als erteilt gilt oder
      bb) nach den baurechtlichen Vorschriften mit dem Bauvorhaben begonnen werden darf,

   und nach Eingang dieser Bestätigung beim Auftraggeber mindestens ein Monat vergangen ist.

[2]Die Freistellung nach Satz 1 Nr. 3 ist gesichert, wenn gewährleistet ist, daß die nicht zu übernehmenden Grundpfandrechte im Grundbuch gelöscht werden, und zwar, wenn das Bauvorhaben vollendet wird, unverzüglich nach Zahlung der geschuldeten Vertragssumme, andernfalls unverzüglich nach Zahlung des dem erreichten Bautenstand entsprechenden Teils der geschuldeten Vertragssumme durch den Auftraggeber. [3]Für den Fall, daß das Bauvorhaben nicht vollendet wird, kann sich der Kreditgeber vorbehalten, an Stelle der Freistellung alle vom Auftraggeber vertragsgemäß im Rahmen des Absatzes 2 bereits geleisteten Zahlungen bis zum anteiligen Wert des Vertragsobjekts zurückzuzahlen. [4]Die zur Sicherung der Freistellung erforderlichen Erklärungen einschließlich etwaiger Erklärungen nach Satz 3 müssen dem Auftraggeber ausgehändigt worden sein. [5]Liegen sie bei Abschluß des notariellen Vertrages bereits vor, muß auf sie in dem Vertrag Bezug genommen sein; andernfalls muß der Vertrag einen ausdrücklichen Hinweis auf die Ver-

pflichtung des Gewerbetreibenden zur Aushändigung der Erklärungen und deren notwendigen Inhalt enthalten.

(2) [1]Der Gewerbetreibende darf in den Fällen des Absatzes 1 die Vermögenswerte ferner in bis zu sieben Teilbeträgen entsprechend dem Bauablauf entgegennehmen oder sich zu deren Verwendung ermächtigen lassen. [2]Die Teilbeträge können aus den nachfolgenden Vomhundertsätzen zusammengesetzt werden:

1. 30 vom Hundert der Vertragssumme in den Fällen, in denen Eigentum an einem Grundstück übertragen werden soll, oder 20 vom Hundert der Vertragssumme in den Fällen, in denen ein Erbbaurecht bestellt oder übertragen werden soll, nach Beginn der Erdarbeiten,
2. von der restlichen Vertragssumme
   - 40 vom Hundert nach Rohbaufertigstellung, einschließlich Zimmererarbeiten,
   - 8 vom Hundert für die Herstellung der Dachflächen und Dachrinnen,
   - 3 vom Hundert für die Rohinstallation der Heizungsanlagen,
   - 3 vom Hundert für die Rohinstallation der Sanitäranlagen,
   - 3 vom Hundert für die Rohinstallation der Elektroanlagen,
   - 10 vom Hundert für den Fenstereinbau, einschließlich der Verglasung,
   - 6 vom Hundert für den Innenputz, ausgenommen Beiputzarbeiten,
   - 3 vom Hundert für den Estrich,
   - 4 vom Hundert für die Fliesenarbeiten im Sanitärbereich,
   - 12 vom Hundert nach Bezugsfertigkeit und Zug um Zug gegen Besitzübergabe,
   - 3 vom Hundert für die Fassadenarbeiten,
   - 5 vom Hundert nach vollständiger Fertigstellung.

[3]Sofern einzelne der in Satz 2 Nr. 2 genannten Leistungen nicht anfallen, wird der jeweilige Vomhundertsatz anteilig auf die übrigen Raten verteilt. [4]Betrifft das Bauvorhaben einen Altbau, so gelten die Sätze 1 und 2 mit der Maßgabe entsprechend, daß der hiernach zu errechnende Teilbetrag für schon erbrachte Leistungen mit Vorliegen der Voraussetzungen des Absatzes 1 entgegengenommen werden kann.

(3) Der Gewerbetreibende darf in den Fällen des § 34 c Abs. 1 Satz 1 Nr. 2 Buchstabe a der Gewerbeordnung, sofern ein Nutzungsverhältnis begründet werden soll, Vermögenswerte des Auftraggebers zur Ausführung des Auftrages in Höhe von 20 vom Hundert der Vertragssumme nach Vertragsabschluß entgegennehmen oder sich zu deren Verwen-

dung ermächtigen lassen; im übrigen gelten Absatz 1 Satz 1 Nr. 1 und 4 und Absatz 2 entsprechend.

**§ 4 Verwendung von Vermögenswerten des Auftraggebers.** (1) Der Gewerbetreibende darf Vermögenswerte des Auftraggebers, die er erhalten hat oder zu deren Verwendung er ermächtigt worden ist, nur verwenden

1. in den Fällen des § 34 c Abs. 1 Satz 1 Nr. 1 der Gewerbeordnung zur Erfüllung des Vertrages, der durch die Vermittlung oder die Nachweistätigkeit des Gewerbetreibenden zustande gekommen ist,
2. in den Fällen des § 34 c Abs. 1 Satz 1 Nr. 2 der Gewerbeordnung zur Vorbereitung und Durchführung des Bauvorhabens, auf das sich der Auftrag bezieht; als Bauvorhaben gilt das einzelne Gebäude, bei Einfamilienreihenhäusern die einzelne Reihe.

(2) Der Gewerbetreibende darf in den Fällen des § 34 c Abs. 1 Satz 1 Nr. 2 Buchstabe b der Gewerbeordnung, in denen er das Bauvorhaben für mehrere Auftraggeber vorbereitet und durchführt, die Vermögenswerte der Auftraggeber nur im Verhältnis der Kosten der einzelnen Einheiten zu den Gesamtkosten des Bauvorhabens verwenden.

**§ 7 Ausnahmevorschrift.** (1) [1]Gewerbetreibende im Sinne des § 34 c Abs. 1 Satz 1 Nr. 2 Buchstabe a der Gewerbeordnung, die dem Auftraggeber Eigentum an einem Grundstück zu übertragen oder ein Erbbaurecht zu bestellen oder zu übertragen haben, sind von den Verpflichtungen des § 3 Abs. 1 und 2, des § 4 Abs. 1 und der §§ 5 und 6, die übrigen Gewerbetreibenden im Sinne des § 34 c Abs. 1 der Gewerbeordnung sind von den Verpflichtungen des § 2, des § 3 Abs. 3 und der §§ 4 bis 6 freigestellt, sofern sie Sicherheit für alle etwaigen Ansprüche des Auftraggebers auf Rückgewähr oder Auszahlung seiner Vermögenswerte im Sinne des § 2 Abs. 1 Satz 1 geleistet haben. [2]§ 2 Abs. 2, Abs. 4 Satz 2 und 3 und Abs. 5 Satz 1 gilt entsprechend. [3]In den Fällen des § 34 c Abs. 1 Satz 1 Nr. 2 Buchstabe a der Gewerbeordnung, in denen dem Auftraggeber Eigentum an einem Grundstück übertragen oder ein Erbbaurecht bestellt oder übertragen werden soll, ist die Sicherheit aufrechtzuerhalten, bis die Voraussetzungen des § 3 Abs. 1 erfüllt sind und das Vertragsobjekt vollständig fertiggestellt ist. [4]Ein Austausch der Sicherungen der §§ 2 bis 6 und derjenigen des § 7 ist zulässig.

(2) [1]Der Gewerbetreibende ist von den in Absatz 1 Satz 1 erwähnten Verpflichtungen auch dann freigestellt, wenn es sich bei dem Auftraggeber um

1. eine juristische Person des öffentlichen Rechts oder ein öffentlich-rechtliches Sondervermögen oder
2. einen in das Handelsregister oder das Genossenschaftsregister eingetragenen Kaufmann

handelt und der Auftraggeber in gesonderter Urkunde auf die Anwendung dieser Bestimmungen verzichtet. [2]Im Falle des Satzes 1 Nr. 2 hat sich der Gewerbetreibende vom Auftraggeber dessen Eigenschaft als Kaufmann durch einen Auszug aus dem Handelsregister oder dem Genossenschaftsregister nachweisen zu lassen.

**§ 11 Informationspflicht.** Der Gewerbetreibende hat dem Auftraggeber schriftlich und in deutscher Sprache folgende Angaben mitzuteilen, soweit sie im Einzelfall in Betracht kommen:
1. in den Fällen des § 34 c Abs. 1 Satz 1 Nr. 1 Buchstabe a der Gewerbeordnung, sofern der Abschluß von Verträgen über Grundstücke, grundstücksgleiche Rechte, gewerbliche Räume oder Wohnräume vermittelt oder die Gelegenheit zum Abschluß solcher Verträge nachgewiesen werden soll, unmittelbar nach der Annahme des Auftrages die in § 10 Abs. 2 Nr. 2 Buchstabe a und f erwähnten Angaben und spätestens bei Aufnahme der Vertragsverhandlungen über den vermittelten oder nachgewiesenen Vertragsgegenstand die in § 10 Abs. 2 Nr. 2 Buchstabe b bis e und Abs. 3 Nr. 1 bis 3 erwähnten Angaben,
2. in den Fällen des § 34 c Abs. 1 Satz 1 Nr. 1 Buchstabe b der Gewerbeordnung vor der Annahme des Auftrages die in § 10 Abs. 2 Nr. 2 und Abs. 3 Nr. 5 bis 7 erwähnten Angaben,
3. in den Fällen des § 34 c Abs. 1 Satz 1 Nr. 2 der Gewerbeordnung spätestens bis zur Annahme des Auftrages die in § 10 Abs. 2 Nr. 2 und Abs. 4 erwähnten Angaben. Vor diesem Zeitpunkt hat der Gewerbetreibende dem Auftraggeber die Angaben zu machen, die zur Beurteilung des Auftrages nach dem jeweiligen Verhandlungsstand erforderlich sind. Im Falle des § 10 Abs. 4 Nr. 3 entfällt die Verpflichtung, soweit die Angaben vom Auftraggeber stammen.

**§ 12 Unzulässigkeit abweichender Vereinbarungen.** Der Gewerbetreibende darf seine Verpflichtungen nach den §§ 2 bis 8 sowie die nach § 2 Abs. 1 zu sichernden Schadensersatzansprüche des Auftraggebers durch vertragliche Vereinbarung weder ausschließen noch beschränken.

**§ 16 Prüfungen.** (1) [1]Gewerbetreibende im Sinne des § 34 c Abs. 1 Nr. 1 Buchstabe b und Nr. 2 der Gewerbeordnung haben auf ihre Kosten die

Einhaltung der sich aus den §§ 2 bis 14 ergebenden Verpflichtungen für jedes Kalenderjahr durch einen geeigneten Prüfer prüfen zu lassen und der zuständigen Behörde den Prüfungsbericht bis spätestens zum 31. Dezember des darauffolgenden Jahres zu übermitteln. [2]Sofern der Gewerbetreibende im Berichtszeitraum keine nach § 34 c Abs. 1 Satz 1 der Gewerbeordnung erlaubnispflichtige Tätigkeit ausgeübt hat, hat er spätestens bis zu dem in Satz 1 genannten Termin anstelle des Prüfungsberichts eine entsprechende Erklärung zu übermitteln. [3]Der Prüfungsbericht muß einen Vermerk darüber enthalten, ob Verstöße des Gewerbetreibenden festgestellt worden sind. [4]Verstöße sind in dem Vermerk aufzuzeigen. [5]Der Prüfer hat den Vermerk mit Angabe von Ort und Datum zu unterzeichnen.

(2) [1]Die zuständige Behörde ist befugt, Gewerbetreibende im Sinne des § 34 c Abs. 1 der Gewerbeordnung auf deren Kosten aus besonderem Anlaß im Rahmen einer außerordentlichen Prüfung durch einen geeigneten Prüfer überprüfen zu lassen. [2]Der Prüfer wird von der zuständigen Behörde bestimmt. [3]Absatz 1 Satz 3 bis 5 gilt entsprechend.

(3) [1]Geeignete Prüfer sind

1. Wirtschaftsprüfer, vereidigte Buchprüfer, Wirtschaftsprüfungs- und Buchprüfungsgesellschaften,
2. Prüfungsverbände, zu deren gesetzlichem oder satzungsmäßigem Zweck die regelmäßige und außerordentliche Prüfung ihrer Mitglieder gehört, sofern
   a) von ihren gesetzlichen Vertretern mindestens einer Wirtschaftsprüfer ist,
   b) sie die Voraussetzungen des § 63 b Abs. 5 des Gesetzes betreffend die Erwerbs- und Wirtschaftsgenossenschaften erfüllen oder
   c) sie sich für ihre Prüfungstätigkeit selbständiger Wirtschaftsprüfer oder vereidigter Buchprüfer oder einer Wirtschaftsprüfungs- oder Buchprüfungsgesellschaft bedienen.

[2]Bei Gewerbetreibenden im Sinne des § 34 c Abs. 1 Satz 1 Nr. 1 Buchstabe a der Gewerbeordnung können mit der Prüfung nach Absatz 2 auch andere Personen, die öffentlich bestellt oder zugelassen worden sind und die auf Grund ihrer Vorbildung und Erfahrung in der Lage sind, eine ordnungsgemäße Prüfung in dem jeweiligen Gewerbebetrieb durchzuführen, sowie deren Zusammenschlüsse betraut werden. [3]Ungeeignet für eine Prüfung sind Personen, bei denen die Besorgnis der Befangenheit besteht.

**§ 17 Rechte und Pflichten der an der Prüfung Beteiligten.** (1) [1]Der Gewerbetreibende hat dem Prüfer die Einsicht in die Bücher, Aufzeichnungen und Unterlagen zu gestatten. [2]Er hat ihm alle Aufklärungen und Nachweise zu geben, die der Prüfer für eine sorgfältige Prüfung benötigt.

(2) [1]Der Prüfer ist zur gewissenhaften und unparteiischen Prüfung und zur Verschwiegenheit verpflichtet. [2]Er darf nicht unbefugt Geschäfts- und Betriebsgeheimnisse verwerten, die er bei seiner Tätigkeit erfahren hat. [3]Ein Prüfer, der vorsätzlich oder fahrlässig seine Pflichten verletzt, ist dem Gewerbetreibenden zum Ersatz des daraus entstehenden Schadens verpflichtet. [4]Mehrere Personen haften als Gesamtschuldner.

**§ 18 Ordnungswidrigkeiten.** (1) Ordnungswidrig im Sinne des § 144 Abs. 2 Nr. 6 der Gewerbeordnung handelt, wer

1. Vermögenswerte des Auftraggebers annimmt oder sich zu deren Verwendung ermächtigen läßt, bevor er
   a) nach § 2 Abs. 1 Sicherheit geleistet oder eine Versicherung abgeschlossen oder
   b) die in § 2 Abs. 4 Satz 3 bezeichneten Urkunden ausgehändigt hat,
2. entgegen § 2 Abs. 5, auch in Verbindung mit § 7 Abs. 1 Satz 2, oder § 7 Abs. 1 Satz 3 die Sicherheit oder Versicherung nicht aufrechterhält,
3. einer Vorschrift des § 3 über die Entgegennahme oder die Ermächtigung zur Verwendung von Vermögenswerten des Auftraggebers zuwiderhandelt,
4. einer Vorschrift des § 4 über die Verwendung von Vermögenswerten des Auftraggebers zuwiderhandelt,
5. einer Vorschrift des § 6 Abs. 1, Abs. 2 Satz 1 oder 2, Abs. 3 Satz 1 oder Abs. 3 Satz 2 in Verbindung mit Abs. 2 Satz 2 über die getrennte Vermögensverwaltung zuwiderhandelt,
6. entgegen § 9 die Anzeige nicht, nicht richtig, nicht vollständig oder nicht rechtzeitig erstattet,
7. entgegen § 10 Abs. 1 bis 5 erforderliche Aufzeichnungen nicht, nicht richtig, nicht vollständig, nicht ordnungsgemäß oder nicht rechtzeitig macht oder Unterlagen oder Belege nicht oder nicht übersichtlich sammelt,
8. entgegen § 11 Satz 1 Nr. 1 bis 3 dem Auftraggeber die dort bezeichneten Angaben nicht, nicht richtig, nicht vollständig oder nicht rechtzeitig mitteilt,

9. einer Vorschrift des § 13 über die Verwahrung, Kennzeichnung oder Aufzeichnung von Werbematerial zuwiderhandelt,
10. entgegen § 14 Abs. 1 Satz 1 Geschäftsunterlagen nicht während der vorgeschriebenen Frist aufbewahrt,
11. *aufgehoben*
12. entgegen § 16 Abs. 1 Satz 1 oder 2 einen Prüfungsbericht nicht, nicht richtig, nicht vollständig oder nicht rechtzeitig oder eine dort genannte Erklärung nicht, nicht richtig oder nicht rechtzeitig vorlegt oder
13. den Duldungs- oder Mitwirkungspflichten des § 17 Abs. 1 nicht, nicht ausreichend oder nicht rechtzeitig nachkommt.

(2) Ordnungswidrig im Sinne des § 145 Abs. 2 Nr. 9 der Gewerbeordnung handelt, wer vorsätzlich oder fahrlässig eine in Absatz 1 bezeichnete Handlung in Ausübung eines Reisegewerbes begeht.

(3) Ordnungswidrig im Sinne des § 146 Abs. 2 Nr. 11 a der Gewerbeordnung handelt, wer vorsätzlich oder fahrlässig eine in Absatz 1 bezeichnete Handlung in Ausübung eines Messe-, Ausstellungs- oder Marktgewerbes begeht.

## 5. Gewerbeordnung (GewO) – Auszug

In der Fassung der Bekanntmachung vom 22. Februar 1999[4] (BGBl. I S. 202), FNA 7100–1, zuletzt geänd. durch G v. 22. 8. 2006 (BGBl. I S. 1970)

**§ 34 c Makler, Bauträger, Baubetreuer.** (1) [1]Wer gewerbsmäßig
1. den Abschluß von Verträgen über
   a) Grundstücke, grundstücksgleiche Rechte, gewerbliche Räume, Wohnräume oder Darlehen,
   b) den Erwerb von Anteilscheinen einer Kapitalanlagegesellschaft, von ausländischen Investmentanteilen, von sonstigen öffentlich angebotenen Vermögensanlagen, die für gemeinsame Rechnung der Anleger verwaltet werden, oder von öffentlich angebotenen Anteilen an einer und von verbrieften Forderungen gegen eine Kapitalgesellschaft oder Kommanditgesellschaft

vermitteln oder die Gelegenheit zum Abschluß solcher Verträge nachweisen,

4 Neubekanntmachung der GewO idF der Bek. v. 1. 1. 1987 (BGBl. I S. 425) in der ab 1. 1. 1999 geltenden Fassung.

2. Bauvorhaben
   a) als Bauherr im eigenen Namen für eigene oder fremde Rechnung vorbereiten oder durchführen und dazu Vermögenswerte von Erwerbern, Mietern, Pächtern oder sonstigen Nutzungsberechtigten oder von Bewerbern um Erwerbs- oder Nutzungsrechte verwenden,
   b) als Baubetreuer im fremden Namen für fremde Rechnung wirtschaftlich vorbereiten oder durchführen

will, bedarf der Erlaubnis der zuständigen Behörde. [2]Die Erlaubnis kann inhaltlich beschränkt und mit Auflagen verbunden werden, soweit dies zum Schutze der Allgemeinheit oder der Auftraggeber erforderlich ist; unter denselben Voraussetzungen ist auch die nachträgliche Aufnahme, Änderung und Ergänzung von Auflagen zulässig.

(2) Die Erlaubnis ist zu versagen, wenn
1. Tatsachen die Annahme rechtfertigen, daß der Antragsteller oder eine der mit der Leitung des Betriebes oder einer Zweigniederlassung beauftragten Personen die für den Gewerbebetrieb erforderliche Zuverlässigkeit nicht besitzt; die erforderliche Zuverlässigkeit besitzt in der Regel nicht, wer in den letzten fünf Jahren vor Stellung des Antrages wegen eines Verbrechens oder wegen Diebstahls, Unterschlagung, Erpressung, Betruges, Untreue, Urkundenfälschung, Hehlerei, Wuchers oder einer Insolvenzstraftat rechtskräftig verurteilt worden ist, oder
2. der Antragsteller in ungeordneten Vermögensverhältnissen lebt; dies ist in der Regel der Fall, wenn über das Vermögen des Antragstellers das Insolvenzverfahren eröffnet worden oder er in das vom Insolvenzgericht oder vom Vollstreckungsgericht zu führende Verzeichnis (§ 26 Abs. 2 Insolvenzordnung, § 915 Zivilprozeßordnung) eingetragen ist.

(3) [1]Das Bundesministerium für Wirtschaft und Arbeit wird ermächtigt, durch Rechtsverordnung mit Zustimmung des Bundesrates zum Schutze der Allgemeinheit und der Auftraggeber Vorschriften zu erlassen über den Umfang der Verpflichtungen des Gewerbetreibenden bei der Ausübung des Gewerbes, insbesondere über die Verpflichtungen
1. ausreichende Sicherheiten zu leisten oder eine zu diesem Zweck geeignete Versicherung abzuschließen, sofern der Gewerbetreibende Vermögenswerte des Auftraggebers erhält oder verwendet,
2. die erhaltenen Vermögenswerte des Auftraggebers getrennt zu verwalten,

3. nach der Ausführung des Auftrages dem Auftraggeber Rechnung zu legen,
4. der zuständigen Behörde Anzeige beim Wechsel der mit der Leitung des Betriebes oder einer Zweigniederlassung beauftragten Personen zu erstatten und hierbei bestimmte Angaben zu machen,
5. dem Auftraggeber die für die Beurteilung des Auftrages und des zu vermittelnden oder nachzuweisenden Vertrages jeweils notwendigen Informationen schriftlich oder mündlich zu geben,
6. Bücher zu führen einschließlich der Aufzeichnung von Daten über einzelne Geschäftsvorgänge sowie über die Auftraggeber.

[2]In der Rechtsverordnung nach Satz 1 kann ferner die Befugnis des Gewerbetreibenden zur Entgegennahme und zur Verwendung von Vermögenswerten des Auftraggebers beschränkt werden, soweit dies zum Schutze des Auftraggebers erforderlich ist. [3]Außerdem kann in der Rechtsverordnung der Gewerbetreibende verpflichtet werden, die Einhaltung der nach Satz 1 Nr. 1 bis 6 und Satz 2 erlassenen Vorschriften auf seine Kosten regelmäßig sowie aus besonderem Anlaß prüfen zu lassen und den Prüfungsbericht der zuständigen Behörde vorzulegen, soweit es zur wirksamen Überwachung erforderlich ist; hierbei können die Einzelheiten der Prüfung, insbesondere deren Anlaß, Zeitpunkt und Häufigkeit, die Auswahl, Bestellung und Abberufung der Prüfer, deren Rechte, Pflichten und Verantwortlichkeit, der Inhalt des Prüfungsberichts, die Verpflichtungen des Gewerbetreibenden gegenüber dem Prüfer sowie das Verfahren bei Meinungsverschiedenheiten zwischen dem Prüfer und dem Gewerbetreibenden, geregelt werden.

(4) (weggefallen)

(5) Die Absätze 1 bis 3 gelten nicht für

1. Betreuungsunternehmen im Sinne des § 37 Abs. 2 des Zweiten Wohnungsbaugesetzes oder des § 22 c Abs. 2 des Wohnungsbaugesetzes für das Saarland, solange sie diese Eigenschaft behalten,
2. Kreditinstitute, für die eine Erlaubnis nach § 32 Abs. 1 des Gesetzes über das Kreditwesen erteilt wurde, und für Zweigstellen von Unternehmen im Sinne des § 53 b Abs. 1 Satz 1 des Gesetzes über das Kreditwesen,
3. Finanzdienstleistungsinstitute in bezug auf Vermittlungstätigkeiten, für die ihnen eine Erlaubnis nach § 32 Abs. 1 des Gesetzes über das Kreditwesen erteilt wurde oder nach § 64 e Abs. 2 des Gesetzes über das Kreditwesen als erteilt gilt,

3a. Gewerbetreibende im Sinne des Absatzes 1 Satz 1 Nr. 1 Buchstabe b

in bezug auf Vermittlungstätigkeiten nach Maßgabe des § 2 Abs. 10 Satz 1 des Gesetzes über das Kreditwesen,
4. Gewerbetreibende, die lediglich zur Finanzierung der von ihnen abgeschlossenen Warenverkäufe oder zu erbringenden Dienstleistungen den Abschluß von Verträgen über Darlehen vermitteln oder die Gelegenheit zum Abschluß solcher Verträge nachweisen,
5. Zweigstellen von Unternehmen mit Sitz in einem anderen Mitgliedstaat der Europäischen Union, die nach § 53 b Abs. 7 des Gesetzes über das Kreditwesen Darlehen zwischen Kreditinstituten vermitteln dürfen, soweit sich ihre Tätigkeit nach Absatz 1 auf die Vermittlung von Darlehen zwischen Kreditinstituten beschränkt,
6. Verträge, soweit Teilzeitnutzung von Wohngebäuden im Sinne des § 1 des Teilzeit-Wohnrechtegesetzes vom 20. Dezember 1996 (BGBl. I S. 2154) gemäß Absatz 1 Satz 1 Nr. 1 nachgewiesen oder vermittelt wird.

## 6. Beurkundungsgesetz (BeurkG) – Auszug

Vom 28. August 1969 (BGBl. I S. 1513), FNA 303–13, zuletzt geänd. durch G v. 22. 3. 2005 (BGBl. I S. 837)

**§ 17 Grundsatz.** (1) [1]Der Notar soll den Willen der Beteiligten erforschen, den Sachverhalt klären, die Beteiligten über die rechtliche Tragweite des Geschäfts belehren und ihre Erklärungen klar und unzweideutig in der Niederschrift wiedergeben. [2]Dabei soll er darauf achten, daß Irrtümer und Zweifel vermieden sowie unerfahrene und ungewandte Beteiligte nicht benachteiligt werden.

(2) [1]Bestehen Zweifel, ob das Geschäft dem Gesetz oder dem wahren Willen der Beteiligten entspricht, so sollen die Bedenken mit den Beteiligten erörtert werden. [2]Zweifelt der Notar an der Wirksamkeit des Geschäfts und bestehen die Beteiligten auf der Beurkundung, so soll er die Belehrung und die dazu abgegebenen Erklärungen der Beteiligten in der Niederschrift vermerken.

(2a) [1]Der Notar soll das Beurkundungsverfahren so gestalten, daß die Einhaltung der Pflichten nach den Absätzen 1 und 2 gewährleistet ist. [2]Bei Verbraucherverträgen soll der Notar darauf hinwirken, dass
1. die rechtsgeschäftlichen Erklärungen des Verbrauchers von diesem persönlich oder durch eine Vertrauensperson vor dem Notar abgegeben werden und
2. der Verbraucher ausreichend Gelegenheit erhält, sich vorab mit dem

Gegenstand der Beurkundung auseinander zu setzen; bei Verbraucherverträgen, die der Beurkundungspflicht nach § 311b Abs. 1 Satz 1 und Abs. 3 des Bürgerlichen Gesetzbuchs unterliegen, geschieht dies im Regelfall dadurch, dass dem Verbraucher der beabsichtigte Text des Rechtsgeschäfts zwei Wochen vor der Beurkundung zur Verfügung gestellt wird.

[3]Weitere Amtspflichten des Notars bleiben unberührt.

(3) [1]Kommt ausländisches Recht zur Anwendung oder bestehen darüber Zweifel, so soll der Notar die Beteiligten darauf hinweisen und dies in der Niederschrift vermerken. [2]Zur Belehrung über den Inhalt ausländischer Rechtsordnungen ist er nicht verpflichtet.

## Sachverzeichnis

Zahlen = Seiten

# Buchanzeigen

*Maletz*

**Grundstücks- und Wohnungskauf von A–Z**

Für Käufer, Verkäufer und Vermittler.
Präzise und verständliche Antworten auf alle Fragen, die beim Kauf einer Eigentumswohnung oder eines Grundstücks auftreten.

2. Aufl. 2006. 299 S. §
€ 13,50. dtv 5699

*Herrling/Detzel/Gaisbauer*

**Immobilien aus zweiter Hand**

Ihr Ratgeber für Erwerb und Besitz. Bautechnische und rechtliche Aspekte, Kosten, Steuern, staatliche Förderung u.v.m.

2. Aufl. 2004. 272 S. €
€ 9,50. dtv 5887

*Seuß*

**Die Eigentumswohnung**

Finanzierung – Erwerb – Nutzung – Verwaltung.

12. Aufl. 2007. Rd. 1050 S. §
Ca. € 17,–. dtv 5096
In Vorbereitung für Frühjahr 2007

*Bub/von der Osten*

**Wohnungseigentum von A–Z**

Antworten auf alle Fragen des Wohnungseigentums. Für Käufer und Inhaber ebenso wie für Verwalter, Richter, Rechtsanwälte und Notare.

7. Aufl. 2004. 1166 S. §
€ 16,50. dtv 5054

*Grziwotz*

**Immobilienkauf vom Bauträger**

Risiken erkennen und vermeiden.

1. Aufl. 2007. 202 S. §
€ 13,–. dtv 50645
Neu im Januar 2007

*Herrling/Federspiel*

**Wege zum Wohneigentum**

Ihr Ratgeber für den Immobilienerwerb.
Von der Prüfung der Immobilie über die Finanzierungsplanung bis hin zur optimalen Vermietung.

7. Aufl. 2005. 351 S. €
€ 11,–. dtv 5834

**NachbR · Nachbarrecht**

u.a. mit BGB (Auszug), ZPO (Auszug), Nachbarrechts- und SchlichtungsG der einzelnen Bundesländer.

Textausgabe.
1. Aufl. 2007. 279 S.
€ 10,–. dtv 5771
Neu im Januar 2007

P145142-S17.2